BIBLIOGRAFÍA CRÍTICA DE CÍRCULO: REVISTA DE CULTURA

COLECCIÓN POLYMITA

EDICIONES UNIVERSAL, Miami, Florida, 2020

Esther Sánchez-Grey Alba
Editora
Susana Sánchez-Grey Galtieri
Editora Asociada

BIBLIOGRAFÍA CRÍTICA DE CÍRCULO: REVISTA DE CULTURA

Publicación anual del Círculo de Cultura Panamericano
(1975-2017)

Introducción
de
Néstor Carbonell Cortina

EDICIONES UNIVERSAL

Copyright © 2020 by
Esther Sánchez-Grey Alba y Susana Sánchez-Grey Galtieri

———

Primera edición, 2020

EDICIONES UNIVERSAL
P.O. Box 450353 (Shenandoah Station)
Miami, FL 33245-0353. USA
(Desde 1965)

e-mail: ediciones@ediciones.com
http://www.ediciones.com

Library of Congress Catalog No.: 2020939716
ISBN-13: 978-1-59388-313-3

Composición de textos: María Cristina Zarraluqui

Todos los derechos
son reservados. Ninguna parte de
este libro puede ser reproducida o transmitida
en ninguna forma o por ningún medio electrónico o mecánico,
incluyendo fotocopiadoras, grabadoras o sistemas computarizados,
sin el permiso por escrito del autor/editor, excepto en el caso de
breves citas incorporadas en artículos críticos o en
revistas. Para obtener información diríjase a
Ediciones Universal.

PRESIDENTES DEL CÍRCULO DE CULTURA PANAMERICANO

Dr. Florentino Martínez (1963)
Dra. Dolores Martí de Cid (1964)
Dr. René Gómez Cortés (1965)
Dr. José Cid Pérez (1966)
Dr. Román de la Campa (1967)
Dr. Luis A. Baralt (1968)
Dr. Calixto C. Masó (1969)
Dr. Gastón Anido (1970)
Dr. Alberto Gutiérrez de la Solana (1971)
Joge L. Martí (1972)
Dr. Edilberto Marbán (1973)
Dr. Julio Hernández Miyares (1974-1975)
Dr. José Sánchez Boudy (1976-1977)
Dra. Mercedes García Tudurí (1978-1979)
Dr. Humberto Piñera Llera (1980-1981)
Enrique Labrador Ruiz (1982-1983)
Dr. Roberto Agramonte (1984-1985)
Lydia Cabrera (1986-1987)
Dr. Eugenio Florit (1988-1989)
Dr. José Olivio Jiménez (1990-1991)
Dra. Rosario Rexach (1992-1993)
Dr. Levi Marrero (1994-1995)
Dr. Antonio Radamés de la Campa (1995)
Dr. Octavio R. Costa (1996-1997)
Dra. Hilda Perera (1998-1999)
Dra. Florinda Álzaga (2000-2001)
Dr. Aurelio de la Vega (2002-2003)
Dra. Zenaida Gutiérrez-Vega (2004-2005)
Dra. Beatriz Varela (2006-2007)
Dr. Ángel Cuadra (2008-2009)
Prof. Luis Mario (2010-2011)
Josefina Leyva (2012-2013)
Dr. Raúl de Cárdenas (2014-2015)
Dra. Amelia del Castillo (2016-2017)

El Dr. Elio Alba Buffill fue Miembro Numerario de la Academia Norteamericana de la Lengua Española (2014), Correspondiente de la Academia de la Historia de Cuba (1976) y Miembro de Honor de la Academia Uruguaya de Letras (1994). En Cuba fue profesor de la Universidad San Juan Bautista de la Salle. Se retiró como Profesor Emérito de CUNY (1995) y fue Profesor Invitado de la Universidad Católica del Uruguay en 1980 y 1984. Autor de *Enrique José Varona. Crítica y creación literaria* (1976), *Los estudios cervantinos de Varona* (1979), *El ensayo en Hispanoamérica* (1982- 4ª ed. 1992), *Conciencia y quimera* (1985), *Enrique Labrador Ruiz. Precursor marginado* (1988), *Cubanos de dos siglos. XIX y XX* (1998), *Vigencia y trascendencia de* Ariel *de José Enrique Rodó* (2000) y *Cuba: agonía y deber* (2009). Se dedica este libro a su memoria en reconocimiento a su labor como Secretario Ejecutivo Nacional del Círculo de Cultura Panamericano y Editor de *Círculo: Revista de Cultura*, desde 1975 hasta 2015.

Regla, Habana, Cuba, 25 de abril de 1930
New Jersey, EEUU, 24 de agosto de 2017

Las editoras desean hacer constar su agradecimiento a los profesores Martha García, Manuel Gómez Reinoso, Humberto López-Cruz, Álister Ramírez y Alberto Yannuzzi, por la colaboración prestada, y a Tomás Castellanos Núñez por su ayuda técnica en el planeamiento.

ÍNDICE

ADALID DE LA CULTURA.
El legado patriótico de Elio Alba Buffill
    Néstor Carbonell Cortina 13

RAZÓN DE ESTE LIBRO
    Esther Sánchez-Grey Alba 23

ÍNDICE TEMÁTICO 25

ÍNDICE DE FICHAS 29

LIBROS RESEÑADOS 297

COLABORADORES 323

ADDENDUM. *José Martí ante la crítica actual-*
(Memoria del II Congreso Cultural de Verano del CCP
dedicado a estudiar el *Ismaelillo* de Martí al cumplirse
el primer centenario de su publicación) 375

ADALID DE LA CULTURA
El Legado Patriótico de Elio Alba Buffill
Por Néstor Carbonell Cortina

Me complace y me honra dedicarle estas líneas a un cubano ejemplar que dejó huellas indelebles de su talento, cultura, hombría de bien y patriotismo a lo largo de su vida: el Dr. Elio Alba Buffill.

Como estudiante en Cuba se distinguió no sólo por su intelecto indagador y perspicaz, sino también por su disciplina, integridad a toda prueba, y afán incesante de superación. Para Elio Alba el término medio en sus estudios, y más tarde en su profesión, no era una opción satisfactoria. Su meta siempre fue la excelencia.

Así se explican sus sobresalientes éxitos académicos. Se graduó en 1948 de bachiller como «Alumno Eminente en Ciencias y Letras». Y por ser su expediente el mejor de todos los bachilleres graduados ese año en la provincia de La Habana, se le otorgó el premio «Antonio Bachiller y Morales» que conllevó matrícula gratis en la carrera y universidad de su elección.

Al graduarse en 1953 de abogado en la Universidad de La Habana como Alumno Eminente de la Facultad de Derecho, Elio Alba recibió el premio «Ricardo Dolz Arango» y el consiguiente honor de ejercer como Abogado de Oficio en la Audiencia de La Habana —cargo que desempeñó con distinción desde 1954 hasta 1956.

Partió Elio al exilio en agosto de 1961 con su esposa, la Dra. Esther Sánchez-Grey Alba, quien fue su compañera inseparable y colaboradora valiosa y entusiasta en todas sus iniciativas. Haciéndoles frente a las penas y dificultades del destierro, ambos validaron sus títulos universitarios y tomaron los cursos necesarios para obtener sus respectivas Maestrías en Artes con especialización en literatura hispanoamericana y española.

Elio se concentró en esa materia académica y la impartió como profesor en la Universidad de la Ciudad de New York desde 1969 hasta 1995—año en que se jubiló. Le sedujo la búsqueda de las esencias culturales que enlazan a las repúblicas de Hispanoamérica, y a esa tarea se entregó en cuerpo y alma. Triunfó en el arte de enseñar porque mantuvo como divisa la profundidad en el análisis, la mesura en los juicios, la amenidad en el anecdotario y la claridad en la exposición. Su erudición nunca fue tedio ni densidad para sus alumnos.

Sin descuidar sus responsabilidades docentes ni abandonar su producción literaria, Elio desempeñó el cargo de Secretario Ejecutivo Nacional del Círculo de Cultura Panamericano y Editor de la *Revista de Cultura* desde 1975 hasta el 2015 en que se retiró por motivos de salud.

Dicha sociedad, fundada en New York en 1963 por el Dr. Carlos M. Raggi, Profesor de Russell Sage College de New York, se orientó al estudio y promoción de la cultura hispanoamericana y española y a la defensa de los ideales democráticos. Aunque el Círculo mantuvo en sus trabajos una dimensión continental, Cuba fue raíz y ala de sus principales artículos y reseñas, y fuente de sus más sentidas evocaciones.

En 1962, un año antes de que se constituyera el Círculo de Cultura Panamericano, la Dra. María Gómez Carbonell, en unión de otras personalidades, fundó en Miami, Cruzada Educativa Cubana. Estas dos instituciones—el Círculo y Cruzada—fueron de las primeras dedicadas a rescatar y preservar nuestro patrimonio nacional, falseado y socavado por el régimen comunista. Pero al Círculo le correspondió el honor de ser el centro cultural creado por exiliados cubanos de más larga y fecunda duración—54 años difundiendo obras históricas y literarias plenas de cubanía hasta que cerró sus puertas en el 2017, poco después del fallecimiento de Elio.

Uno de los centros que aún permanecen activos, con su propia revista que publica extractos de nuestra literatura y pasajes de nuestra historia, es Herencia Cultural Cubana fundada en Miami hace 25 años por Alberto S. Bustamante. Y en el noreste de los Estados Unidos mantienen encendida la llama patriótica y cultural la Asociación Pro-Cuba que con alta distinción preside en New Jersey Camilo Fernández, y el Centro Cultural Cubano de New York que con gran acierto dirige Iraida Iturralde.

Al asumir la dirección del Círculo y de la *Revista de Cultura* en 1975, Elio Alba reconoció la magnífica labor realizada por su fundador y su esposa, así como por los ejecutivos y presidentes en los primeros doce años del Círculo. Con mucho tino, Elio procedió a imprimirle una nueva dinámica a la empresa. Bajo su liderazgo, el Círculo reestructuró su cuerpo de asesores, elevó la calidad de los artículos publicados en la *Revista*, y sistematizó el cobro de las cuotas sociales.

Es importante señalar cómo Elio, con la participación de prominentes colaboradores, logró ampliar los Congresos Anuales y otras reuniones culturales del Círculo. Fue un arduo y fructífero proceso que detallo a continuación.

Las Reuniones Anuales del Círculo se celebraron al principio en New York, primero en la sede del Spanish Institute y después en New York University. Más tarde, por razones económicas principalmente, las Reuniones fueron trasladadas a New Jersey. Dado el aumento de socios y el interés creciente en las conferencias y presentaciones, las Reuniones Anuales, que eran de un día, pasaron a ser Congresos Anuales, y su duración se extendió a tres días. Su sede inicial fue el Bergen Community College y posteriormente William Paterson State University. En 1981, se iniciaron los Congresos Culturales de Verano en Miami, los cuales tuvieron como sede, por mucho tiempo, el Koubek Memorial Center de la Universidad de Miami.

En pleno desarrollo y expansión del Círculo, surgieron los Capítulos Regionales, comenzando con el de New Jersey (que fue el más antiguo) y el de Miami. Ambos acometieron sus propias iniciativas culturales y cooperaron muy eficazmente con los Congresos respectivos de esos territorios. Además de los dos primeros Capítulos Regionales, surgieron eventualmente el de Charlotte, Carolina del Norte; Chicago, Illinois; y Houston, Texas. Este último llegó a celebrar en el año 2000 un Congreso Cultural con dimensión nacional que contó con la participación de profesores de varias universidades y ejecutivos de la empresa matriz.

Asimismo, el Círculo organizó exposiciones de pintura y conciertos hispanoamericanos, y creó concursos literarios en Cuento, Poesía, Ensayo, Novela y Teatro, en memoria de gigantes de nuestras letras. Manteniendo en todas sus actividades un enfoque panamericano, el Círculo logró una variada y prestigiosa representación de socios norteamericanos, hispanoamericanos y españoles que se unieron a la mayoría integrada por cubanos del exilio.

Justo es destacar que, bajo la orientación de Elio, *Círculo, Revista de Cultura* pudo ingresar en el Council of Editors of Learned Journals de los Estados Unidos, y llegó a figurar en los más prestigiosos índices bibliográficos de los Estados Unidos, América Hispana y Europa.

Elio Alba no sólo cumplió a cabalidad sus responsabilidades como profesor universitario y promotor de cultura al frente del Círculo y de la *Revista*. Se distinguió también como prolífico escritor y conferencista en diversos países del continente y fue nombrado Miembro de Número de la Academia Norteamericana de la Lengua Española.

Sus quince libros como autor, coautor y editor, y sus múltiples contribuciones literarias, estudios y prólogos reflejan rigurosa metodología académica, vasta cultura humanista, y honda sensibilidad literaria imbuida de amor a la Patria opresa.

Entre sus notables trabajos figuran los que les dedicó a tres de los próceres cubanos de la segunda mitad del siglo XIX que más sobresalieron como literatos y ensayistas: Enrique José Varona, Manuel Sanguily, y nuestro incomparable José Martí. Ellos siguieron el ejemplo de los forjadores iniciales de la conciencia nacional: José Agustín Caballero, Félix Varela y José de la Luz y Caballero.

Iluminadora fue la conferencia de Elio Alba sobre la dimensión histórica de Enrique José Varona como brillante escritor, exégeta y disertante, así como patriota, educador y estadista. Elio analizó el impacto del romanticismo en el amor de Varona a la Patria, la dignidad humana y la libertad, y el influjo del positivismo en su apego al raciocinio, la tecnología y la experiencia.

Al finalizar la Guerra de los Diez Años, Varona se afilió al Movimiento Autonomista y colaboró con José Antonio Cortina en la *Revista de Cuba*, inculcando civismo, cultura y doctrina democrática. Al comprobar que España se negaba a concederle a Cuba plena autonomía, Varona apoyó la lucha independentista desde la trinchera ideológica de la *Revista Cubana* fundada por él.

Partió Varona al exilio en 1895 y fue designado consultor del delegado del Partido Revolucionario Cubano. Asimismo, asumió la dirección de la revista *Patria*, órgano de divulgación de la revolución cubana, y redactó, con prosa contundente y medular, el panfleto *Cuba contra España* que vino a complementar el vibrante mensaje martiano contenido en el Manifiesto de Montecristi.

Tras finalizar la guerra del 95, a petición del gobierno interventor norteamericano en la isla, Varona llevó a cabo la reforma de la segunda enseñanza y la universitaria, la cual fue objeto de duras críticas en algunos sectores. Con objetividad y alteza de miras, Elio Alba expresó su posición en el debate: «Varona se dejó llevar en exceso por su positivismo, y esa orientación cientificista, y ese abandono de las Humanidades que son tan fundamentales para la genuina formación del hombre, tuvieron un efecto de cierta esterilidad intelectual en la República».

A pesar de este polémico episodio, Elio hizo bien en subrayar que Varona mereció el respeto y la admiración de los cubanos de buena voluntad por su brillantez en las letras, su integridad y visión en la política como Presidente del Partido Conservador y Vicepresidente de la República, su devoción al alumnado universitario, y su vida limpia y fecunda al servicio de la nación.

En su encomiable conferencia «Impresionismo y Positivismo en la crítica literaria de Manuel Sanguily», Elio Alba le rindió homenaje a este grande de la Patria. Sin pasar por alto el multifacético historial de Sanguily como libertador, insigne estadista, escritor de fuste y elocuentísimo orador, Elio arrojó luz sobre sus dotes de crítico literario.

Sanguily colaboró en las más prestigiosas revistas de su tiempo y en sus reseñas, artículos y libros, no se afilió a ninguna de las dos grandes escuelas críticas—la positivista y la impresionista—que estuvieron en boga durante el siglo XIX. Sostuvo que «toda crítica es científica o no es crítica; y toda crítica, como cualquier obra humana, es eminentemente personal o subjetiva».

Sanguily mantuvo un rigor científico en los análisis que sirvieron de base a sus críticas literarias, ensayos y discursos. Pero lo que más sobresalió en ellos fue la impresionante fuerza y esplendor de la expresión—sello distintivo de su personalidad.

Así lo reconoció Elio al describir el estilo de Sanguily: «La belleza de su prosa, las explosiones emotivas que en ocasiones se producen en ella interrumpiendo el discurrir de su razón, el lirismo que a veces palpita [en sus escritos], está muy lejos de las arideces de los textos tainianos [positivistas]».

Con el advenimiento de la República, Sanguily fue a veces reprochado por su excesiva severidad en la crítica. Pero nadie pudo poner en duda su asombrosa erudición y su inextinguible pasión por la Patria y la libertad. Siempre habrá un pedestal de honor para este insigne cubano que fue Coronel del Ejército Libertador, Constituyente de 1901, Presidente del Senado, Secretario de Estado y tribuno de la República.

Martí, el Apóstol de nuestra Patria, encadenada actualmente por el régimen comunista, no podía faltar, «primus inter pares», junto a los otros adalides cubanos de las letras honrados por Elio Alba. Pero en el discurso pronunciado en New York el 5 de noviembre de 1978, Elio no se limitó a bosquejar las grandezas literarias de Martí como precursor del modernismo y fundador de la corriente intimista de ese movimiento. En sus inspiradas palabras, él cubrió el amplio tema de la ejemplaridad de Martí en las diversas fases de su azarosa existencia.

Siendo muy joven, recordó Elio, Martí sufre en carne propia los dolores y agravios del presidio político en Cuba, y los relata en uno de los documentos antológicos de la ensayística cubana. Deportado a España, señala en otro ensayo —«La República Española ante la Revolución Cubana»— las horrendas causas y los nobles fines de la rebelión contra el yugo español.

Elio describió el peregrinaje inicial de Martí por tierras muy queridas de lo que él llamó Nuestra América. Pero, aunque con orgullo se identificó con las raíces étnicas y los lazos históricos y culturales que unen a nuestros pueblos, el Apóstol tuvo que retirarse de México, Guatemala y Venezuela. Diversos fueron los motivos, pero todos en el fondo emanaron de sus principios éticos, de su oposición al autoritarismo y de su devoción a la libertad.

Se establece Martí en los Estados Unidos, país que admira por sus instituciones democráticas y su generosa acogida a miles de inmigrantes y refugiados. Pero a su vez critica severamente su relativismo moral y pragmatismo utilitario, que a veces enturbia y degrada su política exterior.

Elio Alba analizó brillantemente las tres funciones principales que, según él, caracterizaron la ejemplaridad de Martí: la función iluminadora, la labor analítica y la tarea redentora. Y cerró su discurso con esta emotiva evocación:

«Martí es muy grande como poeta, como prosista, como pensador, como sociólogo, como filósofo, como político; pero su ejemplaridad mayor, para nosotros que nacimos en la hermosa tierra de palmeras y de cielo tan azul, es su dación a Cuba, su entrega absoluta a la isla adolorida y sufriente que hoy vuelve sus ojos a su hijo más preclaro buscando en el amor y en la esperanza la eterna permanencia de su grandeza».

En su libro *Cubanos de Dos Siglos: Ensayistas y Críticos*, Elio Alba se refirió a cuatro de las luminarias del siglo XIX (celebradas por él en otros ensayos), y a diez del siglo XX. A pesar de la diversidad de criterios y enfoques que a veces separaban a estos notables literatos, Elio extrajo de sus obras las afinidades que los unían: contenido humanístico, raíz cultural española, esencias hispanoamericanas, y análisis profundo del proceso histórico y cultural de Cuba con sus avances y retrocesos, sus crisis y posibles soluciones.

Las diez cumbres literarias del siglo XX citadas por Elio Alba son: José María Chacón y Calvo, Francisco Ichaso, Jorge Mañach, Humberto Piñera, Roberto Agramonte, Mercedes García Tudurí, Eugenio Florit, José Olivio Jiménez, Rosario Rexach y Octavio Costa.

Muy acertada la selección, pero incompleta. Hay que incluir a otra figura señera de la cultura y de las letras del siglo XX y parte del XXI que enalteció a Cuba: Elio Alba Buffill.

Pletórico de fervor patriótico es el último libro de Elio, *Cuba: Agonía y Deber*. Publicado en el 2009, la obra exalta la memoria de los héroes y mártires que lo dieron todo por una Cuba libre y soberana. Entre ellos sobresale un joven, Eduardo Facciolo Alba, quien publicó clandestinamente en 1852 el periódico independentista *La Voz del Pueblo Cubano*. Arrestado y sometido a un juicio sumarísimo, fue condenado a muerte por las autoridades españolas y ejecutado cuando sólo tenía 23 años.

Elio, sin recalcar por modestia su parentesco con Facciolo por la rama de los Alba, le rindió un sentido tributo al joven patriota, que figura en los anales de nuestra gesta libertadora como el primer mártir del periodismo cubano.

El libro también evoca la significación de la epopeya de Playa Girón y el ejemplo de los hombres y mujeres que han encarado con entereza las atrocidades del régimen carcelario cubano. Asimismo, el libro aplaude el apoyo de diversos escritores cubanos del exilio a los disidentes en la isla, que simbolizan la irreductible dignidad humana frente al oprobio del despotismo.

He dejado para el final de esta breve semblanza de Elio Alba las elogiosas referencias a mis trabajos que brotaron de su generoso corazón. Elio me honró presentando dos de mis libros: *Por la Libertad de Cuba–Una Historia Inconclusa*, y *Grandes Debates de la Constituyente Cubana de 1940*. Asimismo, tuvo la enorme gentileza de prologar el último de mis libros en español, *Luces y Sombras de Cuba: Reflexiones sobre la República, la Revolución Comunista, el Exilio y la Añorada Libertad*.

El prólogo penetrante y esclarecedor de Elio revela su erudición, revestida de elegancia y claridad, y acompañada de perspectiva histórica. Además, sus comentarios y aseveraciones suelen incluir citas relevantes e ilustrativas.

Al afirmar que mi tesis sobre la lucha contra el totalitarismo opresor refleja «la más alta corriente ética de nuestra Hispanoamérica», Elio evocó la disyuntiva de civilización y barbarie que brillantemente plantearon Domingo Faustino Sarmiento, José Martí, Juan Montalvo y José Enrique Rodó, entre otros.

Al referirse a la objetividad y enfoque constructivo de mis juicios sobre los éxitos y fallos de la República, Elio Alba los comparó con las opiniones emitidas sobre ese tema por gigantes de nuestras letras como Enrique José Varona, José Antonio Ramos, Fernando Ortiz y Jorge Mañach.

A lo largo del prólogo se observa la mesura que caracterizó a Elio Alba. Pero al comentar algunos de los temas patrióticos que lo conmovieron, Elio no pudo refrenar su emotividad y cubanía.

Es así que celebra efusivamente «la luminosidad y belleza extraordinaria» del siguiente párrafo de mi libro en el que vislumbro el ansiado amanecer de la libertad en nuestra Patria. Llegado ese día, afirmé, «no habrá que reinventar a Cuba, como proponen algunos, con modelos fundacionales teóricos o esquemas foráneos de ingeniería social...Lo que habrá que hacer es reencontrar a la Cuba de nuestras raíces y tradiciones para edificar, sobre esa base, la nueva república proyectada al futuro»

No debe sorprendernos el patriotismo arraigado de Elio, ya que éste palpita, sin exhibicionismo ni desplante, en todos sus pronunciamientos y escritos sobre Cuba.

Me contó su queridísima esposa, que fue para Elio «su siempre Esther», que lo que más admiró en él desde que se conocieron en el Instituto de La Habana fue su patriotismo. Y agregó ella que «el destino depositó en las manos de Elio la oportunidad de poner su granito de arena para preservar la Cuba que el comunismo intenta destruir, de manera que las generaciones del mañana tengan fuentes [de cultura] a qué acudir». Muy cierto y bien dicho.

En lo personal, ¿qué puedo decir yo sobre Elio Alba Buffill? Para mí, Elio fue un hombre sencillo pero eminente —de vasta cultura y mente preclara. Llevó su sapiencia sin ostentación ni vanidad, con admirable modestia.

Serena la mirada, afable la sonrisa y sincero el corazón pleno de bondad. Su señorío fue siempre la caballerosidad.

En su trabajo y en todas sus iniciativas, Elio procuró conciliar criterios en aras de la armonía, pero sin abdicar de sus principios ni macular su honestidad.

En sus escritos, Elio no fue parco en el elogio merecido ni hiriente en la crítica necesaria. Su patriotismo no le impidió reconocer errores y lacras del pasado, sin caer en el negativismo obtuso o en el pesimismo apático. Siempre hubo balance en sus juicios y en su vida.

La amistad para él no fue un trato interesado o superficial. Fue un obispado de nobleza que él llevó con suprema dignidad.

Yo, que pude apreciar sus virtudes y sus éxitos, y lo que él representó para la Cuba democrática del destierro, le doy las gracias por el ejemplo de su patriotismo, por los frutos de su cultura, y por el don de su amistad.

6/2019

RAZÓN DE ESTE LIBRO

Toda empresa tiene una razón de ser, es decir, una finalidad que justifique el esfuerzo realizado, o sea, un motivo. En el caso que nos concierne, la razón ha sido una sola circunstancia, compartida por todo un pueblo que tuvo que abandonar su lar nativo obligado por causas políticas, no personales, pero han transcurrido seis décadas desde entonces y generaciones sucesivas se han visto obligadas a confrontar la misma alternativa.

En un principio, los que salían pensaban que en unos cuantos meses sería posible un regreso, una vez resuelta la crisis que lo había ocasionado. La mayoría de aquellos primeros exiliados eran profesionales, empresarios, comerciantes o profesores; salían acosados por las turbas exacerbadas del momento, que respondían a las consignas de la revolución fidelista, pero en lo íntimo, había la esperanza de que fuera un proceso transitorio. Según pasó el tiempo, aquella ilusión se fue desvaneciendo y una vez roto el sueño, después del fallido intento de Bahía de Cochinos, se hizo evidente que había que mantener las raíces autóctonas de nuestro pueblo para subsistir en la historia; así surgieron distintas agrupaciones en el exilio, según fuera el interés que las animaba.

En 1963 un grupo de intelectuales, escritores, músicos y pintores, fundaron Círculo de Cultura Panamericano con la finalidad esencial de preservar el acervo cultural cubano para su recuperación en un futuro cercano, cuando la pesadilla comunista hubiera sido abatida, pero luego, con el paso de los años, que sumaron décadas, se ha adquirido la responsabilidad de hacérselo accesible a las generaciones futuras que tendrán ante sí la tarea de reconstruir la república sobre las bases ideológicas que se forjaron en el siglo XIX y que culminaron en la doctrina martiana, cuyos principios básicos fueron respetados en la Constitución de la República de Cuba, de 1940, que la Comisión de Juristas Internacionales de la O.N.U. reconoció como «notable fórmula democrática de equilibrio social». El Círculo mantuvo vigente desde entonces la finalidad propuesta. Es necesario que las nuevas generaciones sepan lo que el castrismo aniquiló. Los que nacieron allí fueron adoctrinados con mentiras mal intencionadas; los del exterior, no pueden imaginarlo si no ponen el interés en averiguarlo. Ésa es la responsabilidad que pretende cumplir esta Bibliografía, en la pequeña parte que le corresponde. Por el Índice Temático en que están clasificados los ensayos, puede verse que éstos no sólo responden al acervo cultural cubano, sino que éste está sistematizado en las distintas vertientes del ancestro cultural, siendo parte de una entidad continental única en el mundo occidental, que es nuestra América, y reconociendo las raíces culturales de España que nos son comunes.

Han pasado seis décadas y todavía el comunismo en Cuba no sólo ha perdurado, sino que se ha extendido por Hispanoamérica. La muerte ha reclamado a muchos de aquellos cubanos que salieron en los años sesenta, con la maleta y el bolsillo vacíos, pero lo que no se percataron los oficiosos milicianos que hacían los registros, siguiendo órdenes superiores, fue que con ellos se estaba yendo el espíritu de la nación cubana, con su historia, sus principios y su cubanía indestructible y a pesar de que la vida los está venciendo, y han aprendido a querer y respetar a otras banderas y a tierras acogedoras, fueron depositarios de aquella conciencia nacional que futuras generaciones sembrarán algún día en nuestra «isla de palmeras» porque «la patria es dicha de todos, y deber de todos», según postuló Martí, y entonces renacerán de nuevo los amores y esperanzas que quedaron prendidos en el susurro de la brisa y el murmullo de las olas, en espera de que su eco alentador resuene con nuevos bríos en un amanecer de democracia y libertad.

                        Dra. Esther Sánchez-Grey Alba
                        Miembro Correspondiente de la
                        Academia Norteamericana de la Lengua Española
                        PEN Club de Escritores Cubanos en el Exilio

ÍNDICE TEMÁTICO

ACOSTA, AGUSTÍN /29
ARENAS, REINALDO /31
ARTE /33
BORGES, JORGE LUIS /36
CABRERA, LYDIA /39
CASAL, JULIÁN DEL /40
CERVANTES /42
CÍRCULO DE CULTURA PANAMERICANO /46
CRÍTICA LITERARIA /60
CUENTO /71
    Argentina /71
    Cuba /72
    México /76
    Puerto Rico /76
    República Dominicana /77
    Uruguay /77
CULTURA /77
DARÍO, RUBÉN /86
EDUCACIÓN /88
FILOSOFÍA /92
FLORIT, EUGENIO /103
FOLKLORE /107
HISTORIA /111
    Generalidades /111
    Argentina /112

Cuba - Colonia   /112
Cuba – República (1902-1958)   /120
En el centenario de la instauración de la República de Cuba (Vol. XXXII-2003)   /123
Cuba – Castrismo (1959-2019)   /130
España   /145
Estados Unidos   /148
Hispanoamérica   /149

LABRADOR RUIZ, ENRIQUE   /150

LITERATURA CUBANA   /152

LITERATURA ESPAÑOLA   /160

LITERATURA HISPANOAMERICANA   /168
   Argentina   /170
   Chile   /171
   Ecuador   /171
   México   /172
   Uruguay   /172
   Venezuela   /173

MAÑACH, JORGE   /173

MARTÍ, JOSÉ   /177

NOVELA   /199
   Antillas   /199
   Argentina   /199
   Chile   /202
   Colombia   /203
   Cuba   /203
   España   /215
   México   /216
   Paraguay   /217
   Perú   /218
   Puerto Rico   /218
   República Dominicana   /219

Uruguay /220
Venezuela /220

PINTURA /221

POESIA /223
    Argentina /223
    Chile /223
    Colombia /224
    Cuba /224
    El Salvador /243
    España /243
    Italia /245
    México /245
    Puerto Rico /245
    República Dominicana /246
    Uruguay /246

POÉTICA /247

PSICOLOGÍA /255

RAGGI Y AGEO, CARLOS M. /256

SEMBLANZAS /257

TEATRO /275
    Hispanoamérica /275
    Argentina /276
    Cuba /277
    España /292
    Puerto Rico /293

VARELA, PADRE FÉLIX /293

ÍNDICE DE FICHAS

ACOSTA, AGUSTÍN
Duarte, Julio M.
«Las cartas de un poeta: Agustín Acosta» X-77
La personalidad cívica, netamente cubana, de Acosta, a quien Cuba le dolía profundamente, se perfila a través de su correspondencia con notables figuras de la época como Enrique José Varona, José María Chacón y Calvo, Jorge Mañach, Miguel de Marcos, Gustavo Godoy y Eduardo Avilés Ramírez

Godoy, Gustavo
«Agustín Acosta o la fidelidad ontológica» XI-89
Se escoge para análisis el último libro de Acosta, *El Apóstol y su isla* porque contiene versos escritos en los 50 años de vida republicana, que tratan de Martí y Cuba como único tema y en ellos habla lo hondo de su alma cubana. Analiza la estructura de los poemas, desde distintos aspectos, para mostrar el universo poético de Acosta

Florit, Eugenio
«Apertura del VI Congreso Cultural de Verano.
Agosto 1º. de 1986» XVI-7
En este Congreso se conmemoró el centenario del nacimiento de Agustín Acosta, reconocido como el «Poeta Nacional de Cuba». El Dr. Florit, otro gran poeta, apuntó que, debido a la significación que éste tiene en el panorama literario cubano, sería suficiente referirse tan sólo a «Agustín de Cuba» y prefirió limitar su intervención a la lectura de tres poemas que, en su opinión, muestran tres facetas reiterativas de Acosta: profundo lirismo; maestría paisajista y su devoción a Cuba. Los poemas seleccionados fueron: «Se me perdió mi árbol» de *Trigo de luna*; «El sollozo» y «Cuba» de *El apóstol y su isla*

García Tudurí, Mercedes
«El Círculo de Cultura Panamericano celebra el
centenario de Agustín Acosta» XVI-9
 Señala la cubanía y el patriotismo en la vida política y en los versos de quien mereció ser nombrado el Poeta Nacional de Cuba, en 1955, en virtud de moción presentada a la Cámara, en que se le reconocía ser «orgullo legítimo de la Provincia de Matanzas y singular exponente de la poesía americana»

Duarte, Julio M.
«Fervor cubano en los versos y cartas de Agustín Acosta» XVI-17
 Muestra cómo vida y verso de Acosta, vibran al unísono en el amor y fe en el destino patrio, tal como queda demostrado a través de sus cartas y su conducta durante su cruel exilio. Se recogen aquí algunos de sus misivas y versos en los que dejó bellamente reflejado su amor inquebrantable a la patria

Sosa de Quesada, Arístides
«Agustín Acosta y yo» XVI-31
 Es una semblanza muy personal escrita en forma de carta cuando ya Acosta ha muerto en Miami. Recuerda momentos en que sus vidas coincidieron en Cuba, muchas veces en ocasiones formales y luego, en el triste exilio, cuando la salud de Acosta está ya quebrantada y se presentía su muerte, en frecuentes visitas, enriquecidas por la poesía

Luis Mario
«Cuba: Modernismo pleno con Agustín Acosta» XVI-37
 Se explica los recursos poéticos que tomó Acosta del Modernismo al publicar en 1915 su libro *Ala* y darle vigencia criolla a la nueva emoción poética que había lanzado Rubén Darío, con el ferviente amor patriótico a su isla verde, «hoy lejana pero nunca perdida»

Fernández, Jesse
«Hacia la sencillez lírica en la poesía de Agustín Acosta» XVI-61
 Se describe la obra del poeta a través de su lirismo, el tema del amor y el drama nacional, matizado por la emoción de la descripción del paisaje nativo. El análisis se limita a sus tres

primeros libros: *Ala* (1915), *Hermanita* (1923) y *La zafra* (1926)

Febles, Jorge

«La oposición campo-ciudad: motivo recurrente en
la poesía de Agustín Acosta» XVI-85

    Se ha observado que la esplendorosa naturaleza cubana ha sido un factor telúrico muy influyente en la poesía en general, por lo exuberante de la naturaleza insular y es fácil identificarla como joya perdida cincelada por el amor patrio, cuando se sufre por ella. Indudablemente, Acosta, que animaba ese profundo sentimiento, no fue excepción a esa influencia

Cuadra, Ángel

«Los poemas menores de Agustín Acosta» XXXVI-85

    Un análisis de la poesía menor del poeta modernista cubano, de temas cotidianos y humildes en el que se establece que fue Agustín Acosta el que tomó el rumbo nuevo en el Modernismo «partiendo de la fuente hispanoamericana, con Rubén Darío como faro y guía inicial». Sin embargo, su libro *Ala* aparece en 1915, cuando ya Darío había dicho «ya no hay princesas que cantar» pero Cuadra da una interpretación muy oportuna de lo que significa tan enigmático título y acomete un recorrido temático de estos versos interpretando las sugerencias a distintas emociones, las dudas de nuestro existir, las ansias del futuro, en fin, las inquietudes a las que se enfrenta el alma humana

ARENAS, REINALDO

Hernández-Miyares, Julio

«Apuntes sobre *La vieja Rosa*: una noveleta de
Reinaldo Arenas» XI-7

    Ficción breve que su autor clasifica como noveleta y está estructurada como un círculo de fuego que empieza por el final, siguiendo la corriente de conciencia del protagonista. Fue escrita en Cuba y sacada clandestinamente para ser publicada en Caracas. Se dan datos interesantes sobre los comienzos de la obra literaria de Arenas

Sánchez-Grey Alba, Esther
«Un acercamiento a *Celestino antes del alba*
de Reinaldo Arenas» XI-16
> Obra entre las menos comentadas del autor. De difícil interpretación. No hay subtítulos ni división de capítulos. Es toda una unidad. Es más creación del espíritu que de la razón; no hay una arquitectura y casi ni siquiera una historia; se interna en el mundo interior de un personaje que busca refugio en sí mismo ante la hostilidad del exterior

Lugo Nazario, Félix
«La estructura ausente en *Celestino antes del alba*» XXI-53
> Es una novela abierta donde no hay trama, personajes, ni capítulos. Sólo los recuerdos alucinantes de Celestino desencadenan la acción y le dan cierta coherencia. Hay que visualizarla como una unidad, pues una vez que se hayan identificado los límites de la situación es que es posible entenderla.

Rozencvaig, Perla
«*El Portero* de Reinaldo Arenas: tribulaciones de un
oficio equivocado» XXI-61
> En su novela *El Portero*, Arenas presenta un grupo humano y sus mascotas que viven en un edificio de apartamentos de lujo en NY y todos buscan la puerta existencial de su desarraigo. Juan, la contrafigura de todos, pues es el extraño, es un exiliado que llegó, como el autor, por el Mariel, y que sufre en carne propia el desarraigo

Sánchez-Grey Alba, Esther
«El teatro documento de Reinaldo Arenas» XXI-67
> Arenas calificó su teatro como experimental. *Persecución* es un drama en 5 actos que presenta la agonía del acoso y la pérdida de la libertad, usando los recursos del teatro del absurdo: el poeta enjaulado, profusión de sogas y arecas y un coro gritando como autómatas, son elementos altamente representativos

Hernández-Miyares, Julio E.
«*Adiós a mamá*» un libro inédito de Reinaldo Arenas XXI-77

Este libro contiene ocho relatos en los que se pueden apreciar los recursos narrativos de Arenas y sus símbolos, referentes muchas veces a la propia vida de Arenas, como el de la madre, que es figura frecuente en su obra. Los mismos reflejan, a pesar de la variedad de sus temas, la atmósfera desoladora de la que fue testigo, al tener que vivir en el dolor de una falsedad, una representación trágica, sin ilusiones ni esperanzas de alcanzar algún día la libertad y el disfrute de la dignidad humana

Jiménez, Onilda A.
«Cuba: elemento recurrente en la narrativa
de Reinaldo Arenas» XXI-89

La presencia de Cuba en la obra de Arenas está en sus frecuentes menciones del mar y los ríos. Además, en el uso de cubanismos, palabras y expresiones comunes del pueblo, el típico «choteo» pero, sobre todo esto, la soledad existencial del desterrado. Siendo un hombre de campo que tenía sólo 15 años cuando la realidad cubana cambió de forma radical e inesperada, es lógico que su cubanidad sea tan esencial como para haberlo llevado a la muerte voluntaria

López Cruz, Humberto
«Reinaldo Arenas y el discurso del silencio
en *Celestino antes del alba*» XXVI-158

Estudio de la primera novela de Arenas, *Celestino antes del alba*, donde se persigue lo abstracto, se transforma el mundo exterior en interior y su protagonista vive en soledad y es perseguido por el silencio. El propio autor reconoció en una entrevista que la realidad que se refleja en la novela, es la del mundo en el que él vivió su infancia

ARTE

Serra Badué, Daniel
«A manera de explicación» XVIII-13

Comentario del artista sobre el arte en sí de la litografía: su origen, su proceso de evolución en Cuba y los temas de su propia colección, de la cual se presentó una muestra en la galería del Bergen Community College de NJ, el 11 de noviembre de 1988, al inaugurarse el XXVI Congreso Anual del CCP

Madrigal, José A.
«Metaphor as an Art Form: A Reflection» XXI-163
Se plantea que la metáfora, como concepción retórica del lenguaje, es posible considerarla como una expresión de arte, puesto que lleva en sí la posibilidad de aportar ideas nuevas y de abrir posibilidades infinitas

Vega, Aurelio de la
«La insólita soledad del compositor cubano
de música culta» XXIV-43
Se estudia las causas del poco desarrollo de la música clásica en Cuba y en el exilio a pesar, y precisamente por eso, de la abundancia y calidad de su música folklórica, aunque reconoce que «en toda cultura, la música, como expresión artística más allá de lo utilitario, aparece siempre tardíamente»

Alea Paz, Carmen
«Aurelio de la Vega: poesía y color en pentagrama» XXIV-50
La obra musical de Aurelio de la Vega es un aporte esencial a la cultura cubana por su color e influencia rítmica y por la seriedad, sensibilidad y conocimiento profundo de la música clásica del compositor, lo cual lo sitúa «entre los más destacados compositores latinoamericanos del siglo XX»

Roig de Fresquet, Matilde
«Apuntes sobre *Quiéreme mucho* y *Cecilia Valdés*» XXXIII-137
Ensayo sobre la vida del Maestro Gonzalo Roig, gloria de Cuba, y dos de sus obras musicales. La canción *Quiéreme mucho* es conocida internacionalmente y dondequiera que se reúne un grupo de cubanos, se oye esa bella fusión de criolla y bolero. Por su parte, la zarzuela *Cecilia Valdés*, «un barroquismo clásico», se estrenó en 1932 y tuvo 100 representaciones seguidas. Como dato histórico, la hija del compositor, autora de este trabajo, recuerda que Castro trató fraudulentamente, de quitarle a Roig sus derechos de autor, pero fracasó en el intento.

Miranda, Raúl

«La bisagra entre el aquí y el allá:
Octavio Paz y la libertad del arte» XXXIV-192
`Es una interpretación de la teoría de Octavio Paz sobre la crítica del arte mediante un minucioso análisis de las realidades que concurren en toda pieza de arte, ya sea en forma plástica como es la pintura en una pared o en un lienzo, ya sea oral como es la poesía. La expresión artística refleja la realidad, o realidades, que motivó al autor, pero para el observador o lector, lo que se expone, puede ser sugerente de otras realidades y producir por lo tanto emociones diferentes a las que inspiraron la obra original

Roig de Fresquet, Matilde
«Un siglo de *"Quiéreme mucho"* de Gonzalo Roig» XLI-99
En esta conferencia se encuentra información muy interesante sobre la canción «Quiéreme mucho» («Yours» en inglés), del compositor cubano Maestro Gonzalo Roig. Es considerada «la canción perfecta», puesto que es la pieza que ha sido cantada por las mejores voces del mundo, en todos los idiomas y en muchísimos países

Pau-Llosa, Ricardo
«Aurelio de la Vega y la imaginación cubana» XLVI-7
Sitúa a Aurelio de la Vega dentro de una Tercera Generación en la cultura cubana que «buscaba una expresión original en lo abstracto, impersonal, serial, *brut* e internacional que reinaba en los estilos europeos», que se hacía sentir después de la II Guerra Mundial y que, concretamente en Cuba, se manifestaba en todas las artes. Pero Aurelio de la Vega, a pesar de estar lejos de la patria por 60 años, ha incorporado en su música conceptos originales que trascienden la verdadera esencia de la Cuba que soñó Martí

Castellanos del Corral, Andrés
«Miguel Castellanos, el olvidado pianista clásico cubano, alabado por José Martí» XLVI-137
Minucioso estudio de investigación sobre un virtuoso pianista clásico y compositor cubano, que participó en las reuniones pa-

trióticas de Martí en New York. Se detalla su raíz revolucionaria pro independencia, su formación musical y su desempeño profesional, que lo llevó a ser considerado un especialista en la interpretación de las piezas de Chopin. Como compositor están documentadas su autoría de «Gavotte» y de «Marche Nuptiale», ambas de 1897

BORGES, JORGE LUIS
Coleman, Alexander
«Chaos and play in Borges» VI-27

El ensayo trata de interpretar el concepto que Borges tiene de la Naturaleza y llega a la conclusión de que para este escritor, la naturaleza no tiene reglas prefiguradas, ni sigue leyes establecidas. Esto, aplicado a la literatura, se resuelve en concebir la situación creada como un «juego», del que no se sabe a veces cuál es el lugar, ni el momento; es decir, ni espacio, ni tiempo, lo cual conduce a una «realidad caótica»

Álvarez, Nicolás Emilio
«El asombro de la literatura borgiana» XVI-93

La narrativa de Borges se hace única porque su erudición se nutre de fuentes muy diversas del conocimiento humano como historia y mito; filosofía, matemática, etc. Ningún escritor hispanoamericano había dado muestra de una erudición tan universal como Borges, por lo menos, no con el trasfondo filosófico y teológico en que la misma descansa. En definitiva, el estudio termina por admitir que quizás fuera posible ampliar la hipótesis a la literatura universal

Álvarez, Nicolás Emilio
«Borges: autor implícito, narrador, protagonista
y lector en *Funes el memorioso*» XIX-147

Este ensayo sobre uno de los cuentos de Borges que aparece en su libro *Ficciones*, titulado «Funes el memorioso», hace notar que, aunque el tema es la extraordinaria memoria de su personaje ficticio, lo que debe estudiarse es su discurso narrativo. En este relato Borges ha roto intencionalmente con los componentes discursivos del género, o sea, el autor, el narrador, el protagonista y el lector. El narrador se aleja del protagonista al darnos noticia de éste, no como resultado de una relación directa entre ambos, sino por relatos indirectos sobre el mismo, por lo tanto, no hay caracterización del personaje; el autor no toma la responsabilidad del hecho —que le daría la anécdota— sino que lo presenta como un ensayo, e inclusive hace que el narrador le pida al lector que supla imaginativamente, la participación oral del personaje en la acción. Todo esto hace posible que el narrador, el protagonista y el lector participen activamente en la creación del autor.

Marval-McNair, Nora de
«El 'Evangelio según Marcos' según Borges» XXIV-63
La tesis es que el texto de San Marcos está basado en otros textos, de igual manera Borges sitúa a su personaje de 33 años en una hacienda en Junín y lo hace pasar por experiencias y situaciones similares a las de la Pasión de Cristo

Álvarez, Nicolás Emilio
«El discurso narrativo y la historia de
'El Milagro secreto' de Jorge Luis Borges» XXIV-74
Este cuento de Borges está considerado como una de las obras maestras de la cuentística hispanoamericana. Como es usual en Borges, lo desarrolla dentro de tres planos en los que el tiempo se manifiesta dos veces en lo soñado y otra en la eternidad

Álvarez, Nicolás Emilio
«Construcción y *desconstrucción* en *La muerte y la
brújula* de Borges» XXVII-147
Estudio de este cuento de género policiaco, donde se presenta un duelo de inteligencias entre un criminal asesino y un detective famoso por sus deducciones para interpretar las huellas dejadas en la escena del crimen. Hay muchas posibilidades: laberintos geométricos, etimologías, símbolos, etc. Se apunta el defecto que reconoció el propio Borges, en cuanto a la falta de verosimilitud que admitía, y se plantea si es que Borges intentó hacer una sátira del género detectivesco o si buscaba burlarse

de los «puros razonadores». En conclusión, que este cuento no alcanza la calidad a que nos tiene acostumbrado el autor

Álvarez, Nicolás Emilio

«Jorge Luis Borges y el tercer milenio» XXIX-37

Tras reconocer el impacto del Siglo de Oro español en el XVI y el XVII y otros tres en Hispanoamérica: el modernismo en el siglo XIX y el llamado boom en el siglo XX después de pasar por la vanguardia en poesía, es indiscutido el papel de Asturias, Rulfo, Carpentier y Borges. Éste tuvo el privilegio de ser testigo de su éxito literario. Su absoluta libertad creativa se mostró en todos los géneros que cultivó y es justo otorgarle a su obra el merecido mérito en el centenario de su nacimiento

Alba-Buffill, Elio

«La perplejidad metafísica, sustrato temático de la
poesía borgiana» XXXI-130

Se estudia la poesía de Borges en sus dos etapas, la ultraísta y la que resulta de su concepción definitiva de la poesía. Ambas son diferentes en el lenguaje y la forma pero no en el contenido, que siempre tiene una inquietud metafísica porque en Borges «la corriente imaginativa y la intelectual corren paralelamente». Sus más frecuentes temas son la vida y la muerte, el tiempo, el problema del conocimiento (realidad-irrealidad). Se estudia algunos de sus poemas. El sustrato temático de su poesía es «su perplejidad metafísica», pero su actitud escéptica se refleja en sus versos tristes, ya que, para él, la realidad es un laberinto que no conduce a nada

Loza Aguerrebere, Rubén

«Borges en Uruguay: "Considérenme un sueño"» XXXVI-103

Entrevista donde Borges habla de temas diversos, de conceptos locales y de cosas sencillas, de la lengua gaucha y autores argentinos como Güiraldes y su obra *Don Segundo Sombra*, Lugones, Hernández, Ricardo Rojas. Opina sobre el Nobel y lo que se debe seleccionar para lectura.

CABRERA, LYDIA
Perera, Hilda
«La Habana intacta de Lydia Cabrera» XIII-33
La narradora recoge las memorias de la ilustre escritora y pasea al lector por un mundo y una sociedad perdidas, pero que aún viven en la memoria y los ensueños de los desterrados. Entre las cenizas de hoy se levantan inexorablemente las sombras de un ayer esplendoroso que alienta la esperanza de un volver a ser.

Hernández-Miyares, Julio
«Lydia Cabrera: presencia y significación en las letras cubanas» XVIII-129
El libro *Cuentos negros de* Cuba situó «la literatura antillana en la categoría de las obras universales» declaró Alejo Carpentier, por su temática, por la relación del hombre con la naturaleza y con hechos históricos y bíblicos, su uso de adjetivos, que le dan color y ritmo; es un nuevo mundo al que nos asomamos, de misterio y realidad. Se le da reconocimiento a la exhaustiva labor investigadora de Lydia Cabrera sobre la cultura negra en Cuba, no con un propósito etnológico, sino para demostrar cómo esa raza, que llegó como esclava, alcanzó a hacerse parte integral de la cultura cubana

Hiriart, Rosario
«Lydia Cabrera: perfil literario» XVIII-133
La obra de Lydia Cabrera es valiosa no sólo por el mundo cultural del negro entrelazado con el del blanco en el folklore cubano. La cultura afroantillana tiene una «dimensión mágica» que ha sido captada y expuesta por Lydia Cabrera; ese mundo misterioso que hubiera desaparecido si no fuera por ella, que escribió 22 libros de ficción, lingüística y folklore, sobre esa cultura

Inclán, Josefina
«Una polifacética y transformista historia de Lydia Cabrera» XXII-38

Reseña del cuento de Lydia Cabrera llamado «Historia verdadera de un viejo pordiosero que decía llamarse Mampurias» en el cual parece reflejarse la asimilación de la raza negra al pueblo cubano. Además, en cuanto a su estilo, puede advertirse lo que hay de evolución o de permanente en su manera de narrar

Gutiérrez, Mariela A.
«Lydia Cabrera: *Iyaloricha* centenaria del universo
afrocubano» XXX-9

Recorre la vida de Lydia Cabrera desde sus inicios: su primer interés en la pintura, sus viajes, sus estudios en las religiones orientales y en la afro, a la que se había asomado en su niñez. Su regreso a Cuba, de Europa, determina su inmersión en lo afro-cubano, con el gran aporte literario que el mismo significa

Gutiérrez, Mariela A.
«Lydia Cabrera: cuentos libertarios para el centenario» XXXII-175

Entre otros cuentos de Lydia Cabrera que la autora reconoce que pudiera haber escogido, seleccionó dos en los que, por razones obvias, pudiera establecerse paralelismo o simbología con ciertos momentos históricos. Los seleccionados son «Se va por el río» y «¿Por qué… se cerraron y volvieron a abrirse los caminos de la isla?». En ambos se puede detectar que el desenlace conduce a un logro de libertad

CASAL, JULIÁN DEL

Suarée, Octavio de la
«La obsesión de la muerte, el uso de la máscara y la
idea del suicidio: algunas observaciones sobre la
prosa modernista de Julián del Casal» VII-45

Estudio sobre la obsesión con la muerte en los cuentos de Casal. La vida triste y enferma del poeta se refleja en su narrativa con descripciones de funerales y suicidios. Octavio Paz calificó su estética «de lujo y muerte». En efecto, sentía por ésta, curiosidad, resignación y horror, pero no la podía apartar de su prosa porque era ésa una forma de evadir su propia circunstancia

Hernández-Miyares, Julio
«Julián del Casal y sus *Hojas al viento*: cien años
después»   XX-115
> Análisis de los tonos, temas, estilo, léxico y matiz elegíaco de sus versos. El poemario *Hojas al viento* sitúa a Casal en «la cantera decadentista» y tiene tono romántico, pero también muestra el cromatismo pictórico de sus descripciones, una manera de decir y un tono elegante y deslumbrante

Perry Upton, Elizabeth
«'Vestíbulo', 'Salomé' y 'La aparición' de Julián del Casal»   XX-123
> Hay un conflicto entre el mundo ideal y el real que aparece siempre en la obra de Casal y, coincidentemente, también en los cuadros de Moreau. Por eso Casal se identificó estéticamente con este pintor y escribió diez sonetos que agrupó bajo el título «Mi museo ideal», inspirados en algunos cuadros de Moreau, pues ambos compartían el gusto por lo exótico y por las cualidades de belleza plástica, en cuanto a forma, color y textura que cada cual buscaba en su obra

Geada. Rita
«El espacio mítico en la poesía de Julián del Casal»   XXVIII-163
> Estudia la intensa influencia del mito en la poesía casaliana a través de diez sonetos en versos iluminadores y llenos de color, inspirados en cuadros de dioses paganos, pintados por Moreau. El poeta, tratando de huir de su realidad, buscó un medio diferente y lo encontró en el mundo antiguo, que reviste de refinamiento y belleza

Merino, Eloy E.
«Explorando lo *camp* en Julián del Casal»   XXXIV-76
> Haciéndose eco de la hostilidad crítica que el Modernismo recibió en un principio, empieza por aclarar la evolución que tuvo el concepto de lo *camp* que, si primero significó «dedicarse a lo marginal con pasión», acabó por identificarse con la homosexualidad y desde esa perspectiva es que trata de interpretar la poesía de Casal en tres composiciones de su libro *Hojas al viento*: «Mis amores», «Quimeras» y «A Olimpia»

Jiménez, Luis A.
«*Ut architectura poesis* en la obra de Julián del Casal»   XXXIV-86
El estudio se enfoca en detectar en su prosa, el interés que muestra Casal por las artes visuales, cuando describe un teatro, un convento, un palacio o una ciudad. Esto se puede apreciar, por ejemplo, en su artículo «Fuera de la ciudad» en el que describe «su» ciudad, La Habana, especialmente la zona del Vedado, a la que ve como ejemplo de modernidad en contraste con La Habana Vieja

Chen Sham, Jorge
«Las pasiones del corazón y la súplica imposible en
'Amor en el claustro'»   XXXIV-95
Es una interpretación pormenorizada del poema de Casal, haciendo resaltar las palabras claves en la descripción del ambiente, con la actitud suplicante de la religiosa, hasta culminar en la transfiguración del Cristo doliente y el amado ausente, como respuesta divina a lo solicitado

CERVANTES
Alba Buffill, Elio
«La conferencia sobre Cervantes de Enrique José Varona»   VI-73
Ensayo sobre una conferencia dada por Varona, donde por primera vez se aplicó el método de interpretación positivista en la crítica española. Varona analiza la vida de Cervantes en cinco momentos claves: juventud (grandeza de España); su vida en Italia, donde percibía el esplendor del Renacimiento; los episodios de Lepanto y de Argel y su regreso a una España decadente. Todo esto influye en el *Quijote*

Suarée, Octavio de la
«La cosmología de Giordano Bruno como posible
fuente de la poesía de Cervantes en la Primera
Parte de *El Quijote* (1605)»   XXIII-161
Presenta una interpretación de *El Quijote* bajo un nuevo prisma: como una sátira en contra de la Iglesia y el cristianismo, justificada por la época en que Cervantes lo escribió que era,

precisamente, la de la férrea intransigencia de la Inquisición. Del mismo modo, el autor de esta hipótesis sostiene que el episodio de Cardenio se basa en la vida del filósofo italiano Giordano Bruno, del siglo XVI que murió en la hoguera como hereje

Rodríguez, Alberto
«Sobre la imaginativa en los diálogos del *Quijote*» XXX-184
Estudia en la famosa obra de Cervantes los casos en que algunos personajes inventan ciertas situaciones que siendo irreales parecieran ser verídicas e inclusive sean capaces de que Don Quijote y su escudero se integren a ellas y actúen en concordancia con los hechos planteados

Betanzos Palacios, Odón
«Acercamiento a Cervantes y visión del *Quijote*» XXXV-9
Empieza por hacer acopio de ciertas incidencias de la vida de Cervantes que, como siempre pasa, van condicionando la naturaleza del individuo al mismo tiempo que enriqueciéndole el espíritu con el cúmulo de la experiencia y, como creador, Cervantes supo volcar esa riqueza personal en sus obras. A través de un acucioso análisis, Betanzos termina por afiliarse con las palabras de Dámaso Alonso cuando sintetizó la esencia del *Quijote* diciendo que «es en realidad el gran y último poema de ambición universal»

Alba Buffill, Elio
«La gran tradición de crítica cervantina en Cuba» XXXV-20
Recoge primero los nombres de los hispanoamericanos que han hecho importantes aportes al estudio del cervantismo, antes de concentrarse en el caso de Cuba, en donde empieza por señalar unos artículos de 1790 publicados en *El papel periódico* por autor anónimo; un discurso de Tristán de Jesús Medina de 1861 y una conferencia del presbítero Emilio de los Santos Fuentes y Betancourt, publicada en su libro *Frutos primaverales* de 1875. El trabajo se concentra en los estudios de Enrique José Varona, José de Armas y Esteban Borrero Echevarría, en el siglo XIX y José María Chacón y Calvo y Jorge Mañach, en el siglo XX, de los cuales aporta una detallada bibliografía

González-Cruz, Luis F.
«Cervantes, entre la novela y el teatro» XXXV-35
    Hace el rescate del genio de Cervantes para el teatro, recopilando muchas piezas de ese género escritas antes de 1585, fecha de publicación de *La Galatea*, su primera novela. La lista es abundante; algunas tienen referencias biográficas del autor cuando sufrió cautiverio, otras son de tema caballeresco, o morisco, e incluso hay un drama religioso, *El rufián dichoso*, que se considera «una de las mejores comedias de santos de la escena española». Siguieron a éstas, sus famosos entremeses y otras piezas más extensas, en verso algunas, como «La gran sultana Doña Catalina de Oviedo», y otras en prosa

Marbán, Jorge
«Cervantes y Shakespeare: convergencias y divergencias en dos genios literarios» XXXV-43
    Se analiza con mucho fundamento los aspectos coincidentes y diferenciales en la vida de estos dos genios de las letras hispana y sajona, que vivieron en la misma época, sujetos ambos a intolerancias religiosas, y murieron, cada uno en su tierra, con diez días de diferencia

Suarée, Octavio de la
«Miguel de Cervantes y William Shakespeare a través del personaje Cardenio» XXXV-52
    Este ensayo se basa en un comentario hecho por Ortega y Gasset en su *Meditaciones del Quijote*, para relacionarlo con una de las últimas comedias de Shakespeare, que lleva por título «Cardenio», el mismo nombre del personaje de la Primera Parte del *Quijote*

García, Martha
«*El Quijote* y lo pastoril en una lectura iseriana» XXXVIII-174
    Análisis del aspecto poético y la recepción literaria, tomando como ejemplo un episodio del *Quijote* donde se pone en contraste una escena pastoril y un monólogo de lenguaje terso y elegante, de lo que surgen distintas y variadas interpretaciones del lector. Se destacan también los muy variados géneros lite-

rarios que podemos encontrar en esa gema de la literatura española que es *Don Quijote de la Mancha*

Alba Buffill, Elio
«El amor como fuerza inspiradora en las *Novelas Ejemplares*» XLIV-7

Se destacan cinco aspectos que fundamentan la tesis de este trabajo: «Diálogo eterno: el hombre ante la vida»; «El amor como fuerza creadora»; «La Naturaleza, una obra de amor»; «El amor y la sensualidad» y «El amor es redención». Se perfila el componente del amor, tanto humano como divino, en el corpus narrativo de Cervantes; es un tema central para él y por eso lo inserta en sus *Novelas Ejemplares* porque —infiere Alba Buffill— ese sentimiento sublime constituye precisamente «esa fuerza de unión entre los hombres y como ascensión de los hombres hacia Dios». El ensayo saca en conclusión que en medio de la realidad imperante en que se encuentra sumergido el mundo contemporáneo, Cervantes «habló para los siglos», pues entendiendo a fondo la complejidad humana y su inevitable debilidad, «nos habló de amor»

García, Martha
«La Segunda Parte del *Quijote* (1615-2015): textualidad, narrativa y teatralidad áulica en la temprana Edad Moderna» XLIV-14

Se ofrece en este estudio un recorrido panorámico que analiza el personaje femenino de la duquesa desde el prisma de dramaturga y directora de escena, con lo cual Cervantes le otorga una caracterización protagónica atípica en la temprana modernidad. Se ilustra aquí cómo este personaje —que carece de nombre propio y patronímico, y a pesar de la sátira en que se ha contextualizado— esboza también atributos propios del arte teatral y escénico que revelan la capacidad de Cervantes de reconocer el talento femenino dentro de la hermética estructura de la parodia de la primera parte, con lo cual la realidad vigente en que se desarrolla la segunda parte de la novela, revela «la vida como escenario por excelencia, como el texto maestro, como la prosa mayor»

Leyva, Josefina
«Cervantes ¿defensor o enemigo de la mujer en
Don Quijote?» XLIV-25

Se analiza la caracterización de los personajes femeninos en *Don Quijote* y se cuestiona la posición de Cervantes ante la condición de la mujer en su obra cumbre. Se toma en consideración, por ejemplo, los personajes de Marcela, el ama y la sobrina, la duquesa y Camila, mostrando la «polaridad insalvable» que reside en cada uno de ellos, los cuales presentan una constante ambivalencia entre la virtud y la corrupción. Como estos extremos se encuentran presentes tanto en los personajes femeninos como en los masculinos analiza la cuestión a profundidad y se sitúa a Cervantes como defensor de la mujer en el *Quijote*

Leyva, Josefina
«El deseo y la tentación en *La novela del Curioso Impertinente*, de Cervantes» XLV-149

Esta breve pero relampagueante novela, está incluida en la Primera Parte del *Quijote* pero es ajena a la trayectoria del famoso personaje. Cervantes hace que aparezca ocasionalmente en una maleta abandonada en la venta, mientras Quijote dormía. Es una obra colateral, pero en este ensayo se la estudia detalladamente desde distintos aspectos en cuanto a sus antecedentes literarios, el tema y el propósito de Cervantes para haberla incluido.

CÍRCULO DE CULTURA PANAMERICANO
Bertot, Ernestina F.
«El Círculo de Cultura Panamericano» V-37

Historia de los inicios del CCP en sus primeros doce años. Se da cuenta de quiénes fueron los iniciadores Se explican los propósitos de su fundación y el medio de comunicación con los socios. El trabajo da cuenta de las actividades que tuvo la institución desde que se fundó, incluyendo las reuniones anuales y los números de *Círculo* que aparecieron en mimeógrafo, pues con este volumen es que se empieza a publicar en imprenta. También se relacionan los Presidentes del CCP de 1963 a 1975

Labrador Ruiz, Enrique
«Discurso de Clausura del XX Congreso Anual del CCP» XII-15
Esta reunión anual se celebró el 12 de noviembre de 1982 en la Universidad de New York. Labrador Ruiz hizo la clausura. Expuso la situación en que vive todo escritor bajo regímenes que niegan la libertad, como es el caso de Cuba en donde, dice, «donde único se puede producir libremente es en prisión»

Labrador Ruiz, Enrique
«En homenaje a Rafael Esténger» (Clausura del XXI
Congreso Nacional del CCP) XIII-19
Con motivo del fallecimiento el 20 de mayo de 1983 del Dr. Rafael Esténger, Enrique Labrador Ruiz pronunció unas palabras de recordación al cierre del III Congreso Cultural de Verano poniendo de relieve su labor como historiador y como figura relevante del exilio cubano. Particularmente, el CCP ha perdido uno de sus sólidos pilares pues fue uno de sus fundadores y miembro del Consejo de Asesores de sus dos publicaciones

Labrador Ruiz, Enrique
«Palabras de Apertura del III Congreso Cultural de
Verano del CCP. Julio 29-31 de 1983» XIII-21
Sabias palabras de un gran creador, evaluando la labor en proceso del CCP hecha «con honra y provecho». El CCP se ha hecho presente en la ciudad de Miami con sus Congresos de Verano. El Primero tuvo lugar el 1° de agosto de 1981. En la Sesión de Apertura de este III Congreso, el Sr. Gabriel Villar Roces entregó al Secretario Ejecutivo, Dr. Elio Alba Bufill, un pergamino en el que el Alcalde de la ciudad, Hon. Maurice A. Ferré, proclamó el 29 de julio de 1983, «Día del Círculo de Cultura Panamericano»

García Tudurí, Mercedes
«Círculo de Cultura Panamericano. Dos décadas de
afanes culturales» XIII-25

Análisis de las razones que incitaron la fundación del CCP. En Abril de 1975 fallece el Dr. Carlos M. Raggi quien fuera el fundador y se da cuenta aquí de su acervo cultural y de las iniciativas que ya se habían tomado para el desarrollo de esta institución que se había iniciado con apenas 13 profesores, intelectuales y artistas. El Consejo Ejecutivo acordó designar al Dr. Elio Alba Buffill como el Nuevo Secretario Ejecutivo, con las mismas funciones de su predecesor, tras haber considerado sus altas evaluaciones tanto en el campo intelectual como en el educativo, que en este trabajo se señalan y en ese mismo año de 1975 entró en funciones (Cabe señalar que en el 2015 renunció al cargo por motivos de salud y falleció dos años después, el 24 de agosto de 2017)

Alba-Buffill, Elio
«Apertura del IV Congreso Cultural de Verano del CCP,
Universidad de Miami, Koubek Memorial Center.
Julio 27-29 de 1984» XIV-31

Sintetiza la labor del CCP en los primeros veinte años de trabajo, en los que se ha enfatizado el valor actual y futuro de la cultura hispanoamericana como logro y esperanza para el porvenir, conscientes de que «nunca antes la cultura y la libertad de pensar y de crear han sido tan angustiosamente amenazadas». Durante los tres días del Congreso estuvo abierta al público una exposición de artes plásticas con la participación de más de cincuenta artistas

Cid Pérez, José
«Apertura del V Congreso Cultural de Verano. Agosto
2-4 de 1985» XV-7

Se renovaron los propósitos del CCP en sus 22 años de fundado y se reafirmó su contribución y apoyo a la difusión de la literatura y la cultura latino-americana, tan amenazada en estos momentos su independencia de conciencia. Conforme a estos principios, se conmemoraba en la Sesión de Apertura de este Congreso, el centenario del escritor cubano Alfonso Hernández Catá, con la participación de su nieta, Uva Clavijo, y el Dr. Humberto Piñera, Profesor Emérito de New York University

Fundora de Rodríguez Aragón, Raquel
«Palabras de cierre de la Sesión de Apertura del
V Congreso Cultural de Verano»   XV-23
    Como Presidente del Capítulo de Miami del CCP, la Dra. Fundora de Rodríguez Aragón dio las gracias a los Dres. René José Silva y Pablo Chao, Directivos del Koubek Memorial Center de la Universidad de Miami, por acoger como sede los Congresos de Verano del CCP y reiteró la dimensión literaria de Alfonso Hernández Catá, cuyo centenario se conmemoró en esta Sesión

Gómez Carbonell, María
«Clausura del V Congreso Cultural de Verano»   XV-31
    Reseña de la dimensión cultural que le dio razón de ser al CCP y del arraigo que ha encontrado en Miami en donde desde hace cinco años se viene convocando un Congreso Cultural con alcance internacional y entusiasta participación de profesores, creadores y poetas

Garcerán de Vall, Julio
«Clausura del VI Congreso Cultural de Verano
del CCP»   XVI-45
    El Dr. Garcerán, Presidente del Capítulo de Miami del CCP, dio por terminado este Congreso de Verano que por sexto año consecutivo se viene celebrando en el Koubek Memorial Center de la Universidad de Miami. En esta ocasión se recordaron los cien años del nacimiento del poeta Agustín Acosta, sobre el que se presentaron magníficas ponencias y se leyeron algunos de sus versos

Alba-Buffill, Elio
«Apertura del XXIV Congreso Anual del CCP, en
recordación del Dr. José Utrera»   XVI-49
    Palabras de recordación y despedida, con motivo de su fallecimiento, de un educador y amigo que dedicó su vida a la docencia, a la cultura y a su país. Hace un panorámico recorrido de la actitud cívica que el Dr. José Utrera mostró en todo momento en que las convulsiones de la patria reclamaron la pre-

sencia de sus mejores hijos, así como su misión magisterial a la que lo llamó su vocación, tanto en Cuba como en la tierra que lo acogió en el exilio.

Hernández-Miyares, Julio
«El Círculo de Cultura Panamericano en su vigésimo quinto aniversario»   XVII-59

Ponencia de apertura del XXV Congreso Anual del CCP celebrado el 13 de noviembre de 1987 en el Meyer Hall de New York University. Después de hacer una visión general de los logros alcanzados en los primeros 25 años de la institución, el Dr. Hernández-Miyares sugirió nuevos proyectos con vista al futuro, que en definitiva se tuvieron en consideración

López Isa, José
«Apertura del XXVI Congreso Anual del CCP. Noviembre 11-13 de 1988»   XVIII-11

Se celebran los 25 años de vigencia del CCP, ampliando a tres días las sesiones de los Congresos anuales. El Dr. López-Isa les dio la bienvenida a los participantes, como Presidente del Bergen Community College de NJ, que fue la sede de los mismos por varios años y le reconoció al Dr. Elio Alba Buffill el haberse identificado con la llama inspiradora que hizo nacer el CCP para proclamar la riqueza intelectual y artística que hay en el mundo hispanoamericano

Gutiérrez-Vega, Zenaida
«Clausura de XXVI Congreso Anual del Círculo de Cultura Panamericano»   XVIII-19

Recapitulación hecha por la Vicepresidente Nacional en ese momento, como cierre del programa desarrollado en este Congreso marcando las Bodas de Plata del CCP. Antes de la Sesión de Apertura se presentó una exposición de dibujos litográficos de Daniel Serra Badué quien dio una amena charla que tituló «A manera de explicación» y la noche del sábado, después de las sesiones de conferencias, tuvo lugar la representación teatral de «Huida» de Alberto Guigou. El domingo por la tarde, se dedicó la Sesión de Clausura a la celebración del centenario de *Azul* de Rubén Darío, con dos ponencias sobre el tema y la participación de la declamadora argentina Paulina Sierpes

Martí de Cid, Dolores
«Apertura del VIII Congreso Cultural de Verano
del CCP. 22-24 de Julio de 1988»   XVIII-21

Evaluación, por una de sus fundadores, de las metas que se propuso el CCP cuando se creó y de lo que ha alcanzado al cabo de 25 años. Como indicio de estos logros dio cuenta que el registro de socios se extiende a países de nuestra América como Canadá, Argentina, Colombia, Costa Rica, El Salvador y República Dominicana, y de Europa: España, Francia. Italia e Inglaterra y en los Estados Unidos se ha diversificado con Capítulos Regionales en Charlotte, NC; Chicago, Ill; New Jersey, Washington DC y Miami, FL y en cuanto a publicaciones anuales, cuenta con Círculo: *Revista de Cultura* y *Círculo Poético*

García Tudurí, Mercedes
«Homenaje a José María Heredia y Heredia»
(Cierre de esta Sesión)   XIX-19

La Apertura del IX Congreso Cultural de Verano estuvo dedicada a Heredia en los 150 años de su muerte. Al dar por cerrada esa Sesión, la Dra. García Tudurí recordó que Heredia y el Padre Varela son de los primeros cubanos que ya muy temprano en el siglo XIX sufren el destierro por querer libertad para su patria. También hizo patente el reconocimiento que el CCP les hizo al Dr. Roberto Agramonte y Adalberto Alvarado, con sendas placas, por sus servicios como Presidente Nacional y Presidente del Capítulo de Miami, respectivamente

Fundora de Rodríguez Aragón, Raquel
«Palabras de Apertura del X Congreso Cultural
de Verano»   XX-41

Recuento de la labor desarrollada en estos Congresos de Verano en que se le han dedicado sesiones de estudio a figuras muy significativas de la historia de Cuba: a José Martí, en primer lugar, recordando el centenario de la publicación del *Ismaelillo* y las ponencias de esa sesión se recogieron en el libro titulado *José Martí ante la crítica actual*. Otras figuras estudiadas han sido el Padre Varela, Lydia Cabrera, José María Heredia y Agustín Acosta y en el presente congreso se dedica la Sesión de Apertura al ilustre poeta Eugenio Florit, nuestro Expresidente Nacional y Socio Fundador del CCP

Martí de Cid, Dolores
«Reconocimiento a las bibliotecarias de la Colección
de Libros Cubanos de la Universidad de Miami»　　　　XX-45
Reseña de la entrega de una colección de las revistas *Círculo: Revista de Cultura* y *Círculo Poético*, desde que empezaron a publicarse hasta el momento de este acto, 20 de Julio de 1990, para la Colección Cubana de la Universidad de Miami. A partir de esa fecha hasta el cierre de sus publicaciones, se le mantuvo una suscripción gratuita a la Universidad

Rexach, Rosario
«El Círculo de Cultura Panamericano y sus treinta
años de servicio a la cultura hispánica»　　　　XXIII-9
Amplio recuento sobre la labor intelectual del Círculo de Cultura Panamericano; sus logros y realizaciones, destacando la labor literaria y artística, capítulos regionales, proyecciones para el futuro y las personalidades que lo crearon y han mantenido vigente en sus primeros treinta años

Gutiérrez-Vega, Zenaida
«Palabras de presentación del homenaje a Dolores
Martí de Cid en el XXXI Congreso Anual del CCP»　　　　XXIII-66
Afectuosas y emocionadas palabras para presentar a los conferenciantes de la sesión en memoria de la Dra. Martí de Cid quien, como crítica y conferenciante, representa un orgullo de las letras de América por sus valiosas contribuciones a la cultura, y en lo personal, dejó un recuerdo muy especial entre sus colegas, estudiantes y amigos, por su alto valor intelectual y su cálida personalidad

Torre, Amalia V. de la

«Apertura del XVI Congreso Cultural de Verano del
CCP. 26-28 de Julio, 1996» XXVI-28
Hace presentación de los temas que van a desarrollarse en el transcurso del Congreso, destacando que en la Apertura se le va a dar justo reconocimiento a la Dra. Mercedes García Tudurí, figura prominente de la intelectualidad cubana y de la educación. La Palestra Poética se va a dedicar a la memoria de Ana Raggi, fundadora de *Círculo Poético* y la Sesión de Clausura a la del Dr. Roberto Agramonte que fue Presidente del CCP en el periodo 1984-85

Alvarado, Adalberto
«Apertura del XVII Congreso Cultural de Verano
del CCP. Julio 25-27 de 1997» XXVII-9
El Presidente del Capítulo de Miami del CCP, abrió la sesión inaugural del Congreso con sentidas palabras de recordación de tres sólidos pilares de la cultura cubana que fallecieron en el año en curso: Mercedes García Tudurí, Alberto Gutiérrez de la Solana y Gastón Baquero, los tres, miembros prominentes de la intelectualidad cubana y socios muy identificados con el CCP

López-Isa, José
«Palabras de Clausura del XL Congreso Anual.
Octubre 25-27 de 2002» XXXII-168
El Dr. José López Isa hace recuento de la jornada rendida en este Congreso y de los aportes hechos por el CCP a la cultura, especialmente, promoviendo estímulo a los creadores con los tres concursos que se patrocinan: el «Labrador Ruiz» de cuento, el «Alberto Gutiérrez de la Solana» de teatro y el «Eugenio Florit» de poesía. Además, serecordó el centenario de la República de Cuba, completando así la Iniciativa que había comenzado en el Congreso de Verano en Miami. Las dieciséis ponencias presentadas en ambos congresos sobre el tema, se recogieron en el Vol. XXXII de la *Revista Círculo*

Fernández, Jesse

«Apertura del XLI Congreso Anual del Círculo de Cultura
Panamericano. Octubre 24-26 de 2003»   XXXIII-9

> Presentación de los cuatro aniversarios que se celebrarán en el congreso: el sesquicentenario del nacimiento de Martí y de la muerte del Padre Varela; el bicentenario del nacimiento del poeta José María Heredia, el cantor del Niágara y los 40 años de fundado el CCP, cuatro décadas de esfuerzos por difundir la cultura cubana y latinoamericana

Alba Buffill, Elio
«El Círculo de Cultura Panamericano: cuarenta años
de lucha por la libertad de pensar»   XXXIV-9

> En este ensayo, el Dr. Elio Alba Buffill, como líder intelectual del CCP, ofrece una amplia descripción de los entonces 40 años de labor literaria y patriótica de la benemérita institución y nos adentra en los detalles organizativos e históricos del Círculo, sus principales metas y los logros hasta entonces obtenidos

Gutiérrez-Vega, Zenaida
«Apertura del XXV Congreso Cultural de Verano del
Círculo de Cultura Panamericano» Julio 29-31, 2005   XXXV-32

> Discurso de Apertura de la Dra. Gutiérrez-Vega, como Presidente del CCP por el bienio 2004-2005. En el mismo se da cuenta que el CCP acordó dedicar la apertura de los dos congresos de ese año a conmemorar el IV centenario de la publicación de la primera parte del *Quijote* y se anuncian los temas que se cubrirán en las ponencias y las actividades que van a tener lugar; entre ellas, la entrega del «Premio Herencia», otorgado por Herencia Cultural Cubana, al Círculo de Cultura Panamericano «En reconocimiento a la fructífera labor realizada desde 1963 para divulgar y preservar nuestra cultura literaria»

Alba Buffill, Elio
«Pablo Chao y su extraordinaria labor de promoción
de la cultura hispánica»   XL-52

> Hace memoria de la ocasión en que conoció al Prof. Pablo Chao, quien era el Director Asistente de la Escuela de Estudios

Continuados e Internacionales de la Universidad de Miami, puesto que tanto él, como el Dr. René José Silva, Director del Koubek Memorial Center, le dieron amplia acogida al Círculo de Cultura Panamericano para que éste tuviera en ese Centro sus anuales Congresos de Verano, que se iniciaron en 1981 y continuaron en esa sede por los siguientes treinta años. Hace asimismo justo reconocimiento de su preparación profesional para asumir las altas funciones que le fueron encomendadas al Prof. Chao

«Reconocimiento al Dr. Elio Alba Buffill» XLV-9
Con motivo del fallecimiento del Dr. Alba Buffill el 24 de agosto de 2017, se reproduce su trabajo titulado «El Círculo de Cultura Panamericano: cuarenta años de lucha por la libertad de pensar» en reconocimiento a la labor desarrollada por él como Secretario Ejecutivo Nacional desde 1975 hasta 2015 en que se retiró por motivos de salud. El mismo aparece en el volumen XXXIV-9

Testimonios leídos en la Sesión de Apertura del XXXV Congreso Anual del CCP en memoria de Alberto Gutiérrez de la Solana
González, Fidel
«Alberto Gutiérrez de la Solana, abogado» XXVII-65
Sentidas palabras de un colega abogado, recordando la dedicación a la profesión que el Dr. Gutiérrez de la Solana mantuvo en Cuba y como enfrentó el exilio en una nueva profesión, como profesor universitario en NYU, ayudando siempre a sus colegas recién llegados a New York

Martínez Paula, Emilio
«Alberto Gutiérrez de la Solana, el amigo sincero
que nos da su mano franca» XXVII-67
Recuerda a Alberto Gutiérrez de la Solana como amigo, periodista y patriota y evoca que Gutiérrez de la Solana intercedió en una polémica que él sostenía con anexionistas trasnochados, comunistas y totalitarios que querían aprovechar los trágicos momentos que vive Cuba para anexarla a la Unión

americana, con contundentes razones históricas que dieron fin a la polémica

Jiménez, Oneida A.
«Mis recuerdos de Alberto Gutiérrez de la Solana»　　　XXVII-70
Lo recuerda como un profesor de gran talento, optimista, amistoso y sobre todo, un gran patriota, que llevaba a Cuba en el corazón y, en su diario quehacer, el mejor interés de sus alumnos

Villaverde, Luis
«Amistad honrosa»　　　XXVII-73
Lo conoció primero como alumno, luego, como colega y amigo siempre. Fue admirador de su entereza de carácter, su patriotismo y su dedicación a Cuba y sus alumnos. Reconoce que hay amistades que nos honran y una de ellas fue la del Dr. Gutiérrez de la Solana

Carbonell Cortina, Néstor
«Alberto Gutiérrez de la Solana: perfil patriótico de
un intelectual»　　　XXVII-76
Muy emotiva recordación del Dr. Alberto Gutiérrez de la Solana, intelectual que sobresalió en todo lo que hizo pero que fue su patriotismo y lucha por Cuba, el recuerdo más destacado que nos dejó: desfilando por las calles de New York en su silla de ruedas, la bandera cubana en las manos, pálido el rostro y desafiante el ceño

López Isa, José
«Alberto Gutiérrez de la Solana en mi recuerdo»　　　XXVII-79
El amigo optimista, jovial, activo en empresas intelectuales y patrióticas y, sin embargo, ya próximo a la muerte, nos despedimos —aunque no sabíamos que lo fuera— y así lo recuerdo: diciéndonos adiós con las manos, mientras su automóvil se alejaba. Quería parecer el de siempre, pero el tono de su voz y la expresión de su cara, nos dejó la triste sensación de un presentimiento

Testimonios leídos en memoria de Daniel Serra Badué.
Sesión de Clausura del XXXV Congreso Anual del CCP
Blanco, Ray
«Homage to a Friend...Daniel Serra Badué» XXVII-106
  Evocación del primer encuentro con motivo de la preparación de una nueva serie televisada, «Artistas en el Exilio» que dio comienzo a una gran amistad de toda la vida y a una nueva apreciación de la historia del arte

Origlieri, Anthony
«Daniel Serra Badué» XXVII-107
  Un antiguo alumno recuerda con gran afecto al profesor que lo introdujo al mundo del arte y que fue ese encuentro el origen de la gran amistad que compartieron. Su primer impacto con su arte fue en una exhibición en la que se mostraban litografías y surrealistas pinturas de su amada ciudad natal, Santiago de Cuba. Panoramas de New York y autorretratos en sus parques contribuyeron también a abrirle un mundo nuevo y cimentar una amistad para toda la vida

Utrera, Celia
«Mi amigo Daniel» XXVII-108
  Memorias de una vieja amistad surgida antes del exilio, que nos permite tener una visión de Serra Badué a través de su ordenado y nítido estudio, sin manchas, olores ni pinceles; todo en orden, como el pintor, elegante y responsable como artista y maestro, que nunca olvidó su Santiago de Cuba con su abolengo mudéjar medioeval bien captado en sus pinturas, así como sus enigmáticos autorretratos

Testimonios leídos en la Sesión de Apertura en homenaje a Adalberto Alvarado con motivo de su retiro como Presidente del Capítulo de Miami. Se le hizo una distinción especial
Torre, Rogelio de la
«Apertura del XVIII Congreso Cultural de Verano del Círculo de Cultura Panamericano» XXVIII-79

Como Presidente del Capítulo de Miami, el Dr. Rogelio de la Torre abrió las sesiones del congreso agradeciéndole a los Profesores Pablo Chao y Pelfort Lisabet, Director y Coordinador Artístico del Koubek Memorial Center de la Universidad de Miami, la cordial recepción con la que acogen estas reuniones. En la apertura, se le entregó al Prof. Alvarado, una placa, con motivo de su retiro, nombrándolo Presidente Emérito del Capítulo de Miami

Martínez Castro, Sara
«Adalberto Alvarado, su pasión por Cuba»　　　　　XXVIII-82
Exalta en Alvarado su fervor martiano que le llevó siempre a levantar su voz de cubano ante todo intento de torcer el rumbo democrático de Cuba

Jorge, Guillermo J.
«Elogio al Profesor Adalberto Alvarado»　　　　　XXVIII-84
Reconoce en Alvarado una vida dedicada al estudio de Martí que animó siempre su fervor patriótico y que volcó como periodista e historiador

Mario, Luis
«Un hombre martiano»　　　　　XXVIII-86
Reseña la vida de Adalberto Alvarado, guiada siempre por su fe martiana, que le llevó a hacer tres libros sobre el tema. El último, *El pensamiento martiano*, es guía ineludible de conducta ética y patriótica, puesto que recoge principios básicos de la doctrina de José Martí

Sosa de Quesada Arístides
«Al Dr. Adalberto Alvarado» (Poema)　　　　　XXVIII-88
Le dedicó un poema exaltando sus altos valores como maestro rural en sus comienzos y como devoto martiano en sus libros

Alba-Buffill, Elio
«Un merecido reconocimiento al Profesor Adalberto
Alvarado»　　　　　XXVIII-91
El Secretario Ejecutivo Nacional del CCP, Dr. Elio Alba Buffill encomió en Alvarado la ejecutoria de su vida encaminada siempre a hacer valer la doctrina martiana y con motivo de su

retiro como Presidente del Capítulo de Miami, le entregó una placa en la que se le nombra Presidente Emérito del Capítulo de Miami del CCP en atención a la labor desarrollada por él en ese cargo

Testimonios leídos en la Sesión de Apertura del XXXVII Congreso Anual en homenaje a la Dra. Zenaida Gutiérrez-Vega,

Ramírez, Álister
«Mi maestra de literatura» XXIX-61
El alumno le agradece a la profesora el haber despertado en él el amor a la literatura al descubrir muchos conflictos humanos nuevos para sus ojos y, por ende, ampliar su visión del mundo. También le reconoce la paciencia y prudencia con que impartía el conocimiento sin herir la autoestima del alumno

Hart, Mercedes
«Un gran valor humano» XXIX-63
Como alumna que fue, coincide en la valoración de su técnica didáctica en cuanto a la profundidad de su conocimiento de la materia y el trato delicado y cordial con sus estudiantes

Ferrer, Carlos
«A una gran educadora» XXIX-65
Admira en la Dra. Gutiérrez Vega su extraordinaria capacidad para compartir con sus alumnos su amplio conocimiento en la materia estudiada, creando a la vez un ambiente propicio, ejemplarizante de lo que debe ser un buen educador

Testimonios leídos en la Sesión de Apertura del XXXIX Congreso Anual, en homenaje a la Dra. Rosario Rexach

Dellepiane, Ángela B.
«Homenaje a Rosario Rexach en sus casi noventa años de vida» XXXI-18
Sentidas palabras de admiración y afecto de una colega argentina que se siente plenamente identificada con la Dra. Rexach con quien comparte y disfruta de tertulias y actos culturales,

que les da ocasión de asomarse e intercambiar y aprender del mundo cultural al que cada una pertenece

Carrasco Urgoiti, Soledad

«Una adhesión desde España» XXXI-21

Por no encontrarse en los Estados Unidos para la fecha de este homenaje, la Dra. Carrasco le envió una carta al Dr. Elio Alba Buffill, Secretario Ejecutivo del CCP, para hacer patente su adhesión al mismo, puesto que reconoce en la Dra. Rexach una intelectual de alto calibre, volcada en la reflexión y el estudio

López Isa, José

«La educadora en Rosario Rexach» XXXI-21

Aparte de reconocerle sus altas cualidades humanas e intelectuales, el Dr. López Isa destacó en la homenajeada su vocación de educadora, que se mostró desde muy temprano en su vida y a la que respondió cuando fue el momento de escoger una dirección profesional

Jiménez, José Olivio

«Esbozo de un retrato integral de Rosario Rexach» XXXI-25

A través de la concepción geométrica de un poliedro, el Dr. Jiménez hizo un análisis esquemático de las características esenciales y distintivas de la personalidad de la Dra. Rexach, resaltando en ella su vitalidad, generosidad en difundir conocimientos útiles sobre la salud y otros aspectos; animadora entusiasta de toda labor cultural y estudiosa ferviente de grandes figuras de nuestra cultura

CRÍTICA LITERARIA

Rexach, Rosario

«La estructura de cinco ensayos de Jorge Mañach» VII-9

Análisis de cinco ensayos de Mañach: a) Indagación del choteo; b) El estilo en Cuba y su sentido histórico; c) La nación y su formación histórica; d) Examen del Quijotismo; e) Universalidad de Alfonso Reyes. Su definición de un escritor era que debe ser, «maestro de su pueblo y debe hacerse entender» y esas son, precisamente, las características que se le han señalado a él en este trabajo: claridad, plasticidad de la prosa y la vida como misión

Gutiérrez-Vega, Zenaida

«Ideario de José María Chacón y Calvo» X-19

Comienza por hacer un breve resumen biográfico de sus estudios y su primera encomienda profesional, que lo condujo a Madrid como Segundo Secretario de la Legación cubana. A su regreso a Cuba, se involucró en diferentes proyectos culturales que fueron los que animaron el resto de su vida. Da cuenta de los libros que escribió sobre temas de la cultura cubana a partir de 1913; sobre Cervantes y la literatura de España, más tarde, y sobre historia en general, lo que conduce a la investigadora a ahondar en su ideario con especial interés crítico

Alba Buffill, Elio

«Impresionismo y positivismo en la crítica literaria de
Manuel Sanguily» X-47

Estudia las características propias de su enfoque crítico, siendo parte de una ilustre pléyade de las letras cubanas a finales del siglo XIX y principios del XX. Con absoluta independencia, aceptó la influencia de los dos criterios que predominaban en su momento histórico, el positivista y el impresionista, como perspectivas de análisis, pero sin afiliarse sustancialmente a ninguna de ellas. Una vez sentado ese principio, Alba Buffill entra al estudio de su obra crítica y concluye dando su impresión personal sobre el tema tratado

Gutiérrez de la Solana, Alberto

«In Memoriam de Lino Novas Calvo». (Apertura del
XXI Congreso Nacional del CCP) XIII-7

Hacía sólo ocho meses del fallecimiento de Novas Calvo en el exilio y ya había sido reconocido como uno de los grandes innovadores de la narrativa hispanoamericana, por la novedad de los recursos utilizados, que llegaron a hacerse característicos de su cuentística: anticipo del realismo mágico; técnica cinematográfica; angustia existencial y otros más, aplicados a la realidad nacional, con cierto aire de modernidad.

Montes Huidobro, Matías
«Riqueza verbal de *Abril es el mes más cruel*» XIII-97
    Se estudia la posibilidad de una relación no prevista entre el cuento de Cabrera Infante y ciertos poemas de T.S. Eliot. De entrada, el título del cuento de Cabrera, está tomado del poema de Eliot *The Waste Land*, lo cual ya incita a la comparación e invita a buscar claves sugerentes que pudieran confirmar esa suposición

Milan, William G.
«Alberto Guigou's *Bruno*: portray of a transition» XIV-79
    Un intento de interpretación de la técnica literaria de Alberto Guigou basado en una novela y dos piezas teatrales. El ensayo sostiene el criterio de que la obra literaria de Guigou hay que juzgarla con independencia de cualquier criterio literario pre establecido pero, sin embargo, mantiene un rígido plan en la estructura. Se ejemplifica este criterio en el cuidadoso análisis hecho sobre la pieza teatral *Bruno*

Jiménez, José Olivio
«Martí, Darío y la intuición modernista de la armonía
universal» XVIII-105
    Análisis de dos maneras distintas de enfrentarse al concepto aceptado por el Modernismo de la unidad en el Universo basado en la «armonía» (visión artística) y la «analogía» (visión científica). En Martí la armonía tiene una proyección moral y la muerte la define como júbilo, pues «funde los opuestos en una unidad suprema que resuelve ya las contradicciones»; en Darío, la armonía es «tensa, crispadora y nerviosa, que sólo puede conducir a la suma de interrogaciones, dudas e ignorancias»

Alba Buffill, Elio
«El mundo literario de Chacón y Calvo a la luz de la
crítica de Gutiérrez Vega» XVIII-191
    La aportación del crítico y ensayista cubano José María Chacón y Calvo al mundo literario hispánico ha sido incalculable al establecer las conexiones entre los escritores y obras de am-

bos mundos, el peninsular y el hispanoamericano, facilitando su mutua comprensión, valorización y comprensión internacional. La Dra. Zenaida Gutiérrez-Vega ha estudiado exhaustivamente la vida y la obra de este erudito en cinco volúmenes que incluyen distintos aspectos; el primero fue su biografía, que complementó con otro de bibliografía activa y pasiva; a éstos les siguieron otros tres epistolarios que recogen la correspondencia de Chacón, no sólo la guardada en sus archivos, sino la recibida de sus corresponsales, libros que han sido altamente valorados por el poeta Eugenio Florit

Carrasco, María Soledad

«La vocación intelectual de José Olivio Jiménez»   XX-59

Destaca la vocación mostrada en el análisis interpretativo de los textos, como crítico y filólogo a través de su gestión docente. Es decir, que descubre en José Olivio esa dualidad necesaria en todo buen maestro: la responsabilidad de adquirir conocimiento con la amplia dimensión que sea posible, y la actitud didáctica de estimular la facultad de análisis del estudiante al enfrentarlo al análisis de un texto. Como colega, le reconoce la actitud positiva a aceptar las encomiendas profesionales para el buen desenvolvimiento del departamento

Hiriart, Rosario

«José Olivio Jiménez: una aventura hacia el conocimiento»   XX-67

Cálida apreciación de la labor crítica sobre poesía de Jiménez, recogida en sus libros sobre poetas contemporáneos de España y de Hispanoamérica, así como de escuelas o tendencias dentro del género, muy en especial sobre el Modernismo

Rexach, Rosario

«La labor crítica de Enrique Piñeyro»   XX-85

En este estudio sobre Enrique Piñeyro se señala que hay dos elementos fundamentales en su obra: los de carácter histórico y patriótico y los puramente literarios como la poesía y el teatro, y que siempre se mantuvo en el clima cultural de su época. Sus contemporáneos le consideraron «el crítico más notable» y han calificado su estética de «refinada y sobria»

Jiménez, Luis A

«La teoría novelística de José María Heredia» XXII-61
Deja a un lado al poeta para presentarlo como ensayista crítico, inclusive, como uno de los primeros en cultivar este género. Se basa en el trabajo de Heredia de título «Ensayo sobre la novela» de 1832 y señala como aportación el haber logrado plasmar el desarrollo estético de la misma, desde sus orígenes hasta la llegada de la novela histórica.

Ahumada, Alfredo
«Una página olvidada sobre José María Chacón y Calvo» XXIV-127
Recoge una crónica del escritor chileno Francisco Contreras, publicada en el *Mercure de France*, en la sección encomendada a éste sobre Literaturas hispanoamericanas, en que se hace eco de la labor crítica de Chacón sobre la poesía cubana, sus orígenes, sus características y los poetas más destacados

Romero, Héctor R.
«Desconstrucción constructiva del lenguaje de los signos
en *Escuadra hacia la muerte* de Alfonso Sastre» XXIV-187
Análisis de esta obra de Sastre con técnica semiótica, es decir, usando la terminología del sistema, que no reconoce la que corresponde a cada género literario, puesto que se presume que el resultado del análisis no cambiaría si se usara el tradicional. Para ello empieza por aclarar la identificación genérica que se usa en este sistema, de los distintos elementos componentes en cualquier obra literaria y de ahí va identificando los mismos, en la pieza teatral de Sastre

Rexach, Rosario
«Heredia como crítico literario» XXVI-149
Se presenta un aspecto poco estudiado del poeta cubano José María Heredia como es la ensayística y crítica literaria desarrollada en revistas literarias que él fundara durante su exilio en México, que lo ha llevado a ser considerado como «el primer crítico literario en lengua española en el siglo XIX antes de Menéndez y Pelayo»

Madrigal, José A.
«A New Historicism: Observation» XXVI-204

Comentarios sobre la manera de interpretar la tendencia del Historicismo y la nueva orientación que tomó el nombre de «Nuevo Historicismo» que no es otra cosa que enfatizar la lucha de poderes en la sociedad de la época y quizás por eso ha sido usado mayormente por las izquierdas

Fernández, Magaly
«La obra crítica de Zenaida Gutiérrez-Vega, puente
entre dos culturas»   XXIX-68

Se ejemplifica el patrimonio de la lengua castellana mediante las conexiones entre dos culturas distintas unificadas por el idioma español. Destaca el interés que mostró Zenaida Gutiérrez-Vega desde sus años de estudiante por estudiar las raíces de la cultura española en general. Primero orientada hacia Chacón y Calvo (cubano) y luego a los españoles Ramón Menéndez Pidal, a su profesor Antonio Oliver Belmás y últimamente a Victoria Kent, entre otras figuras españolas

Jiménez, José Olivio
«La labor de investigación y docencia de María Soledad
Carrasco Urgoiti»   XXIX-74

Recorre panorámicamente la labor investigativa de la Dra. Carrasco Urgoiti que cubre principalmente la influencia mora en Granada, con su consecuencia, los moriscos. Finalmente, concreta en apretada síntesis las excepcionales cualidades que mostró la Carrasco en el desempeño de cargos docentes y administrativos a nivel universitario

López-Cruz, Humberto
«La ensayística crítica de Gladys Zaldívar»   XXX-123

Llama la atención sobre la obra crítica de la poeta Gladys Zaldívar y a ese efecto, comenta ciertos trabajos de figuras literarias cubanas, como Severo Sarduy, Reinaldo Arenas, Mariano Brull, Julián del Casal, la Avellaneda, Martí con su novela *Lucía Jerez*, Eliseo Diego y Manuel de Zequeira

Fernández, Jesse
«La crítica literaria de José Olivio Jiménez en torno
al Modernismo»   XXXI-146

En la *Antología crítica de la prosa modernista hispanoamericana* de José Olivio Jiménez y Radamés de la Campa, se define el Modernismo no como un estilo, sino como «una modalidad expresiva de lenguaje». Jiménez ve el Modernismo como una «expresión artística y actitud espiritual» que nos legó «su dimensión estética, su preocupación ética y su metafísica existencial»

Leeder, Ellen Lismore
«Los espacios interiores en *Jardín* de Dulce María Loynaz» XXXII-185
Un intento de interpretación de una obra que rompe con los patrones tradicionales de la novela. No hay conflicto entre personajes, pues sólo hay uno que la propia autora describe como «un ser de poca carne y poco hueso, un personaje irreal imposible de encajar en nuestros moldes, en nuestros modos, en nuestros gestos y hasta en nuestras creencias»

Alba Buffill, Elio
«Walter Rela y su fecunda labor cultural» XXXIII-58
Estudio de la labor crítica de Walter Rela, caracterizada por su investigación, rigor, objetividad, análisis y erudición. Su obra comprende: bibliografías, cronologías, diccionarios, historias, antologías y ensayos. Sus bibliografías y cronologías fueron muy merecidamente bien recibidas. Su temática preferida ha sido el teatro y la poesía gauchesca. Sus estudios ensayísticos sobre Rodó y Arenas no pueden ser olvidados cuando se habla de la obra literaria de Rela. El CCP se honró muchas veces con sus comparecencias y sus colaboraciones

Gutiérrez-Vega, Zenaida
«Adiós a José Olivio Jiménez» XXXIV-21
Un recuerdo de admiración y afecto de alguien que, por afinidad de intereses académicos, conoció el camino intelectual de José Olivio Jiménez y lo evalúa en tal aspecto señalando los ensayos, antologías y libros didácticos que publicó, todos ellos de consulta necesaria pero a la vez hace énfasis en su calidad humana, afectuosa y sin arrogancia en el trato

Torre, Amalia V. de la

«Lino Novas Calvo y el origen del "realismo mágico"» XXXIV-134

Empieza por precisar el concepto de lo que es *realismo mágico*: «Presentar la realidad como si fuera mágica» y luego analiza esa estructura en tres cuentos de Novas Calvo: «La luna de los ñáñigos», «En el cayo» y «Aquella noche salieron los muertos». Las tres fueron publicadas en la *Revista de Occidente* en enero, mayo y diciembre de 1932, con títulos distintos

Ramírez Márquez, Alister

«Andrés Bello (1781-1865): el crítico» XXXIV-182

Se estudia parte de la obra crítica del venezolano Andrés Bello respecto al poeta cubano José María Heredia. Se hace notar en la apreciación crítica de Bello, cierta influencia del amplio conocimiento que tenía de la literatura inglesa, especialmente de Lord Byron. Quizás esto fuera un factor para su severidad en el juicio a la retórica de Heredia al atribuir a defectos gramaticales el uso de ciertas conjugaciones del idioma castellano que se ajustan a la expresión española, más emotiva que la inglesa en muchos aspectos

Fernández, Jesse

«El discurso testimonial en la obra de Gertrudis Gómez de Avellaneda» XXXV-88

Tras hacer una introducción de lo que se ha llegado a entender —cuando hay referencias a determinados momentos históricos o personales del que escribe— como un testimonio, se entra a analizar la obra en general de la Avellaneda y se señalan ciertos indicios en determinados personajes ficticios en los que se pudiera identificar rasgos personales de la autora, por ejemplo, su sentir contrario al sistema de la esclavitud; o a la posición de la mujer condicionada a injustos convencionalismos sociales. Estos indicios —se concluye— coloca a la Avellaneda en una posición conflictiva como escritora dentro de su entorno, que la convierten en una de las personalidades más notables y audaces de su época

Garza, Efraín E.

«La sinestesia en *Rimas* y *Leyendas* de Bécquer y su
acercamiento al simbolismo francés»   XXXV-160

Se demuestra en este estudio que el poeta sevillano Gustavo Adolfo Bécquer usó la sinestesia literaria repetidamente, tanto en su poesía como en sus leyendas «antes de que se le acreditara su uso al simbolismo francés», lo cual lo hace un precursor de ese movimiento en la literatura española

Wallis, Alan
«La modernidad de Azorín ejemplificada en la
adaptación de un texto de Baudelaire»   XXXV-169

Es una comparación entre una estrofa del poema de Baudelaire «A una transeúnte», de «Cuadros parisinos» y un párrafo de *Confesiones de un pequeño filósofo*, en los que se puede percibir la nueva estética literaria que evolucionaba con la modernidad de los tiempos y apelaba a la subjetividad del observador yendo de lo mínimo a lo trascendente. La crítica atribuía ese cambio de perspectiva a que al hacerse más comunitarios los medios de transporte, era posible una observación más detallada y privada entre los seres anónimos participantes de los mismos

Álvarez, Nicolás Emilio
«La física quántica y la ficción narrativa»   XXXIX-180

Trata de la perspectiva literaria de toda obra creativa puesto que hay dos alternativas: una, la clásica, se desarrolla dentro del concepto lógico de causa y efecto; la otra, rompe con ese concepto lógico y se sumerge en una realidad mágica, onírica. Dentro de esta última opción, apunta cuatro campos que pueden influir en el cambio de la realidad: el social, el físico, el biológico y el mágico y ofrece ejemplos de novelas en las que se haya tomado algunas de esas opciones. Pero apunta dentro de la Física, la teoría quántica que estipula que «el espacio es tan dinámico como la materia», lo cual abre infinitos caminos y sobre esa base es posible interpretar algunos cuentos de Borges

Gómez-Reinoso, Manuel

«Justo de Lara: ingenio y arte de la crítica» XL-36
Destaca la obra crítica del cubano José de Armas y Cárdenas, conocido como Justo de Lara, y da razones para que haya escogido este seudónimo literario. Después de estudiar las características de su estilo y su concepción crítica, se detiene a analizar la amplia temática de su interés

Rela, Walter

«Dos grandes de América: Rodó y Henríquez Ureña» XL-58
Enfatiza —a propósito de la conferencia que dictó el Dr. Elio Alba Buffill, «Vigencia y trascendencia de *Ariel* de José Enrique Rodó» en la Academia Uruguaya de Letras, en el 2002, al cumplirse cien años de la publicación de esa memorable obra— la visión de ambos pensadores genuinamente interesados en el porvenir de Nuestra América, señalando coincidencias y discrepancias que pudieran advertirse según las circunstancias históricas hubieran podido producir

Álvarez, Nicolás Emilio

«Parodia» XLI-169
Ensayo sobre el origen, etimología crítica y motivación de la parodia. Su origen se encuentra en la literatura helénica; su propósito era «dar una interpretación humorística de un texto», no denigrarlo. Hay muchos ejemplos: en la Edad Media, *El libro del buen Amor*; en el Renacimiento, el mejor es el *Quijote*, que es una parodia de las novelas de caballería y la sociedad española. En el siglo XX, en la literatura hispanoamericana, la encontramos en García Márquez, Carpentier, Borges, Josefina Leyva, etc. Concluye por definir la parodia como la imitación de un sujeto, texto o asunto, con el propósito fundamental y deliberado de crear «comicidad, burla, hilaridad o sátira, sin lo cual, deja de ser parodia». Por último, señala que no se limita a la literatura, sino que aparece en todas las artes

Álvarez, Nicolás Emilio

«El género narrativo: Cervantes y Borges» XLIV-34
El estudio introduce un preámbulo de tres piezas teóricas necesarias en el estudio del género narrativo. La primera la consti-

tuye las teorías estructuralistas en base a Crítica y a las Teorías Literarias y sus respectivos representantes; la segunda consta de disciplinas afines al Estructuralismo, tales como, por ejemplo, la Historiografía y su ramificación, como sería el caso del Nuevo Historicismo; y la tercera se centra en la teoría de la (Des) construcción. Se ratifica que los géneros literarios que se fueron forjando antes de estas teorías propias del Siglo XX, merecen de igual forma, consideración y escrutinio como sería, por ejemplo, la teoría de los géneros literarios presentes en Platón y Aristóteles. Se define entonces que el género narrativo, por lo tanto, requiere de «un autor, un narrador, uno o más personajes, una historia narrativa y su discurso narrativo» lo cual sentará la base para el análisis posterior que se realiza aquí de la obra cervantina y borgeana. Se formula al final del desarrollo de la hipótesis planteada en la introducción, la conclusión de que en materia de «escala narratológica», Borges supera el genio magistral de Cervantes

Suarée, Octavio de la
«La crítica de Elio Alba Buffill sobre Enrique José Varona: algunas observaciones» XLV-37

Es un análisis del libro con el que inició su carrera crítica el Dr. Elio Alba Buffill, *Enrique José Varona: crítica y creación literaria* (1976). Trata sobre una de las figuras básicas del panorama cultural de Cuba al iniciarse su vida republicana. Primero presenta el estudio y desarrollo intelectual de Varona enfrentándose a las distintas corrientes filosóficas y literarias de la época, en busca de un sentido crítico adecuado, tal como mostró en sus ensayos sobre la Avellaneda, el de Heredia de *Los trofeos*, e inclusive Cervantes, entre otras grandes figuras, y concluye con una evaluación de Varona como poeta y prosista, antes de precisar su trascendencia, por el relevante valor de su pensamiento y ejemplaridad de su conducta en el período tan trascendente que le tocó vivir, al que supo responder con la entereza y responsabilidad que correspondía

Leeder, Ellen Lismore

«Esther Sánchez-Grey Alba y su trayectoria literaria»   XLV-105
La Dra. Sánchez-Grey Alba ha estudiado el desenvolvimiento del teatro cubano desde los tiempos coloniales hasta el momento trágico de su bifurcación: el teatro en la isla, condicionado a las limitaciones permitidas, y el del exilio, abriendo nuevos caminos. Su aporte invaluable es haber documentado la febril actividad que llegó a alcanzar el género en las «salas», que le ofrecían al público piezas notables del teatro europeo y americano, así como las nuevas aportaciones en el ámbito nacional y haber hecho presente el desarrollo que adquirió por derecho propio, el teatro cubano del exilio que, como empezó a hacer en la república, respondía a los cánones universales del arte teatral

Ossers, Manuel A.
«Dos épocas, dos perspectivas y una religión: proyección religiosa en la literatura española»   XLV-135
Ossers comienza afirmando que «dada la tradición católica del pueblo español no debe sorprender el significativo papel de esa religión en su literatura». El autor se transporta al siglo XVII para buscar en *El Buscón* la sátira religiosa en esta novela de Quevedo y de ahí se ubica en el siglo XIX, donde se ocupa de Alarcón, Pereda y Valera

CUENTO
Argentina
Fox, Arturo A.
«La temática metafísica del cuento 'Las puertas del cielo' de Julio Cortázar»   XXXVII-177
Es una interpretación del cuento «Las puertas del cielo» que apareció en la primera colección publicada en 1951. El personaje principal es un prominente abogado que busca asomarse a un mundo distinto al suyo y hace amistad con una pareja compuesta por un vendedor de frutas y una ex bailarina de milongas. Esto le da oportunidad de entrar a otra esfera social diferente a la suya y comprobar que, en definitiva, la vida ofrece

distintos niveles, no particularmente sociales, sino de perspectivas vitales para afrontar la realidad de cada cual en mundos distintos

González, Pedro Blas
«La inmortalidad del alma en el cuento "El fantasma" de Enrique Anderson Imbert» XLI-204

Análisis de un cuento de Anderson Imbert, autor argentino de novelas, cuentos y ensayos, además de ser respetado crítico literario e historiador. En este cuento, un hombre se muere y descubre que no puede comunicarse con nadie, incluso consigo, es decir, que no hay inmortalidad del alma, sino aislamiento y silencio, un infierno de soledad existir de esa manera. El énfasis del cuento es la cuestión de «si el alma existe o no»

Cuba

Lichtblau, Myron (Translator)
«'A bum'. A story by Lino Novas Calvo» IX-113

El cuento trata del encuentro en New York de dos exiliados cubanos que en Cuba habían estado, ideológicamente, en posiciones opuestas. Se sabe del pasado a través de la memoria retroactiva del protagonista, hasta el final inesperado

Herrera Rodríguez. Roberto
«La revolución cubana vista a través de un cuento de
Lino Novas Calvo» XIX-131

Estudio del cuento *Nadie a quien matar*, de Lino Novas Calvo que muestra la tragedia vivida por los cubanos con el advenimiento del régimen comunista de Castro: desintegración familiar y del círculo de amigos; destrucción física del ambiente; desaparición de los valores y los sueños. El protagonista pasa por todo esto y al salir de la prisión y descubrir que su medio hermano es el traidor, lo mata. Cuento de gran dramatismo, que refleja una triste realidad

Lezama Lima, José
«The Scaped» – «Fugados» (Cuento) Traducido por
Dianela Gioseffi y Enildo García XIX-173

La realidad alucinante de un día tormentoso de lluvia en que dos adolescentes deciden no asistir esa mañana a las clases y, en vez, ir al cine, se transforma en una irrealidad submarina poblado de algas y peces fantásticos

Gutiérrez de la Solana, Alberto
«Lino Novas Calvo: literatura de congoja y opresión» XX-95
Los cuentos de Novas Calvo pueden agruparse en dos grupos: antes y después de la Revolución, pero tienen la misma motivación, que es «la pesadilla de vivir»; lo que cambia es la escena, pues en el segundo, es un mundo desequilibrado donde el protagonista «es un agonista destinado a la derrota», pero ambos grupos muestran el mismo arte y genio de la invención

Leeder, Ellen Lismore
«Acercamiento a los cuentos de Uva Clavijo» XXII-142
Estudio de dos colecciones de cuentos de Uva Clavijo que tienen en común el frecuente uso del suicidio como solución a los problemas. Se analizan varios de los cuentos donde encontramos la angustia existencial y la búsqueda de la evasión por medio de las drogas, la locura y la muerte

Sánchez, Reinaldo
«El discurso narrativo de Concha Alzola» XXXI-72
Se estudia la obra *Firpo* (1953) que califica como experimento radical de la cuentística cubana. En ese cuento se entrelaza expresionismo, surrealismo y realismo mágico. Está dividido en cuatro partes con citas, en cada una, que tienen la finalidad de «establecer nexos con las secuencias estructuradoras de cada parte». En un final acelerado y confuso, muere Firpo. Se compara su estilo con el de las novelas gaseiformes de Enrique Labrador Ruiz

López Cruz, Humberto
«La contemporaneidad político social en un cuento
de Amelia del Castillo» XXXIII-200
Análisis de uno de los cuentos que aparece en la colección *De trampas y fantasías* de Amelia del Castillo. Un bote a la deriva

trata del intento fallido de tres balseros cubanos tratando de escapar de la isla. El cuento resulta una denuncia porque esa es la realidad del cubano, arriesgar la vida para vivir en libertad

Madurka, Zenaida
«La música del marginado: lenguaje de resistencia
en dos cuentos de Lino Novas Calvo» XXXIV-143

Una interpretación esotérica del efecto de la música sobre los personajes, ya sea que provenga de un tambor o de un violín. El análisis se fundamenta en dos cuentos específicos de Novas Clavo: «En el cayo» y «Aquella noche salieron los muertos». El ambiente en que ambas se desarrollan favorecen esa interpretación puesto que es posible identificarla con la época pasada de los esclavos negros y sus capataces

Matas, Julio
«Sobre la gestación de *Tres tristes tigres* de Guillermo
Cabrera Infante» XXXVI-7

Un planteamiento ensayístico que detalla los posibles antecedentes de la novela Tres tristes tigres en dos relatos iniciales en la obra de Cabrera Infante que fueron incluidos años después en la colección de *Así en la paz como en la guerra*: los relatos «Un rato de tenmeallá» (1950) y «Josefina atiende a los señores» (1952). En ellos Matas atisba ciertos indicios que pueden reconocerse en la famosa novela, ya sea en el tono jocoso de algunas situaciones o en la perspectiva en la que coloca a los narradores, o en el discurso de algunos personajes en ciertas situaciones comprometidas

Gutiérrez, Mariela A.
«Maricel Mayor Marsán: aproximación a los *leitmotivs*
de su cuentística» XLI-133

Ensayo sobre la cuentística de Maricel Mayor Marsán, cuya motivación es el adiós y el exilio desde un punto de vista femenino. Se estudian aquí cuatro cuentos. En «A dos tonos» la soledad de la protagonista la lleva a aceptar «favores» de un sesentón; en «Con sabor a goma de mascar», la protagonista está casada con un norteamericano y decide decirle adiós a la monotonía; en «Las muchachas decentes no viven solas» la protagonista analiza su vida y la de su amiga Valeria, porque ambas llegaron solas al exilio, pero mientras ella mantuvo los valores familiares, Valeria los olvidó y tiene un final trágico; y «En tiempos de desagravio» parece encontrarse el hilo conductor de estas narraciones, o sea, el vacío espiritual que trae el ayer perdido. En resumen, se presenta la identidad híbrida del exiliado cubano, que se aferra a su identidad con la esperanza de un futuro regreso

Romeu, Raquel
«'Desde el manglar': culminación de cuatro siglos
de violencia en el Caribe» XLI-180

Apuntes sobre una colección de cuentos de Benítez Rojo, *Paso de los vientos*, que tienen en común la violencia y el escenario en que se desarrollan, que es el Caribe. La violencia se encuentra en la naturaleza, huracanes, terremotos, oleaje del mar; y en la sociedad, sublevaciones de esclavos, abusos coloniales, etc. El estudio se centra en el cuento «El manglar» que se desarrolla en la guerra que marcó el final del imperio español en América, con sólo dos personajes: un moribundo y un viejo misterioso

Gutiérrez, Mariela
«Luis de la Paz: Rituales y desgarros de *Un verano
incesante*» XLII-154

El ensayo enfrenta la colección de cuentos remarcada, orientando su acercamiento crítico a través de factores que emergen de los relatos; como son, la presencia del recuerdo, del pasado y del ensueño, entre otros. Es una mirada desde la otra orilla a una patria que, por ahora, el narrador no puede alcanzar. El estudio se enfoca, después de un preámbulo informativo sobre la vida del escritor, en tres de los catorce cuentos incluidos y se observa que han sido narrados en primera persona

Leeder, Ellen
«Vigencia de patria en *Tiempo vencido* de Luis
de la Paz» XLII-168

El artículo escoge cinco cuentos de la colección presentada para fundamentar su análisis. Se señala que muchos de los relatos aparecen en primera persona y que la presencia de la patria es denominador común para así exponer las vicisitudes experimentadas por un colectivo social. Además, se indica que Cuba, como nación, aparece en unos textos donde la denuncia al sistema político es una constante de la narrativa. Como final, la autora apunta que los relatos sirven para despertar la conciencia de los lectores

México
Beruvides, Mario G.
«Aspectos de lo grotesco e interlocución en el cuento
El amante de teatro de Carlos Fuentes» XXXVII-171
Se analiza en este ensayo un cuento de Carlos Fuentes con una estructura muy «sui generis» que resulta de una superposición de géneros dentro de una realidad distorsionada, de la que participa el fantasma de *Hamlet* en la doble función de interlocutor del cuento, interpretando la «corriente de conciencia» del personaje

Puerto Rico
Rosa, William
«El narrador-niño en *Había una vez y dos son tres*
de Juan A. Ramos» XVII-123
Análisis de un cuento que presenta una realidad suplantada. La perspectiva es la de un niño de la clase media, cuya situación real se revierte en un muñeco de trapo. Esta pieza pertenece a lo que se llama «el nuevo cuento boricua» en que lo social y lo individual es un todo heterogéneo. El narrador crea un mundo similar al suyo para enfrentar su soledad y consolidar su papel en una sociedad de consumo y tecnología, en la que se ignora al individuo cada vez más

Gutiérrez, Mariela A.
«La metafísica de la moral en *Isolda en el espejo*,
de Rosario Ferré» XXXVIII-136

Se interpreta este cuento desde una perspectiva política y social. La joven pobre que se va a casar con un hombre rico y la noche de bodas, cuando están reunidos todos los invitados, se comporta en forma irracional, se la interpreta como una rebelión a la falta de identidad de la mujer y la nación

República Dominicana
Ossers, Manuel A.
«El dictador Trujillo y las mujeres en la cuentística
de Nayla Chehade»   XLIII-118
Estudio sobre dos cuentos de la autora colombiana Chehade que presentan la realidad de la dictadura trujillista que era no sólo política, sino que se extendía al espíritu de la sojuzgada sociedad dominicana. En «La vigilia», que se desarrolla en un colegio de monjas, aparece un retrato de Trujillo, como en todas las casas, y en las conversaciones se mencionaba primero a Trujillo y luego a Dios; en «La visita», se presenta otro aspecto, el del abuso de las mujeres y la atracción sexual que tenía el dictador sobre ellas

Uruguay
Lolo, Eduardo
«*Cuentos de la selva* de Horacio Quiroga: la otra
dicotomía civilización vs. Barbarie»   XXXV-151
Trata sobre la dicotomía ciudad vs. selva como resultado de la presencia indómita de ésta en el Nuevo Mundo americano, que literariamente se manifestó en el siglo XIX como «civilización vs. Barbarie» en obras claves de Sarmiento. Sobre este tema se concentra en *Cuentos de la selva para niños* de Horacio Quiroga, analizándolo en algunos de ellos

CULTURA
Alba Buffill, Elio
«Lenguaje y cultura en Hispanoamérica según Pedro
Henríquez Ureña y Jorge Luis Borges»   VIII-79

Un hecho alentador en la historia cultural de Hispanoamérica es que para el siglo XX las mentes más destacadas hayan coincidido en cuestionarse nuestra realidad cultural.Este ensayo se limita a analizar el enfoque de dos grandes pensadores: el dominicano Pedro Henríquez Ureña, en quien predomina el maestro, y el argentino Jorge Luis Borges, que nos hace partícipes de sus inquietudes, de sus dudas, como lo haría cualquier otro hombre. Y sobre esa base se analizan las dos perspectivas que en definitiva parecen coincidir —según este ensayo— en ver a América como «la gran utopía»

Gutiérrez-Vega, Zenaida
«Trayectoria del polígrafo cubano Fernando Ortiz»   XI-47
Ensayo sobre un gran humanista cubano, Fernando Ortiz y sus valiosas aportaciones a la cultura del Caribe. Contiene su biografía, mención de sus libros y publicaciones y revisa sus estudios sobre las razas, culturas aborígenes y negra, folklore, lexicografía, criminología y economía. Fue un «patricio de categoría histórica» como la Dra. Gutiérrez Vega lo calificó

García, S. Ofelia
«La problemática del idioma en el ensayo puertorriqueño: Proyecciones de la Sociolingüística»   XIII-79
Explica la realidad histórica de la imposición del inglés sobre la lengua vernácula, el español, y las dificultades que implica el tratar de imponer el bilingüismo. Esta proyección, se explica, tuvo dos etapas: la primera de 1902 a 1940 que promovía el inglés como lengua principal; y la segunda, de 1940 al presente, que no se impone el inglés, sino que se propone como ventajoso. El ensayo explica la evolución que este problema ha tomado

Lasaga, José I.
«¿Aculturación o integración cultural?»   XIV-49
Partiendo del concepto de lo que es «cultura», que es un concepto muy difícil de definir puesto que responde a muchos aspectos determinantes dentro de cualquier grupo social, se enfrenta al caso del encuentro de dos culturas en un mismo terri-

torio en cuya circunstancia se observan dos actitudes: una de apego a las raíces étnicas originarias y otra de adaptación a la del lugar que dio acogida. Cualquiera de ellas, aceptada restrictivamente resulta conflictiva, y ésa es la cuestión a la que se enfrenta este ensayo

Labrador Ruiz, Enrique
«Balbucir el absurdo» XV-143
La lengua es parte esencial de cada pueblo, con sus características propias y en el caso de nuestro continente, el español «queda impoluto, excepto en la del Norte» y en algunas regiones, como Curazao, Haití y Brasil, aunque en este caso tiende a una lengua madre, por lo tanto, debemos enaltecer el bien decir, sin caer en excentricidades, puesto que los valores de un idioma bien cuidado es responsabilidad de todos, es parte de nuestro espíritu

García, Enildo A.
«Romanticismo antillano: Domingo del Monte y 'The Harvard Connection'» XXII-68
Estudia el periodo del Romanticismo literario en Cuba, cuando se exalta la conciencia nacional. Lo que el autor llama «The Harvard Connection» es la relación histórico-política -literaria que sostuvieron escritores cubanos del Romanticismo con algunos historiadores y literatos norteamericanos que aquí se señalan. Esta documentación está, según se indica en este ensayo, en el Archivo Escoto de la Biblioteca Houghton de la Universidad de Harvard, donde hay más de 1,200 documentos, cartas, etc. relativas a la historia de Cuba del siglo XIX

Sánchez-Grey Alba, Esther
«Importancia cultural de la revista teatral *Prometeo*» XXII-111
Esta publicación, bajo la dirección de Francisco Morín, salió periódicamente desde Octubre de 1947 hasta Julio de 1950, pero con menos periodicidad duró hasta 1953. Además de ocuparse del arte teatral en Cuba en todos los aspectos que el mismo incluye, informaba de las experimentaciones que se hacían a nivel internacional en todas las demás manifestaciones

de arte. Por ella se puede apreciar el interés y la actividad cultural que existía en Cuba en esa época previa a la crisis de los años 50

Madrigal, José A.
«El choteo: José A. Ramos ante Jorge Mañach» XXIV-201
Analiza comparativamente el *Manual del perfecto fulanista* de José Antonio Ramos e *Indagación del choteo* de Jorge Mañach encontrándolos discordantes puesto que, concluye, que para Mañach el choteo es un vicio congénito y para Ramos, es casi una virtud

Alba Buffill, Elio
«Diversidad y unidad en la ensayística de Mercedes García Tudurí» XXVI-50
Estudio de la obra ensayística de la Dra. Tudurí que abarca diversidad de temas: familia, sociedad, educación, derecho, política, filosofía y literatura, todos analizados desde una perspectiva humanista, cristiana y patriótica. A pesar de la amplitud de la obra, entra a estudiar algunos de ellos y comprueba que «su ensayística está permeada de su defensa de la libertad metafísica pues considera que ésta es la potencia fundamental de la esencia humana»

Martínez Paula, Emilio
«Comentarios de un Académico recién estrenado» XXVIII-186
Un ameno comentario sobre las Academias de la Lengua (la de España y 21 en las Américas) y la actitud que se puede suponer en un académico muy escrupuloso de su investidura. Por último, compartió algunos comentarios curiosos de escritores reconocidos, sobre el uso o abuso de la lengua

Varela, Beatriz
«El anglicismo en el español de hoy» XXXI-124
Ensayo sobre el uso, origen y fonética de los anglicismos. Los que defienden el «spanglish» dicen que «es suma, no resta»; los que se oponen, que «es una mescolanza innecesaria». Existen dos diccionarios sobre ellos en España: *Diccionario de an-*

glicismos (1964 1ª. ed. -1970 2ª. ed) y *Nuevo Diccionario de anglicismos* (1997). En la revista *Generación Ñ*, de Miami, mensualmente aparece una lista de Cuban-americanismos con el propósito de hacer reir. La Academia Norteamericana de la Lengua se opone a los anglicismos innecesarios

Zaldívar, Gladys
«Los orígenes de la poesía cubana: una hipótesis» XXXI-140
Como no se tiene un texto de la cultura taína que encontró Colón en Cuba, para hallar el origen de la poesía cubana, hay que buscarlo «en el asombro hispánico ante la realidad americana». En la cultura taína —que según los estudios etnológicos, estaba en el período neolítico, a la llegada de Colón— los poetas, llamados *tequinas*, eran quienes dirigían las danzas y le daban letra a los cantos, improvisando, según que éstos fueran himnos a los dioses, vaticinios o narraciones expresando sentimientos como la nostalgia, la alegría o el dolor y el contenido poético de esto se refleja en la poesía cubana, caracterizada por Cintio Vitier por su «arcaísmo», nostalgia, lejanía y su suavidad y cortesía. Además, en el «motete» de la décima —parte esencial de ésta— viene el recuerdo de las improvisaciones que hacían los tequinas en los areítos

Landa, Marco Antonio
«Ensayos de afrocubanía. Acotaciones a *El Monte y las aguas* de Mariela A. Gutiérrez» XXXV-140
Este libro contiene quince ensayos agrupados en tres partes: uno de introducción a la cultura afrocubana; otro a la literatura y la lingüística dentro de esa cultura y otro que recoge estudios sobre la «santería» o sea, el aspecto religioso de esa cultura. Pasa luego a comentar cada uno de los ensayos, según la agrupación que se les ha dado. Vale resaltar que en la sección de literatura la autora analiza con mucha atención el aporte hecho por José Sánchez-Boudy a la poesía negroide cubana a través de sus múltiples libros en el tema y le reconoce gran pericia y profundo conocimiento de la materia. El libro se cierra con una selección de ensayos en los que Gutié-

rrez ha estudiado la portentosa obra de investigación de Lydia Cabrera

Alba Buffill, Elio
«Zenaida Gutiérrez-Vega y su obra sobre José María
Chacón y Calvo» XXXVII-74

El interés de la Dra. Gutiérrez-Vega por la figura intelectual de Chacón y Calvo surgió en Cuba, como resultado de sus estudios y desenvolvimiento profesional, pero al salir al exilio en 1962, con una beca del Instituto de Cultura Hispánica de Madrid, obtuvo una Maestría en Artes y un segundo Doctorado en Filosofía y Letras de la Universidad de Madrid y su disertación «Vida y obra de José María Chacón y Calvo» recibió Premio de dicho Instituto entre las tesis doctorales hispanoamericanas presentadas en ese año de 1966. A través de su vida profesional escribió seis libros sobre Chacón. El primero fue *José María Chacón y Calvo, hispanista cubano* (1969) y más tarde *Estudio Bibliográfico de José María Chacón y Calvo* (1982). Los cuatro restantes fueron: *Epistolario Alfonso Reyes-José María Chacón y Calvo* (1976), *Fernando Ortiz en sus cartas a José María Chacón y Calvo* (1982), *Corresponsales españoles de José M. Chacón* (1986) y *José María Chacón y Calvo. Corresponsales cubanos* (2006). De cada uno de ellos se da cuenta de su valor bibliográfico y se hace notar la valiosa aportación que cada uno significa.

Hoeg, Jerry y Sáenz Rozalén, Vicent
«La Ciudad de las Artes y de las Ciencias: la ciudad
dentro de la ciudad» XXXVII-153

Este ensayo se refiere a un proyecto urbano que se ideó a fines del siglo XX en Valencia y ha continuado en el XXI a pesar de las múltiples modificaciones por las que ha pasado no sólo en su diseño sino en la funcionalidad que se esperaba de él. Originalmente se concibió como un museo interactivo de los avances científicos y tecnológicos de la ciencia con una triple finalidad: divertir, informar y formar, pero al menos, ha resultado hasta hoy en una atracción turística del mediterráneo

Hoeg, Jerry
«Evolución y narrativa» XXXVIII-39
El propósito del ensayo es establecer una relación entre los cambios ambientales de la naturaleza y nuestra descripción de los valores en la sociedad. Es decir, aplicar la evolución natural del medio ambiente a los cambios sociales estableciendo un nexo entre ellos para mantener un adecuado balance

Cuadra, Ángel
«El Ultraísmo: expresión de la vanguardia
en España» XXXVIII-145
Este ensayo nos da una visión de los movimientos de vanguardia en España a principios del siglo XX. Estudia aquéllos surgidos alrededor de 1917, sus antecedentes y características. Dentro de la vanguardia, se detiene en el Ultraísmo, al que califica de «un movimiento de ruptura y avance» que «busca la aprehensión de lo genuino en el poema»

Marbán, Jorge
«Martí, Camba y Uslar Pietri: tres originales enfoques
ensayísticos a la ciudad de Nueva York» XXXIX-60
Recoge las impresiones de la gran urbe norteamericana de New York en tres escritores del mundo hispánico, desde mediados del siglo XIX hasta el XX: el cubano José Martí, el español Julio Camba y el venezolano Arturo Uslar Pietri. La perspectiva de cada cual responde, como es natural, a su visión personal ante la vida: humorística en Camba, muy objetiva en Uslar y de amplia visión humanista en Martí

Leeder, Ellen Lismore
«Versatilidad y presencia de patria en la obra de
Concepción Teresa Alzola» XL-75
Este ensayo hace un recorrido por la extensa producción de la obra de Concha Alzola que abarca desde temas en lexicografía, folklore hasta ficción. Fuera de éstos, es su libro póstumo *Trayectoria de la mujer cubana* en el que recoge, desde los tiempos coloniales hasta el presente, casos de mujeres que han de-

jado su marca en la historia, por modesto que éste fuera. Pero el tema que subyace en todos es siempre uno: la patria cubana

Medina, Myra M.
«La trascendencia de Maricel Mayor Marsán como
editora de la *Revista Literaria Baquiana*» XLI-161

Apuntes sobre la vida cultural de Miami que surgió por el esfuerzo del exilio cubano, buscando la patria que dejó y, así como *Círculo* en el campo profesoral, muchos grupos afines asumieron la responsabilidad de difundir la cultura latina; la *Revista Baquiana*, bajo la experta dirección de Maricel Mayor Marsán, fue una de ellas. Fundada en el año 2000, por un grupo de escritores, poetas y dramaturgos, tiene un doble formato: digital tres veces al año y una versión impresa, anualmente

Lolo, Eduardo
«La obra póstuma y el legado de Carlos Ripoll
(1922-2011)» XLII-12

En esta ponencia, el autor ofrece un extenso estudio destacando la significativa labor cultural de Carlos Ripoll. Al mismo tiempo, hace énfasis en la importancia de los estudios señalados dentro de un *corpus* que enfrenta la literatura y cultura cubanas. Hay que subrayar los acercamientos académicos que Ripoll dispensara, a través de su larga trayectoria intelectual, a la figura de Martí y la importancia de estas críticas al acervo cultural cubano

Cueto Acosta, Ana
«Trilogía de dignidad y patriotismo: Elena Mederos,
Ana María Perera y Siomara Sánchez» XLII-139

El ensayo es un laudatorio discurso pronunciado por la autora en el que celebra la labor de tres mujeres: Elena Mederos, Ana María Perera y Siomara Sánchez, cada una en su época y circunstancia. Elena Mederos luchó arduamente por los derechos de la mujer en Cuba, hasta el reconocimiento del derecho al voto, y en el plano internacional en la OEA; Ana María Perera se unió desde muy joven a las labores de Servicio Social del Lyceum que había fundado la Mederos en Cuba y continuó cooperando con ella en la Comisión Interamericana de Mujeres de la OEA y la Asociación Nacional de Mujeres Cubano-Americanas (NACAW) y Siomara Sánchez fundó en New Jersey el Capítulo de esta institución, en la que desempeña una eficaz labor de asistencia comunitaria para la niñez en este Estado

Sánchez, Siomara
«Trayectoria y proyección de un sueño de dimensión
histórica» XLII-151
Este breve ensayo es la respuesta de Sánchez al discurso pronunciado por Ana Cueto Acosta alabando la labor de ella y de Elena Mederos y Ana María Perera, ya fallecidas. La autora representa a la Asociación Nacional de Mujeres Cubano-Americanas y no es parca en su agradecimiento hacia la asociación al tiempo que reconoce y se une a la celebración de la labor de las otras mujeres con quienes comparte el homenaje

Lolo, Eduardo
«Lo universal de La Universal» XLIII-23
Ante una realidad, el cierre de la librería «La Universal», surge la necesidad de responder a una pregunta que todos los exiliados nos hacemos ¿por qué nos afecta tanto? y al buscar la respuesta, cobra vida el recuerdo de cómo se hizo el trasplante de la Cuba verdadera en la ciudad de Miami y entonces es que se comprende que era allí donde se había refugiado nuestra cultura, custodiada por la familia Salvat, cuyo patriarca, que había intentado rescatarla con las armas, se dedicó a cuidar su alma y ahí se encuentra la respuesta que se buscaba: lo universal de La Universal está en el amor con que se guardó entre sus estantes, la patria de Martí

Sánchez-Grey Alba, Esther
«Dolores Martí de Cid, dimensión americanista de
su ensayística» XLIII-95
Análisis de tres importantes ensayos de la Dra. Dolores Martí de Cid sobre el teatro y cultura hispanoamericanos. El primero, «Trascendencia del *Quijote* en Hispanoamérica», plantea la in-

fluencia que éste tuvo en la literatura en general, pero en especial en los pensadores, que vieron su ética, idealismo y autenticidad. El segundo, «Trascendencia de Hispanoamérica», (ver XIII-11) sostiene que debido al impacto del descubrimiento, América fue erróneamente descrita como «nueva, joven, inexperta, tropical y salvaje», lo cual refuta con verdades históricas. En el tercero, «El teatro hispanoamericano: prehistoria, historia y vislumbre de futuro» (ver XVII-71) analiza tres etapas del mismo: la del período anterior al descubrimiento; la etapa colonial que trae raíces españolas primero y luego, cada región las adapta a su idiosincrasia y, por último, termina con una visión optimista del futuro

Lolo, Eduardo
«La palabra frente al espejo: incidencias, infidencias
y coincidencias en la adaptación del texto literario» XLIV-75
Se aborda en este estudio la práctica de la adaptación y de la traducción del texto literario, lo cual «puede cambiar de género, idioma y hasta de modalidad o categoría artística», resultando así en un producto que quizás diste del original, pero que procura mantener la esencia de éste. El cine es el principal gestante en adaptaciones de toda clase, con fines didácticos, comerciales o de otro tipo, con los inevitables cambios de ajuste. A esto habría que añadir el hecho de que a veces el producto final constituye la recopilación de varias adaptaciones anteriores e incluso podrían seguir un camino completamente distinto que lo ubicarían en la categoría de sub-género. El estudio concluye reconociendo que, en teoría, el «punto final» en la obra literaria no existe, sino que forma parte del espejismo que surge de la pieza original

DARÍO, RUBÉN
Gutiérrez de la Solana, Alberto
«Rubén Darío: tiempo y palabra» XVIII-95
El autor va indagando el sentir de Darío en cuanto al devenir de su propia existencia a través de lo que dejó ver en su poesía,

que el propio poeta clasificó de la manera siguiente: *Azul...*, que escribió a los 21 años, y *Prosas Profanas*, corresponden a la primavera de su vida; *Cantos de Vida y Esperanza*, según él, «encierra las esencias y savias de mi otoño» —decía— con apenas 40 años cumplidos, 9 años antes de morir. El ensayo sigue esa ruta vital señalada por el poeta, resaltando ciertos indicios claves

Luis Mario
«A los cien años de *Azul*...»　　　　　　　　　　　XVIII-123
Significación de *Azul*...como un hito en la poesía castellana, analizada por otro poeta a la distancia de un siglo, para lo cual empieza por tener en cuenta el momento en que aparece este poemario, 1888; pero en 1882, «un solitario cubano desterrado que le cantaba a su hijo» había lanzado al mundo su *Ismaelillo*, y se avecinaba un nuevo siglo, promisorio como siempre, y nuevas voces líricas surgían para el porvenir

Gutiérrez de la Solana, Alberto
«Rubén Darío: la voz presente y ausente en el quingentésimo aniversario del descubrimiento de América»　　　　XXI-141
El descubrimiento de América ha de ser juzgado con visión de universalidad y Rubén Darío, por su optimismo y fe en el futuro de América, es un americano de España y un español de América, y por lo tanto el ensayista considera que es la voz apropiada para celebrar los quinientos años de aquel acontecimiento y se detiene en algunos de sus poemas en que habla de las glorias de España y otros en que los incita su visión americanista.

Leyva, Josefina
«Reflexiones sobre varios sonetos de Rubén Darío»　XLI-67
Estudio del Soneto que, originado en Italia, se caracterizó por sus notas de color, su uso de los adjetivos, la rima de sus versos y el uso del cisne como elemento de belleza y exotismo, y dominó a los poetas franceses y a Rubén Darío, aunque se señala también como importante, el parentesco de Rubén con el

Parnasianismo, el Simbolismo y aun el Existencialismo. En *Prosas profanas* proclamó la libertad de crear

Fernández, Jesse
«Rarezas y extravagancias de *Azul*... Apuntes sobre
Rubén Darío a los 150 años de su nacimiento»　　　　XLVI-53
Este ensayo plantea, muy bien fundado, el impacto que a fines del siglo XIX y principios del XX se podía apreciar en algunas ciudades del Nuevo Mundo, con el desarrollo técnico e industrial que producía transformaciones esenciales en el orden urbano y cómo esto se hizo evidente en el joven Darío al llegar a Santiago, capital de Chile, a los 19 años. Algo se puede apreciar en su primer libro *Azul*, en el que recogió algunos de sus primeros poemas y cuentos. Ahí puede estar la razón de las «extravagancias» y «rarezas» que se le atribuyó en un principio

Arango, Guillermo
«Voces en conflicto en *A Roosevelt* de Rubén Darío»　　XLVI-63
Es un análisis objetivo del poema «A Roosevelt» de Darío, no desde el punto de vista estructural, sino político. Esta perspectiva, la política, era un aspecto que en el momento en que apareció el poema, estaba indudablemente abierto a muchas inquietantes interrogantes, pues los Estados Unidos estaba despertando como el gran coloso en el Nuevo Mundo, Hispanoamérica estaba estrenando repúblicas y Cuba, que era la última colonia que quedaba, luchaba cruentamente para librarse del yugo español

EDUCACIÓN
Pentón, Evelio
«Recordando a Aguayo»　　　　　　　　　　　　　　　VI-65
Recuento biográfico de la fructífera vida de educador de Alfredo M. Aguayo: graduado en Derecho y en Pedagogía en la Universidad de La Habana, donde más tarde ocupó una cátedra; autor de varios libros de texto, maestro en varias escuelas mientras era estudiante, conferencista y asesor en proyectos profesionales sobre educación. La Universidad de Puerto Rico

lo nombró Doctor Honoris Causa y México le concedió su más alta condecoración para los educadores, la medalla «Ignacio J. Altamirano»

Alba-Buffill, Elio

«Mercedes García Tudurí: pensamiento y sensibilidad»   XI-99

Después de enumerar los vastos fundamentos de su cultura y erudición, con cuatro títulos de la Universidad de la Habana, cinco idiomas y varios libros de texto para la enseñanza superior, señala como en el exilio se esforzó por mantener el fervor de la cubanía a través de las diferentes instituciones que la promovían y que surgieron como la Sociedad Cubana de Filosofía de la cual fue fundadora con el Dr. Humberto Piñera y otras grandes figuras. Además del ensayo cultivó la poesía, a través de la cual hizo patente sus tres grandes amores: Dios, la Patria y la cultura

Aguirre, Ángela M.

«Visión de Enrique José Varona; educación y excelencia»   XIV-23

Estudio de un eminente educador que reformó en la república el sistema secundario colonial y escolástico que existía, basado en la memorización, por un curriculum coordinado y concéntrico que no sólo brindara al estudiante el conocimiento, sino que también templara su carácter

Simón, José G.

«María Luisa Dolz y la liberación de la mujer por la educación»   XVIII-199

Ensayo sobre la vida y obra de una educadora ejemplar, continuadora de los principios de Don José de la Luz y Caballero, que también fue pionera de los derechos de la mujer a tener una educación y fundó en 1879 la primera escuela secundaria para mujeres, que continuó en la república. A la vez, luchó a través de su vida por crear una nueva conciencia sobre el papel de la mujer en la sociedad, teniendo en cuenta sus derechos como ser humano

Obrador de Hernández, Georgina

«Algo sobre el programa bilingüe» XXII-149
Estudio de un movimiento educativo con el que se respondió a uno sociológico que presentaba serios problemas en las aulas de los Estados Unidos, pues se congregaban culturas en idiomas diferentes. Se presentan las dificultades que enfrenta el maestro bilingüe: enseñar distintas asignaturas a varios niveles, a alumnos de diferentes nacionalidades que generalmente, no hablan ni leen o entienden inglés. Se sugieren aquí cambios necesarios para mejorar la educación bilingüe

González, Pedro Blas
«Algunos aspectos del hombre nuevo» XXXIX-69
Es un análisis muy bien razonado de la condición humana que buscan formar para su beneficio, los regímenes socialistas y comunistas porque en definitiva el fin es hacerlos depender totalmente del Estado. Previamente se ha descrito las características que condicionan al llamado «hombre nuevo»: miedo a pensar fuera de los patrones vigentes puesto que se les ha destruido el libre albedrío y se refugia identificándose en grupos, dado que ha perdido la espontaneidad, y al no cuestionarse a sí mismos, buscan refugio en patrones establecidos y se vuelven completamente dependientes del Estado

García, Martha
«El texto cervantino: un enfoque (in)formativo
tridimensional» XLVI-94
Este ensayo se enfoca en la manera de seguir un sistema didáctico de una obra tan esotérica como el *Quijote*, para lograr el objetivo final del aprendizaje. Tomando de ejemplo la obra cervantina, la finalidad pretendida se obtendría cuando el alumno fuera capaz de interpretar «las distintas dimensiones de una misma realidad» para lograr la captación de los diversos factores que integran una sola problemática

Palabras de homenaje a la Dra. Mercedes García Tudurí:
Martínez Castro, Sara
«Mercedes García Tudurí, la maestra» XXVI-31

Memorias de una alumna que la recuerda con gratitud por haber sido ejemplo de maestros por sus conocimientos e integridad humana y profesional y seguir la estirpe de otros grandes educadores, como forjadora de la conciencia nacional cubana, porque «primero hay que edificar la patria interior, ésa que no puede confiscarnos ningún tirano, y luego la patria grande que será, como dijera el Apóstol, de todo aquél que la sirva con el mayor desinterés»

Luis Mario
«En las redes de los versos de Mercedes García Tudurí»   XXVI-33
Meditaciones de un poeta al leer la poesía de una maestra que fue modelo vivo de fe, patriotismo y ética y encuentra en ellos que serán eco de un dolor pasado en el destierro y de una esperanza en el regreso soñado. Es una voz que nos hace pensar en el secreto de la antítesis; en la fugacidad del tiempo; en la certidumbre de la muerte, en el Dios que nos guía en la vida y en la patria que se nos muere en el recuerdo

Remos, Ariel
«Mercedes García Tudurí»   XXVI-36
Reverente recuerdo de un alumno que admite que lo que más le impresionó de su profesora en su adolescencia fue «la grandeza espiritual e intelectual que habita en su sencillez», además de su claridad y autenticidad, cualidades esenciales para ejercer el magisterio con ejemplaridad. Y cuán necesario ha sido el recuerdo de esa conducta, para recordarla sus alumnos en momentos tan dolorosos en que la patria, hoy inalcanzable, se mantiene siempre en un horizonte de luz

Lara, Rev. Dionisio de
«Mercedes García Tudurí: filósofa»   XXVI-38
Teniendo en cuenta ese aspecto de la Dra. Tudurí, estudia sus ensayos en ese campo, especialmente los relativos a Varona, el cartesianismo, el filósofo argentino Francisco Romero, el conocimiento científico y las bases en que descansa la Democracia, en oposición a los regímenes totalitarios

FILOSOFÍA
García Tudurí, Mercedes

«La hispanidad» VI-55

La hispanidad es un sistema de valores y un tipo de mentalidad, o sea, una actitud ante el mundo y la vida, una cosmovisión. Ramiro de Maeztu y Manuel García Morente, al estudiarla, crearon un símbolo: el «caballero cristiano…paladín, eterno defensor de causas, optimista, impaciente y a veces violento». Lo une el idioma, la religión y la historia.

Piñera, Humberto

«Filosofía e independencia» VIII-27

Parte del concepto de que la filosofía ha tenido un carácter *instrumental* en el proceso independentista de toda la América, la del norte y la del sur, que se fue elaborando en Europa desde el absolutismo al liberalismo; de tradición al progreso y, por consiguiente, de *dependen*cia a *independencia* en América. El momento de esta transformación es el siglo XVIII; en Cuba, a fines de esa centuria. Como grandes figuras de ese proceso, estudia a José Agustín Caballero, Félix Varela, José de la Luz y Caballero, en la enseñanza y la cultura y a José Antonio Saco en el aspecto político, con su monumental obra *Historia de la esclavitud*

Echerri, Manuel Vicente

«La trascendencia, misión comprometida del escritor» X-117

Empieza por dejar sentado las condiciones humanas que influencian a todo artista, ya sea que escriba, pinte o haga música, puesto que ante todo es un ser con las ideas y sentimientos que le hayan impactado en su condición humana, pero llega a la conclusión que una de las más influyentes es la política —aunque no se llegue a racionalizar su influencia puesto que ésta puede llegar a determinar el lugar en donde vivir e inclusive la forma de expresarse artísticamente

Piñera Llera, Humberto

«En torno a Jacques Maritain» XI-25

Ensayo en que se discute a fondo el discurrir filosófico de Jacques Maritain quien, junto a otras relevantes figuras de ese campo, se distinguió en el siglo XX. De él es este concepto: «la metafísica que considero como fundada en la verdad, puede caracterizarse como un realismo crítico y como una filosofía de la inteligencia y del ser, o, más justamente todavía, del existir considerado como el acto y la perfección de todas las perfecciones» lo cual lo conduce a pensar que, en definitiva, debe de haber una práctica filosófica, o sea, una *filosofía de la acción*

Piñera Llera, Humberto
«Ortega y Gasset: 'rigor' y 'decir'» XIII-39
Ponencia de clausura del III Congreso Cultural de Verano, en conmemoración del centenario del nacimiento de José Ortega y Gasset, en la que se estudia al gran pensador español desde dos aspectos que, según Piñera, eran congénitos en él: *fondo* y *forma*, puesto que son «haz y envés de un mágico poder en el ámbito de la creación intelectual». Piñera lo visualiza como la habilidad de crear una imagen visual que se identifique con la esencia de lo pensado, o sea, «dotar al pensamiento de una *concreta exterioridad*»

Valle-Killeen, Suzanne
«La ideología del Conceptismo: orígenes» XIII-49
En la evolución del pensamiento, surgió la necesidad de lograr una manera de reducir lo pensado a una fórmula que lo contuviera de tal manera que se hiciera accesible a otros. Con el tiempo esta necesidad didáctica se lograba mediante formas en la literatura que, por eruditas, resultaban muy complejas; de ahí se cayó en el conceptismo y el culteranismo. En definitiva, a través de las raíces filosóficas de Sócrates, Platón y Aristóteles, por el uso de la razón, se llegó a concebir lo que es el *concepto*

Rasco, José Ignacio
«Humberto Piñera Llera: pensamiento y cubanía» XIV-35
Una evaluación justa y precisa del valor intelectual de Humberto Piñera, que se ha dado a conocer en sus comparecencias

en la tribuna, en sus artículos en periódicos y revistas y en sus libros, ya fueran de texto para la enseñanza superior de *Lógica y de Introducción a la Filosofía*, o de divulgación cultural entre los que hay que mencionar *Panorama de la Filosofía Cubana*, publicado por la OEA, *Unamuno y Ortega y Gasset, Las grandes intuiciones de la Filosofía, Cuba en su Historia*, e *Idea, sentimiento y sensibilidad de José Martí*, entre otros que se mencionan en el ensayo. Además, se precisa su posición en los dramáticos momentos que está pasando su patria

Alba Buffill, Elio
«La ensayística de Humberto Piñera: filosofía y literatura»   XV-65
Empieza por clasificar la obra de filosofía de Piñera, en dos vertientes: la filosófica y la filosófica-literaria. A la primera corresponden sus obras didácticas, las historias del pensamiento filosófico cubano y aquéllas en que se enfrenta a temas puramente filosóficos o de análisis de figuras prominentes del pensamiento universal. En la vertiente filosófica-literaria se puede advertir tres orientaciones: una enfocada en la literatura española, otra a la hispanoamericana en general y otra, a la cubana en particular. En cada vertiente va indicando los libros que corresponden a cada cual, deteniéndose el algunos para destacar ciertos aspectos, como el de Ortega y Gasset, el de Borges y su enigma y el último que publicó, que Alba considera fundamental, *Idea, sentimiento y sensibilidad en José Martí*

Gutiérrez de la Solana, Alberto
«In Memoriam de Humberto Piñera Llera»   XVI-131
Al morir el Dr. Piñera en noviembre de 1986, el Claustro de profesores de NYU, donde el Profesor Piñera había enseñado desde su llegada al exilio en 1960, se reunió en sesión solemne el 13 de abril de 1987 y se leyó el «In Memoriam», que aquí se reproduce. En póstumo homenaje, el Departamento de Español y Portugués creó una beca anual en su memoria

Alba-Buffill, Elio
«Humberto Piñera, cubano»   XVII-7

Palabras en la Sesión de Apertura del VII Congreso Cultural de Verano, que abría la Memorabilia de Humberto Piñera. Alba Buffill valoró sus altas cualidades personales: modestia, humildad, sinceridad, entre otras, e hizo evidente cómo se puso al servicio de la nación que Martí había avizorado para el futuro, a la que amaba intensamente. Asimismo, repasó sus contribuciones a los estudios de Lógica, Filosofía y Literatura, tan importantes en la integridad del ser humano, consciente de que la base de una nación es la formación de la conciencia nacional de su pueblo. Maestro por naturaleza, enseñó con el ejemplo de su vida

García Tudurí, Mercedes
«El Dr. Humberto Piñera y el renacimiento de la
filosofía en Cuba» XVII-13
Hace un recorrido histórico sobre el proceso de la filosofía en Cuba que —como reflejo del panorama mundial en el s. XX— había decaído y cómo resurge a partir de los años 40. Humberto Piñera fue uno de los pioneros en la fundación de la Sociedad Cubana de Filosofía; García Bárcena fundó la *Revista Cubana de Filosofía*; se revisaron los planes de estudios universitarios y de segunda enseñanza para introducir asignaturas de filosofía. Todo cambió con la implantación del comunismo, pero renació de nuevo en el exilio, en 1977, bajo la presidencia de Mercedes García Tudurí, con el apoyo de Monseñor Agustín Román, del propio Piñera y de otras destacadas figuras en ese campo

Remos, Ariel
«El exilio en Humberto Piñera» XVII-31
Analiza a Humberto Piñera en —quizás su faceta más íntima— la del desterrado, porque éste vive «en constante actitud de provisionalidad». Advierte Piñera del peligro del marxismo-comunismo porque es una subversión de la vida occidental, basada ésta en la verdad, el derecho y el respeto a la persona. Piñera señaló a los cubanos «el compromiso de regresar» que

«justifica la salida» y «trabajar en el exilio por la patria y para ella». Su legado fue el ejemplo de su vida

Labrador Ruiz, Enrique
«Recordación»   XVII-41
Apertura de la **Memorabilia de Humberto Piñera Llera**, Presidente del CCP (1980-81), fallecido en Texas en 1987, que tuvo lugar la noche de inauguración del VII Congreso Cultural de Verano. Estuvieron expuestos algunos de los libros, ensayos y artículos publicados en revistas y diarios nacionales y extranjeros, así como su epistolario, placas y diplomas de reconocimiento al mérito y otros documentos personales del homenajeado. Los mismos se conservan en las bibliotecas de la Universidad de Miami y de la Universidad internacional de la Florida. A las palabras de Labrador Ruiz siguieron las ponencias «Humberto Piñera, cubano» del Dr. Elio Alba Buffill, «El Dr. Humberto Piñera y el renacimiento de la filosofía en Cuba» de la Dra. Mercedes García Tudurí y «El exilio en Humberto Piñera» del Dr. Ariel Remos, las cuales se incluyen en esta temática.

Lara, Dionisio de
«Memorabilia filosófica de Humberto Piñera»   XVII-43
Discurso de clausura de la Memorabilia que el Círculo de Cultura presentó en el VII Congreso Cultural de Verano en memoria de su expresidente nacional en el bienio de1980-81, fallecido en 1987. En este ensayo, se hace un recorrido por el quehacer filosófico de la Humanidad, analizando las distintas vertientes filosóficas que se hicieron presentes y determinando la influencia de las mismas en las corrientes del pensamiento cubano, para entrar luego a establecer el enfrentamiento personal de Piñera ante ese cuestionamiento incesante de la realidad que es la Filosofía y señalar sus conclusiones en distintos aspectos del proceso histórico de la Humanidad

Anhalt, Nedda G. de
«Presentación de la obra póstuma de Humberto Piñera
Llera, *Sartre y su idea de la libertad*»   XIX-71

Análisis de la última obra de Humberto Piñera. El libro está dividido en cinco capítulos. El primero, trata de cuestiones generales: conciencia, tiempo y libertad; el segundo, muestra las raíces del escepticismo; el tercero, estudia a Sartre y la libertad; el cuarto, se enfrenta a la «Crítica de la Razón Dialéctica» y el quinto es, según dice, «una descripción del genio y figura de Sartre»

Piñera, Estela
«Testimonio de reconocimiento» XIX-81
Sentidas palabras de reconocimiento de la viuda del Dr. Piñera Llera al Dr. Elio Alba Buffill por su contribución a la publicación de *Sartre y su idea de la libertad*; a la Dra. Mercedes García Tudurí, que preside la Sociedad Cubana de Filosofía; al Dr. Fermín Peinado, por su juicio crítico del libro; al Dr. Alberto Gutiérrez de la Solana, su editor, y al Círculo de Cultura Panamericano y el Koubek Memorial Center de la Universidad de Miami, por el respaldo dado a este acto

Lara, Dionisio de
«Valor de la fe en el mundo actual» XX-157
Por 300 años, del siglo XVII al XIX, el escepticismo y el agnosticismo prevalecieron en el mundo, derivando con ello el racionalismo, hasta que Kierkegaard opone al objetivismo cientificista, el subjetivismo creyente. Por fin, Einstein afirmó que el científico ha tenido que llegar a admitir que el mundo externo existe, «pero ese conocimiento no es obtenido por ningún proceso de razonamiento», es un acto de fe que consiste en «creer en la realidad del mundo exterior». Este trabajo obtuvo el «Premio Los Carbonell» en el certamen literario de 1989 convocado por el Capítulo de Miami, del CCP

Hahn, Hannelore
«*La metamorfosis* (Die Verwandlung) de Franz Kafka y
El túnel de Ernesto Sábato» XXIV-80
Ambas novelas reflejan la angustia y soledad del individuo dentro del mundo existencialista de la postguerra y la búsqueda de comunicación dentro de él. Kafka encuentra la solución

en la muerte y Sábato, en una integración psicológica en sí mismo

Lara, Dionisio de

«El pensamiento de Máximo Castro»　　　　　　　　XXIV-133

Revisión panorámica del pensamiento filosófico de Máximo Castro, uno de los fundadores de la Sociedad Cubana de Filosofía. Su libro *Ensayos Filosóficos*, recogió muchos de los trabajos que publicó en la *Revista Cubana de Filosofía*. En este ensayo se perfilan algunos de los lineamientos generales de su pensamiento y, al final, le reconoce su aporte a la poesía, en la cual también se distinguió

Ramos, Marco Antonio

«Dionisio de Lara y su contribución al pensamiento
en Cuba»　　　　　　　　　　　　　　　　　　XXIX-17

Breve reseña biográfica del Rev. De Lara señalando sus amplios estudios teológicos y su contribución a los estudios filosóficos en Cuba y en el exilio dentro de la ideología y el pragmatismo del pensamiento humano en el contexto de la libertad de expresión. En Miami fue fundador con otras eminentes figuras, de la Sociedad Cubana de Filosofía

Álzaga Loret de Mola, Florinda

«El pensamiento filosófico de Mercedes García Tudurí»　XXIX-165

Un estudio esquematizado de la producción lírica en fusión a la utilidad de la filosofía expresada a través del arte poético. Dentro del pensamiento filosófico se persigue la verdad como medio de unificación colectiva abordando los siguientes postulados: la esencia del hombre; formas de expresión del pensamiento; el mundo; su existencia y su esencia; el hombre y su comunicación con el mundo; la estructura de la naturaleza humana; el hombre y la cultura; la ética, la política; las ideologías en el mundo actual; y la estética en su esencia y forma de la poesía. Se enfatiza la verdad como único medio de salvación literal y poética

Álzaga Loret de Mola, Florinda

«La literatura más allá de la estética» XXX-65
Analiza la función que alcanza a tener la literatura más allá de su forma de expresión como una manifestación de arte, y le reconoce seis dimensiones más allá de ser un medio de comunicación a través del tiempo con perdurabilidad infinita, puesto que hay que tener en cuenta la distancia temporal y física entre el que escribe y el que lee

Alba Buffill, Elio

«Ortega y Gasset y la convivencia humana» XXX-76
Empieza por establecer el principio de que la realidad primaria está en la circunstancia de cada cual y la sociedad se basa en la convivencia de todos. Con el desarrollo del s. XX se vislumbraba una plenitud de posibilidades, pero para Ortega la auténtica no está en los logros, sino en el camino para alcanzarlos. Dentro de esa dinámica es que distingue dos grupos: minorías y masa, según sea la actitud de cada cual en la vida. Su tesis todavía se discute, pero como está arraigado el predominio de la democracia en el mundo de occidente, basado en el sentimiento de la libertad, es ésta una herencia que el ser humano no debe dejarse arrebatar

Jiménez, Onilda

«Humberto Piñera y su ensayo sobre Fray Luis de León» XXX-113
Un análisis de ese ensayo, contenido en su libro *El pensamiento español en los siglos XVI y XVII*, en el que Piñera estudia a Fray Luis en su lucha entre pensamiento y sentimiento y trata de perfilar su personalidad profundizando en sus actitudes y en las motivaciones de sus obras

Cisneros, Monseñor Octavio

«Varela: Héroe de la fe» XXXIII-33
Semblanza del Padre Félix Varela destacando su fe y esperanza inquebrantable; su caridad, derrochada en los enfermos en sus diarias visitas a los hospitales y a los perseguidos (en su tiempo, los irlandeses en NY); su interés en los jóvenes, como vemos en su libro *Cartas a Elpidio*. En resumen, siempre puso su talento al servicio de la Iglesia y de Cuba

González, Pedro Blas
«Florinda Álzaga: Filosofía, personalismo y trascendencia» XXXIII-78
Ensayo sobre la dimensión subjetiva de la cultura, es decir, que el individuo es el que permite la realidad objetiva. Esa posición de la Dra. Álzaga es una reacción al Positivismo imperante y sostiene la dignidad individual cristiana donde el alma es el centro de la persona y reacciona de acuerdo a nuestra vocación, dando vigencia a la perspectiva histórica

Granados, Rigofredo
«El universo del discurso místico»   XXXIII-233
Análisis de las vías usadas para explicar la divinidad y la realidad física. La vía de la emoción contemplativa, que lleva al éxtasis y al conocimiento de Dios, (*misticismo*) y la vía de la razón, el intelecto basado en un dualismo filosófico platónico, la (*Escolástica*). Luego estudia en particular a Santa Teresa de Ávila y cómo se enfrentó a esa dicotomía

González, Pedro Blas
«La filosofía como creación ecléctica vital»   XXXIV-213
Establece los principios básicos en los que se basa la filosofía para analizar los componentes de la realidad a fin de conocer su totalidad. Para ese propósito distingue entre lo que es para el Hombre el «tiempo existencial» y la «existencia vital». Lo primero es lo que llamamos «vida»; lo segundo, implica la finalidad o el propósito que se le da a ese periodo vital

González, Pedro Blas
«Julián Marías: La antropología metafísica y el significado de la vocación filosófica»   XXXVI-168
Empieza por hacer un recorrido en la obra de Julián Marías, destacando en general las características de algunos de sus libros hasta detenerse en *Antropología metafísica: La estructura empírica de la vida humana*, que considera que es la obra maestra de Julián Marías, puesto que en ella desarrolla su teoría basada en que el «hombre» no es un «fenómeno colectivo», sino que es una entidad única que va reaccionando ante la realidad que se le presente y que va conformando su experien-

cia. De esto deduce la necesidad de la Filosofía, pero entendiendo que ésta debe cuestionar de manera accesible, los problemas del mundo cotidiano.

González, Pedro Blas
«Borges: filósofo de la imaginación y el tiempo»   XL-63
Analiza algunos trabajos de Borges desde el punto de vista de la relación entre la ficción y la filosofía. Destaca la influencia del idealismo filosófico en sus cuentos y ensayos, así como la distinción que tiene en cuenta en su obra, entre el tiempo cronológico y el tiempo psicológico, que equivale a decir el tiempo vivido

González, Pedro Blas
«Baltasar Gracián: la literatura y la máxima como expresión existencial»   XLII-45
El autor ofrece una considerable introducción a las máximas como instrumento de reflexión ante postulados filosóficos. En su momento, el estudio arriba a Gracián y su importancia como exponente del género; es ahora que se repasan algunas de sus máximas para extraer el mensaje (y aprendizaje) que pudieran escudarse entre líneas

Alba Buffill, Elio
«José de la Luz y Caballero, maestro y fundador»   XLII-51
En un enjundioso recorrido sobre la vida del pensador cubano, el autor destaca las diversas etapas de la vida de Luz y Caballero, incluyendo sus aportes al pensamiento y cultura cubanos. Este extenso ensayo, por incluir tan importantes como variados tópicos, se torna fundamental a la hora de estudiar la vida, y los aportes, de un filósofo que contribuyó a forjar la conciencia de una nación en ciernes. Tal y como atesta el autor, Luz y Caballero es sinónimo de la antesala de una república que, aun cuando se consolidaría tras su muerte, llevaría siempre su esencia de pensador y filósofo

Sánchez, Oneida M.

«La incertidumbre vital en Hilario Barrero y
Rosario Hiriart» XLIII-87
    Ensayo sobre la actitud de dos poetas frente al problema existencial del Hombre, expuesto en sus dos últimos poemarios. Barrero, en *Libro de familia*, lo ve en la dualidad vida/muerte que acompaña al hombre; aun en momentos que parecen felices está presente la muerte, lo vemos en la simbología que usa: colores: rojo/amarillo; horas del día: mañana/atardecer. La poetisa Hiriart, en cambio, en su libro *Hojas*, que consiste de un solo poema circular, plantea que el ser humano está a merced de fuerzas vitales que lo igualan porque al encontrar al «otro», busca al grupo y así surgen los problemas sociales, discriminaciones, sin embargo, la vida los une, son como las hojas, que pasan y se van, pero todas pertenecen al mismo tronco

González, Pedro Blas
«La filosofía y la inmortalidad en *Del sentimiento
trágico de la vida*, de Unamuno» XLIII-152
    Este ensayo sobre la filosofía y la inmortalidad del hombre, revisa el pensamiento de Unamuno al respecto. Para él, la filosofía no puede basarse en abstracciones, sino en la vida y la vida es razón, imaginación y personalidad; su doctrina es «personalismo existencial». La voluntad es esencial en nuestra búsqueda de la inmortalidad «porque el hombre no se siente cómodo en un mundo objetivo»; no se conforma con ser objeto y trata de «trascender la naturaleza» porque para Unamuno «el individuo es el cénit del universo»

González, Pedro Blas
«Nicolás Gómez-Dávila: la sabiduría contra
el modernismo» XLIV-159
    El libro *Escolios a un texto implícito*, del filósofo colombiano Nicolás Gómez-Dávila, dedica especial atención a los aforismos, pues siendo cierto que éstos tienen limitado alcance como género literario-filosófico, sí logran hacernos confrontar «con verdades objetivas y universales» que nos conducen a un plano de entendimiento inmediato, más acorde con las realidades del

diario vivir. Para Gómez-Dávila, la experiencia es la fuente esencial del conocimiento; para él «El hombre y la sociedad sufren tremendamente cuando el conocimiento y la sabiduría establecida por la tradición no son pasadas hacia generaciones subsecuentes». Esto es fundamental puesto que de ahí surgen los valores humanos que van a formar parte esencial del progreso bien entendido. En conclusión, se puede decir que «la antropología filosófica» es la gran fuente del pensamiento de Gómez-Dávila

FLORIT, EUGENIO
Jiménez, José Olivio
«Introducción a la poesía de Eugenio Florit»   VIII-7
Es un lúcido recorrido de la poesía de Eugenio Florit desde su primer poemario *Treinta y dos poemas breves*, de 1927, al cabo justamente, de 50 años de escribir poesía, en que el CCP le rindió homenaje a su hacer poético dedicándole su XV Congreso Anual en 1977. Jiménez, que ha escrito exhaustivamente sobre este poeta, hizo un recorrido literario desde aquel primer libro, haciendo los debidos comentarios, y así pasó por *Trópico* (1930), *Doble acento* (1931), *Reino* (1938), *Poema mío* (1947), *Conversación a mi padre* (1949), *Asonante final* (1950), ampliado más tarde como *Asonante final y otros poemas* (1955), *Hábito de esperanza* (1965) hasta el más reciente en ese momento, *De tiempo y a*gonía (*Versos del hombre solo*) (1974). El ensayo es una trayectoria lírica resaltando «la justa sincronía de su obra con la evolución de la poesía hispánica general»

Florit, Eugenio
«Recuerdos de Nueva York»   XII-13
Nueva York quedó reflejada en los ojos de un poeta que, como él dijo, vivió ahí lo mejor de su vida madura y realizó gran parte de su obra. Como autor de ese antológico poema «En la ciudad grande» (Con Martí), describe a New York con la mirada deslumbrante del sentimiento porque sabe amarla «con sus

fealdades y sus bellezas»; por los recuerdos amables que le hizo posible atesorar, por sus conciertos, por el espectáculo fabuloso de sus luces, por sus museos, y hasta por su sol y sus nieves

Hiriart, Rosario
«Imagen de Eugenio Florit desde su poesía» XII-97
La ensayista indagó, en busca del propósito que aventura el título, un ensayo de Florit titulado «Memorias» que aparece en sus *Obras completas*, y desde ahí nos conduce con cautela entre los versos que el poeta reunió en lo que llamó el Tercer Acto de su vida, que comienza en Junio de 1940, cuando llega por segunda vez a Nueva York, ciudad en donde anduvo la mayor parte de su vida productiva, hasta 1982 en que la dejó para reunirse con su hermano en Miami. En un buceo orientador por los versos de entonces, podemos asomarnos a sus recuerdos, su soledad creadora y a su actitud ante la muerte

Florit, Eugenio
«Palabras en el acto de homenaje que le ofreció el
CCP al dejar New York» XII-111
El poeta Florit ha decidido dejar New York, una vez retirado como profesor de Columbia University, y radicarse en Miami, FL y con ese motivo es que dirige estas palabras de despedida, alejando su persona real en un «alter ego» que dice saber cómo siente el poeta al dejar esa ciudad que siente suya, en donde vivió su vida y su arte y disfrutó de tantos amigos queridos

Perdigó, Luisa María
«La reciente poesía pura en la obra de Eugenio Florit» XVI-101
El último libro de Florit, *Donde habita el recuerdo* es un contrapunteo lírico con el de Cernuda *Donde habita el olvido*. Lo antagónico que inspira el coloquio radica en la perspectiva, puesto que si para Cernuda el recuerdo es algo que quisiera olvidar, pero que reconoce que su tragedia es que los busca como un «trágico ocio», Florit, por el contrario, los anhela, se recrea en ellos, como «sembrador de mañanas»

Núñez, Ana Rosa
«Eugenio Florit: retrato de un poeta» XX-7
Reconoce en Florit, que trajo a Cuba, su patria adoptiva, las novedades y los __ismos del Siglo XX en cuanto a estilo y en temática, «una búsqueda interminable hacia la pureza estética» y luego deja que sea el propio poeta el que se presente a través de su extensa obra, esperando encontrar, si no un «retrato», un «autorretrato», pero lo que descubrió fue un «retrato espiritual» o sea, el «retrato de un autorretrato». Y así deja que «Eugenio Florit, esbelto tallo universal de español en Cuba», según lo definió Juan Ramón Jiménez, se muestre «en sus propias palabras»

Alba Buffill, Elio
«Un acercamiento a Eugenio Florit como crítico» XXI-115
Florit, como ensayista y crítico literario es otro aspecto del poeta que ha sido reconocido y valorado por su certero juicio y belleza de su prosa. Su carácter que buscaba «la soledad serena» se refleja en su obra crítica que ocupa varios volúmenes de sus *Obras completas* y que en este ensayo se presenta en perspectiva, teniendo en cuenta la opinión de otros críticos; los temas de interés que enfrentó, entre ellos la poesía como expresión literaria, ya no la propia, sino la de otros, inclusive la de su admirado Martí

Godoy, Gustavo J.
«El último malabarismo de Eugenio Florit: su novísima traducción de Paul Valery» XXI-125
Este ensayo analiza el reto que tomó Florit de traducir al español «El cementerio marino» el famoso poema de Paul Valery, que era un autor intelectual cuya poesía toca a la razón. La dificultad por lo tanto era doble: la de llevar a la lírica, en otro idioma, la profundidad del pensamiento original, o sea, la conjunción armoniosa de fondo y forma. Otros muchos habían llevado a cabo la empresa, pero Florit calificó su «pequeño trabajo», de «malabarismo»

Matas, Julio

«Reconocimiento de / a la poesía de Eugenio Florit» XXIII-31
El autor empieza por aclarar la dualidad de preposiciones intencionada, en el título y explica que la obra de Florit ya está ampliamente reconocida, es decir, su valor es incuestionable tanto para los que la han estudiado, como para los que la han disfrutado. Se decide por aceptar la definición de José Olivio Jiménez de que la poesía de Florit refleja «la conquista afanosa y consciente de la serenidad» y añade a esto su opinión personal de que ve en ella tres tendencias anímicas: una a la *fuga*, otra a la *sujeción* y otra al *dominio*.

Cuadra, Ángel
«Eugenio Florit: de la sencillez a la intemporalidad» XXVII-26
Sostiene que la poesía de Eugenio Florit es sencilla, intemporal, coloquial y personal pues nunca se afilió a ninguna de las corrientes poéticas que se sucedieron. Se estudia en este ensayo su temática: la muerte como preámbulo a lo eterno; la soledad como camino para el entendimiento y como enemiga al acercamiento a Dios. Concluye que la noción del tiempo siempre está presente en su obra

Saa, Orlando
«Eugenio Florit: poeta de la ecuanimidad» XXIX-126
Tiene el autor un libro titulado *La serenidad en las obras de Eugenio Florit* y desde esa perspectiva, ya cumplido el período vital del poeta, las vuelve a contemplar sostenido en su poema «Hasta luego» en el que encuentra tres conceptos básicos de sustentación: tiempo, espacio y armonía y así las analiza dentro del estilo clásico de ritmo, rima y concordancia lírica

Zaldívar, Gladys
«La poética de la abstención en un poema de
Eugenio Florit» XXX-57
Una magnífica interpretación del poema de Florit «Al unicornio», en comparación con el famoso poema «Martirio de San Sebastián». Lo explica estrofa por estrofa justificando una preocupación metafísica

Sánchez, Oneida M.
«La evolución temática-estilística en la poesía de
Eugenio Florit»   XXXI-28
El motivo temático se subdivide en espacial (caminos), temporal (otoño), factual (conversaciones) y vivencial (recuerdos), pero la crítica coincide en afirmar que es el vivencial su eje propulsor. Las descripciones de la naturaleza abundan en sus versos, que siempre expresan una tranquilidad íntima, a pesar de que se percibe una angustia metafísica siempre presente en ellos

Fernández, Jesse
«Transfiguraciones temporales y espaciales en la
poesía de Eugenio Florit»   XXXII-221
Espacio y tiempo son dos conceptos que se diluyen en la poesía de Florit en un impreciso vocablo como «aquí», «allí», «ahora», «luego», etc. Sin embargo, se ubica en el universo de alguna manera, como cuando dice «Aquí, yo solo», indica que está en alguna parte, pero solo. Es reiterativo en su soledad existencial, aunque no lo reprocha, sino que lo usa para situarse como espectador del mundo que lo circunda

FOLKLORE

León, René
«Breve historia sobre el Guaguancó»   VI-121
El guaguancó es un ritmo afro-cubano que nació en el presidio de la isla Chafarinas, cercana a África, donde abakuás y criollos eran encerrados por los españoles. Luego volvió a oírse en el Castillo del Príncipe y las Circulares de Isla de Pinos y aún subsiste, incluso en el exilio. Es un ritmo triste que no se baila, sino se canta al ritmo de cajones de madera y latas de aceite

León, Julio A.
«El mester de juglaría africano»   VII-123
La importancia del Mester de Juglaría de África, que es similar a la juglaría de la Edad Media europea, es que conservaron los

mitos, las tradiciones, lo épico, lo religioso y el pasado histórico de su sociedad. La cultura africana es oral y con variados dialectos y se hubiera perdido totalmente si no fuera por esos «intelectuales primitivos» que guardaron la tradición en forma oral

Montes Huidobro, Matías
«Itinerario del Ebó» VIII-105
Ensayo sobre una temática afro estrechamente ligada a la realidad cubana. Estudia cómo el mito que es intemporal, se convierte en leyenda y luego aparece en los cuentos. Como ejemplo toma *El Monte* y *Se hace ebó* de Lydia Cabrera y *El gran ebó* de Guillermo Cabrera Infante. Los dos primeros describen el ritual y su significado; en el tercero, el ebó se relaciona a una realidad cubana más inmediata

Herrera, Roberto
«La poesía mulata de Emilio Ballagas» X-93
Empieza por explicar por qué él llamó a su poesía mulata y no negra, y la razón es muy sencilla, que es el resultado del trasplante cultural del negro, «volcado en el molde de las lenguas europeas naturalizadas en América»; en realidad puede ser cultivada tanto por negros, como por mulatos, e inclusive por blancos, reconociendo la idea cristiana del origen común en la especie humana. Tal era su sentir, pues Ballagas, siendo blanco, llegó a alcanzar un alto reconocimiento en el género, a pesar de su corta vida pues se inició en él en 1930 con su famoso poema «Elegía de María Belén Chacón» y falleció veinticuatro años después, en 1954

González Pérez, Armando
«Realidad y mito en la poesía afrocubana de Pura del Prado» XXVI-166
Se analiza la poesía afrocubana de Pura del Prado quien, grandemente influenciada por la labor etnográfica de Lydia Cabrera, escribió *Color de Orisha*, libro de 16 poemas dedicados a las divinidades lucumíes

Gutiérrez, Mariela A.

«Elementos lingüísticos afronegroides que han
hecho tradición en el habla de Cuba» XXXI-108
Ensayo sobre palabras de origen africano que son comunes en las Antillas Mayores. Muchas se refieren a la comida y se pueden agrupar según la región de África de donde procedían los esclavos, que era mayormente, de la parte occidental. También surgieron algunas lenguas mestizas como el creole, el surinaam y el papiomento.

Gutiérrez, Mariela
«Ncharriri, monstruo enamorado del bestiario
cabreriano» XXXVI-54
Ensayo sobre un relato de animales que es una expresión del subconsciente africano que llegó a integrarse a la cultura afrocubana. Este cuento apareció en *Ayapá cuentos de Jicotea*, la tercera antología de cuentos negros de Lydia Cabrera. Jicotea es una tortuguita cubana de agua dulce que personifica la astucia y tiene poderes mágicos que ella usa contra el monstruo para destruirlo. Jicotea tiene una personalidad traviesa a veces, malvada y cruel, otras

Varela, Beatriz
«El léxico popular del Perú y de Cuba» XXXVI-66
En un viaje a Perú, la lingüista cubana Dra. Beatriz Varela, observó que muchas palabras y frases de su folklore eran iguales en ambas naciones, la andina y la Isla, y se dedicó a estudiar en los vocabularios de los dos países, aquéllos que eran comunes, encontrando que en algunas ocasiones son coincidentes en cuanto al significado que se les da, pero en otras tienen una connotación diferente en cada país, circunstancia que explica de manera adecuada con ejemplos. También señala la raíz de dichas frases y lo que tienen en común

Yannuzzi, Alberto
«Los negros curros del manglar según
Fernando Ortiz» XXXVII-94
Explica la procedencia en Cuba de estos negros originarios de Sevilla que llegaron a La Habana a principios del siglo XIX,

con acento andaluz, pues fueron deportados por la metrópoli. Se asentaron en cierta zona de La Habana, acreditándose por su bajo nivel de vida ampona y criminal. Ya para mediados del siglo, casi habían desaparecido, pero en el habla popular habían dejado su huella en algunas voces de su jerga

Martínez, Guillermo
«Presencia de la mitología cubana mayor en la
cuentística de Ramón Guirao: el güije y el jigüe» XXXVIII-108

En este estudio de la influencia de lo africano en el folklore cubano, se da el crédito que merece a Ramón Guirao, por su aporte de investigación en la mitología negra. Además de escribir poemas de tema negro, fue uno de los fundadores de la Sociedad de Estudios Afrocubanos y cooperó con el antropólogo Fernando Ortiz en la búsqueda del patrimonio negro. También se narra una leyenda india que los esclavos negros fusionaron con la suya de un duende maligno con cabeza humana y cuerpo de pez, que vivía en los ríos

Mayor Marsán, Maricel
«La importancia del libro *Folklore del niño cubano* de
Concepción T. Alzola» XL-92

Analiza los antecedentes en la investigación y desarrollo de los estudios sobre el romancero cubano que tiene sus antecedentes en los de Carolina Poncet y José María Chacón y Calvo a principios del siglo XX. Luego destaca la importancia de los dos volúmenes de este libro de la Alzola, a principios de los sesenta porque se recogía en ellos una amplia muestra de los romances propios del folklore infantil, que venían a ilustrar los comentarios hechos con anterioridad.

Varela, Beatriz
«*Nombres de Cuba,* por Concha Teresa Alzola:
una nueva contribución» XL-96

Comenta su amistad con la autora y destaca los numerosos libros que escribió Alzola de literatura infantil y de léxicografía. En esta última colección se encuentra *Los nombres de Cuba* de 2005 en el que la autora relaciona nombres geográficos de la isla y diferentes apodos usados en el habla popular. Es una obra extensa y exhaustiva del vocabulario cubano

HISTORIA
Generalidades
Corzo, Pedro
«Totalitarismo y subversión»　　　　　　　　　　XLII-69
El autor comienza con un extenso preámbulo sobre lo que se entiende por totalitarismo facilitando, al mismo tiempo, ejemplos que aparecen durante la historia de la Humanidad. Tras la sesión introductoria, Corzo arriba a comentar el desarrollo del poder en la Cuba totalitaria de Castro y cómo dicho poder se ha involucrado en diversos y variados gobiernos latinoamericanos para influenciar en el devenir social y político de éstos. Este trabajo fue dedicado a la memoria de Enrique Ros

Yannuzzi, Alberto
«Democracia y totalitarismo»　　　　　　　　　　XLIII-134
Examen histórico de la democracia y el totalitarismo, los eternos rivales. La democracia nació y se desarrolló en Grecia, sufriendo sucesivos ataques de persas, macedonios y romanos, hasta la llegada del cristianismo y las revoluciones francesa y norteamericana que la restauraron. De nuevo se enfrentaron en las dos Guerras Mundiales y hoy, capitalismo y comunismo, bienestar económico o pobreza, es lo que está en la balanza

Yannuzzi, Alberto
«Crisis política del Socialismo en Latinoamérica»　　XLV-160
Se señala con meridiana claridad la situación en que se encuentra sumido el Socialismo latinoamericano, en medio de una vasta crisis política, económica y social desde que se dejó absorber por el marxismo, puesto que éste es una vuelta a las sociedades primitivas donde no había competencia, sino reparto de los pobres bienes comunes, y es un hecho altamente comprobado, que la competencia es lo que impulsa el progreso

Argentina

Escarpanter, José A.

«Historia, romanticismo y tragedia en *Camila* de
María Luisa Bemberg» XXVI-187

>   Camila es una película basada en un hecho histórico ocurrido a finales de la tiranía de Rosas, bajo la égida de la organización paramilitar de la «Mazorca». Trata de un amor romántico entre dos jóvenes, ella, perteneciente a una prestigiosa familia federalista, que se fugó con un sacerdote y huyeron a un apartado pueblo donde fundaron una escuela primaria, la primera del lugar, pero al ser descubiertos, los llevaron a prisión y finalmente los fusilaron, a pesar de que ella estaba encinta. La película pone en evidencia un sangriento período de la historia argentina

Cuba - Colonia

Herrera Rodríguez, Roberto

«La poesía de la guerra en Cuba» VI-113

>   En los campos donde se libraron en el siglo XIX, las más duras batallas en la manigua redentora, brotaba en las noches la poesía. Se hacía robándole el sueño al descanso, bajo la impresión de una victoria alcanzada o la frustración de una derrota. Sus temas eran la lucha por la libertad, la separación de los seres queridos, la amistad y el amor patrio. No hay que buscar en ellos perfección en la rima, sino expresión de un espíritu de lucha legítimo en busca de un ideal

Hernández Morelli, Rolando

«Noticia, lugar y texto de *'Un niño en la Habana'*,
espécimen narrativo inédito de 1837» XV-73

>   Este manuscrito fue descubierto en la Biblioteca Nacional de Madrid junto con otros materiales antiesclavistas. No tenía autor conocido, pero sin duda, era cubano. Es una viñeta o cuadro de una mujer que conversa con un niño de corta edad, sobre los esclavos del ingenio de su padre. Lo que asombra son las ideas del niño por su insensibilidad y falta de piedad, pues en su opinión, negros y animales necesitan los azotes

Márquez Sterling, Carlos
«La Junta Revolucionaria de Nueva York (1869)» XVII-81
   Recopilación histórica de las gestiones con el gobierno del Gral. Grant, que realizó la Junta Revolucionaria de Nueva York, buscando apoyo para el levantamiento de Céspedes en 1868. Aunque la opinión pública norteamericana y el Presidente Grant simpatizaba con los cubanos, había intereses contrarios que entorpecían las gestiones, como anexar Sto. Domingo, no dañar las relaciones con España y la actitud antagónica con la causa cubana del Secretario de Estado, Hamilton Fish, que llegó a impedir que Morales Lemus se entrevistara con el Presidente Grant

Gutiérrez de la Solana, Alberto
«Literatura y destierro: una carta inédita de José
Antonio Saco» XVII-97
   Recuento de la posición inquebrantable de José Antonio Saco de incluir a Cuba como un asiento más en las Cortes españolas, evidenciada en su carta inédita a su amigo Don Miguel de Almagro

Figueroa, Esperanza
«Manzano, Heredia y un fraude histórico» XIX-23
   Este ensayo nos ofrece un cuadro de la vida de la aristocracia criolla en Cuba, basado en las *Memorias* que escribió Juan Francisco Manzano, poeta, esclavo y calesero, al servicio de una de estas familias. En ellas el poeta habla de las realidades de la esclavitud desde una perspectiva personal, que empezó para el siendo un niño, y que, de ninguna manera podía reflejar, por dura que hubiera sido, la de los esclavos en los centrales azucareros, sometidos a extenuantes trabajos y crueles castigos. José María Heredia tuvo quizás ocasión de conocer a Manzano porque estuvo asilado en casa de la familia dueña de éste. Aquellas *Memorias* se consideró ser una histórica denuncia de la esclavitud y por eso el régimen castrista actual —pretendiendo hacer un paralelo con el sistema capitalista de la república que abolió— la presentó como primer documento anti-

esclavista, pasando por alto que el autor no podía representar un típico ejemplo de ese sistema

Gutiérrez de la Solana, Alberto
«*Romancero de la Invasión:* epopeya de la guerra cubana de independencia» XIX-109

Ensayo sobre una hazaña increíble: la invasión de Oriente a Occidente de Cuba por los mambises, que duró tres meses y buscaba totalizar la guerra. Este hecho fue contado en un largo poema de 259 páginas y 6907 versos, por Manuel Hernández y Hernández, que usaba el seudónimo de Hernando D'Aquino en el que se pormenorizan las acciones militares. Al autor le tomó dos años la investigación de los datos históricos, que comenzó en el exilio, a los 80 años

Costa, Octavio R.
«La histórica exploración de Levi Marrero a través de la sociedad» XXIII-16

Costa reconoce como la historia global de la nación cubana es reseñada por Levi Marrero en su magistral libro *Cuba: Economía y Sociedad*, teniendo como base esos dos factores. El estudio va desde los mil quinientos hasta el año de 1868 y finaliza con un apéndice que cubre el período de 1868 a 1878, titulado: «Cuba: la forja de un pueblo»

Gómez Domínguez, Luis A.
«Levi Marrero: el hombre y la obra» XXIII-22

Cuba: economía y sociedad —dice Gómez Domínguez— no sólo informa, enseña, instruye y educa, sino que «es todo eso y algo más: es iniciarse en el secreto de las cosas». Su mérito se ha reconocido internacionalmente. Afronta en definitiva la pregunta de si Cuba llegó a ser una nación y en el Epílogo, «La forja de un pueblo», da la respuesta afirmativa de modo contundente.

Yannuzzi, G. Alberto
«Las *Guías de Forasteros* cubanas» XXIII-137

Da detalles de cómo eran esas *Guías* que comenzaron a editarse en 1781; daban detalles muy precisos sobre la geografía de la Isla, sus instituciones de todo tipo, nombres de funcionarios, calendario de eventos, actividades mercantiles, detalles demográficos y otras cosas de interés

Costa, Octavio R.

«Análisis y exégesis del Manifiesto de Montecristi»   XXIV-9

El autor analiza pormenorizadamente, el Manifiesto de Montecristi que Martí redactó mientras esperaba el momento de partir para Cuba a luchar por ella con las armas. Costa señala lo que se dice en este documento y lo que se deja de decir. Deja dicho que la guerra que se inicia es el segundo intento de una revolución que busca desde hace años la soberanía de una república y que responde a la voluntad de un pueblo, sin odio ni rencores para los que se opongan a sus propósitos. Deja sentados, con precisión, los principios que han de primar en la república que se busca; lo que no se dice es que la organización de la insurrección y las bases ideológicas que han de primar en la república futura, responden a su ideología personal. Este documento, por su contenido ideológico, por las bases que deja sentadas, trasciende su momento histórico pues tiene un valor permanente como base republicana

León, René

«Hechos desconocidos sobre los estudiantes de
medicina fusilados el 27 de noviembre de 1871»   XXIV-162

Suministra datos muy precisos del hecho histórico respecto al nombre correcto de los estudiantes, el proceso de exhumación de los cadáveres 16 años más tarde y del traslado de los restos al panteón que se edificó en 1889

Gutiérrez de la Solana, Alberto

«El soñar despierto de Levi Marrero»   XXVI-19

Entre los libros que publicó, más de diez, figuran materias de historia, geografía y economía, pero su obra más monumental fue su enciclopedia de la sociedad cubana en 15 tomos, titulada *Cuba: Economía y sociedad,* «la más completa historia geográfica y social desde antes del descubrimiento hasta finalizar el siglo XIX»

Yannuzzi, Alberto
«Fulgor y tragedia. La etapa final de la invasión
de Occidente» XXVI-127
> Rememoración de una hazaña militar increíble: cuatro mil hombres mal armados cruzaron la Isla de Cuba de Oriente a Occidente, vencieron al poderoso ejército español de cuatrocientos mil hombres y alcanzaron la ansiada libertad de Cuba.

Costa, Octavio R.
«Evocación de José Antonio Saco en su bicentenario» XXVII-43
> En esta evocación del eminente economista y sociólogo que luchó toda su vida por obtener reformas para Cuba, aprovechando brotes de liberalismo en España, se muestra que cuando se convenció de que nada se obtendría, combatió la anexión a los Estados Unidos y fue uno de los fundadores de la nacionalidad cubana

Yannuzzi, G. Alberto
«José Antonio Saco: su lucha contra la anexión» XXVII-51
> Este ensayo destaca el patriotismo de José Antonio Saco, que lo llevó a la pobreza en sus últimos años, y su preocupación y lucha contra el anexionismo que podía dar lugar a que se perdiera la nacionalidad cubana y se mantuviera la esclavitud

Rexach, Rosario
«Homenaje a José A. Saco. Comentario a su *Historia
de la esclavitud*» XXVII-57
> Se estudia en este ensayo la monumental obra de Saco, que describe de manera universal y detallada, la evolución en distintas épocas y países, de ese mal que es la esclavitud. También contiene una relación de fueros, leyes, códigos y regulaciones que intentaron regularizar el sistema esclavista

León, René
«La captura del barco *Virginius* en 1873, por
los españoles» XXVII-178
> Un hecho histórico ocurrido durante la Guerra de los Diez Años. El *Virginius* era uno de los barcos que la emigración cubana había comprado para enviar a Cuba armas y conspirado-

res, pero fue alcanzado cerca de Jamaica en aguas territoriales inglesas, y eso no impidió que el Gobernador militar de Santiago de Cuba, en Consejo de Guerra, ordenara y llevara a cabo el fusilamiento de la tripulación sin mayor consecuencia

Amor y Vázquez, José
«Recuperaciones: un *Episodio nacional* de la
guerra de Cuba» XXVII-187
Ensayo sobre el paralelismo entre *Trafalgar* de Pérez Galdós y *Santiago de Cuba* de Ángel Lázaro, episodios ambos de batallas navales heroicas donde España pierde su poderío en Europa primero, y luego en América. El resumen de este relato lo reflejan las palabras del Almirante Cervera: «lo hemos perdido todo»

René León
«Cuba: De la colonia a la república» XXVIII-38
Resumen panorámico de las guerras sostenidas por los cubanos para obtener su independencia, desde el primer grito de insurrección, hasta la definitiva liberación. Destaca la voluntad irrevocable de los cubanos de ser libres, enfrentando el poderío español, que no quería perder «la joya más preciada de su corona». Los cubanos pelearon solos, sin apoyo alguno, como ha vuelto a suceder hoy

León, René
«Francisco Vicente Aguilera, el patricio olvidado» XXIX-198
Pormenorizada relación de los esfuerzos patrióticos de Vicente Aguilera por propiciar la libertad de su patria, de los contratiempos que tuvo, de cómo sacrificó fortuna y propiedades para proveer fondos para la guerra necesaria; de sus esfuerzos en Francia e Inglaterra para recabar ayuda, con resultados negativos, hasta que pobre y enfermo, al cuidado de sus hijos y esposa, murió en New York sin lograr ver su sueño realizado

Madrigal, José A y Ramos, Marco Antonio
«*Tres cuestiones sobre la isla de Cuba*: (1869) de
José García de Arboleya: una revalorización ciento
treinta años más tarde» XXX-86

Revisión de un libro escrito por un español en 1869, precisamente un año después de iniciada la guerra del 68, con una visión partidista de la realidad cubana en favor del predominio social y económico que disfrutaban los peninsulares

Yannuzzi, Alberto
«Antecedentes económicos y sociales de las guerras
independentistas cubanas del siglo XIX» XXXI-175
Estudio de los males que aquejaron a Cuba en los primeros 50 años del siglo XIX: la esclavitud, la falta de caminos y líneas férreas, el bandidaje, la violencia, el juego prohibido, etc. Enrique José Varona y el periodista José de Armas, entre otros, denunciaban que estos problemas respondían a que la mayor parte del dinero destinado a esos fines era para sostener la burocracia y el cohecho de las primeras autoridades. Todos estos males convencieron a los criollos que el único camino a seguir era la independencia

Marbán, Jorge
«Narciso López en la poesía cubana patriótica
del ochocientos» XXXII-232
La valiente participación del venezolano Narciso López, a mediados del siglo XIX, en que organizó y fue a Cuba en dos expediciones desde los Estados Unidos, cuyo fracaso le costó la muerte, fue justamente apreciada y valorada por varios poetas cubanos con poemas que fueron recogidos en *El laud del desterrrado* de New York y en el periódico clandestino de Facciolo, *La voz del pueblo cubano*

Torre, Amalia Varela de la
«El Padre Varela y la libertad» XXXIII-46
La declaración de la libertad del hombre hecha por la Revolución Francesa, provocó feroz oposición del clero, pero el Padre Varela, como profesor del Seminario, siempre se mostró partidario de las nuevas ideas y luego, como Diputado a las Cortes, presentó tres proyectos inaceptables para un régimen autoritario como el español. Entonces declaró que «Cuba debe ser tan isla en política como lo es en la naturaleza»

Bernal Labrada, Emilio
«Visión de Calixto Bernal en su bicentenario» XXXIV-104
Un análisis de la visión política de Calixto Bernal Soto, sobre el futuro para Cuba en el siglo XIX, basado en la monarquía democrática, sobre la cual escribió varios libros y tuvo ocasión de exponérsela a Martí cuando éste estuvo en España. Se basa la misma en la aceptación de la tradición monárquica, con el supuesto respaldo de la opinión pública, sistema que en América sólo existe en Canadá

Castellanos, Andrés
«Sesquicentenario de la fundación de la primera Escuela Normal de Maestros de Cuba en los Escolapios de Guanabacoa» XXXVII-58
Hace un recorrido histórico de los inicios de las Escuelas Normales en Cuba a partir de la primera, que fue fundada en Guanabacoa en 1857, señalando el papel determinante que ésta tuvo en el proceso educativo de la colonia, a pesar de su corta duración de 10 años, pues las Escuelas Pías continuaron su labor educativa hasta la república

Peñalver, Rafael
«El Instituto San Carlos: historia y restauración» XLI-8
La historia del Club San Carlos es historia de patriotismo, idealismo y cultura; un ejemplo de igualdad social y racial; niños blancos y negros asistían a sus clases bilingües y los adultos, a sus veladas y reuniones de cultura y amor patrio; tuvo además, el honor de ser la tribuna de José Martí, arquitecto de la nueva república de Cuba. Fue también símbolo de lucha por la libertad y de unión cívica

Whitmarsh Dueñas, Rosa Leonor
«El Instituto San Carlos como factor unificador del pueblo cubano» XLI-14
Se analiza históricamente la estrecha relación que siempre ha existido entre Cayo Hueso y Cuba, primero por razones económicas y geográficas relacionadas con la Industria tabacalera,

que benefició al Cayo al procurar nuevas fuentes de trabajo; luego, las conspiraciones y la guerra por la independencia mantuvieron esa estrecha conexión que la República continuó con la actividad marítima del ferry y ahora, los exiliados cubanos rescataron al Club de la completa ruina que un ciclón le había causado, recaudando el dinero necesario para reconstruirlo. Lo inauguraron cien años después que Martí lo usara como tribuna

Alba Buffill, Elio
«Eduardo Facciolo Alba, destacado iniciador de la
lucha en Cuba por la libertad» XLV-48

Se reseña con riqueza de datos históricos, la labor temprana y patriótica del primer mártir del periodismo cubano, Eduardo Facciolo, y la gran importancia de su gestión en la génesis de los principales acontecimientos de oposición al colonialismo español.Su nombre se recuerda con orgullo en el pueblo de Regla, donde nació, de padre español y madre criolla

Cuba – República (1902-1958)
Méndez, Jesús
«La Institución Hispanocubana de Cultura» XVII-107

Ficha histórica de la Institución Hispanocubana de Cultura creada en 1926. En el resto de Hispanoamérica ya habían surgido con el tiempo, instituciones similares, con la finalidad de incrementar las relaciones intelectuales entre España y sus antiguas colonias, ya como países independientes

Rovirosa, Dolores
«María Gómez Carbonell y una familia excepcional» XVIII-171

Reseña de la ilustre familia de los Carbonell cuyos miembros estuvieron vinculados al proceso independentista cubano desde la época de Martí, en la manigua redentora; posteriormente en la República, desarrollaron importantes funciones tanto de carácter intelectual como profesional que continuaron en el exilio. En el aspecto patriótico, uno de ellos, el Dr. Néstor Carbonell Cortina, siguió la tradición de la familia, y participó en la Brigada 2506

Alba-Buffill, Elio

«Francisco Ichaso y la problemática de su tiempo»　　　　XX-25

Como miembro de las primeras generaciones republicanas, Ichaso incluye en sus inquietudes intelectuales dos aspectos: el de su patria que nacía como país libre coincidiendo con los inicios de una centuria y el de la humanidad, que en tales circunstancias tendría que enfrentarse a situaciones no previstas, como los totalitarismos ideológicos y económicos. Hondamente preocupado por el destino de Cuba, comprendió que era necesario estudiar con profundidad la doctrina martiana como fuente orientadora y divulgarla en su justa significación. El ensayo sigue la obra ensayística de Ichaso, poniendo especial atención en su libro *Defensa del hombre* y en otros trabajos aparecidos en periódicos como *El Diario de la Marina* o revistas como *Bohemia*

Yannuzzi, G. Alberto

«Carlos Márquez Sterling. Parlamentarismo y constitucionalismo»　　　　XXI-47

Recordación de un hombre que desde la cátedra y el foro siempre luchó por el respeto a la ley y a la Constitución y la república martiana «con todos y por el bien de todos». Una vida ejemplar en la República y en un largo exilio

Gutiérrez de la Solana, Alberto

«Reflexiones en torno a La Habana en 1900 según Albert J. Norton»　　　　XXIV-168

Mr. Norton es un abogado de Chicago que visitó La Habana como turista, apenas iniciado el gobierno del General Wood, e impresionado por la ciudad que vio, escribió el libro *Complete Hand-Book of Havana and Cuba*, dedicado a «Cuba Libre»

Márquez Sterling, Manuel

«Carlos Márquez Sterling: una voz en el desierto (1952-1958)»　　　　XXVIII-16

El hijo menor del Dr. Carlos Márquez Sterling, explica la posición de su padre en esos críticos años de la dictadura de Batista. Justifica las bases ideológicas que sostenían su criterio de buscar una solución política y evitar la vía revolucionaria que Castro estimuló para lograr su propósito de alcanzar el poder absoluto

Alba-Buffill, Elio
«Carlos Márquez Sterling: el historiador, el maestro
y el ciudadano»   XXIX-49

Una visión panorámica de la prolífera y totalizadora obra del Dr. Márquez Sterling, que incluye historia, biografía, ensayo, crítica literaria y periodismo. Además, destaca la relevancia de su vida pública como Presidente de la Convención Constituyente de 1940, Ministro del Trabajo y de Educación y como historiador, con libros de ineludible referencia para estudiar el acontecer político cubano de aquel momento

Costa, Octavio R.
«Santovenia y su extraordinaria labor historiográfica»   XXIX-192

Con datos muy precisos se sigue la vida de Emeterio Santovenia y su dedicación a dejar una valiosísima obra historiográfica que va reflejando desde sus comienzos hechos y personalidades sobresalientes en los 56 años que duró la República de Cuba, pues ésta se inicia cuando Santovenia tenía 13 años, lo cual determinó que desde la adolescencia siguiera con interés el trascendente proceso histórico que se estaba viviendo. Empezó a colaborar con artículos en el *Diario de la Marina*, mientras estudiaba Derecho y desde entonces no dejó de escribir. Su primer libro data de 1910 y el último, de 1959, con el colapso de la república. Sale al exilio y muere en Miami, en noviembre de 1968

Guerrero, María Luisa
«Dignidad y deber: dos constantes en la vida de
Elena Mederos»   XXX-20

Perfil de Elena Mederos a través de una vida ejemplar de «dignidad y responsabilidad social». Su primer empeño fue lograr el derecho de la mujer al voto en 1940. Después, introducir el programa de «asistencia social» que se hizo realidad al crearse la Escuela de Servicio Social en la Universidad, para formar personal adecuado a esos fines. Ya en el exilio se involucró en la UNICEF primero y, por último, ante la horrible realidad de los presos políticos en Cuba, buscó darle resonancia a esa voz con «Of Human Rights»

Bosch, Rowland J.
«Carlos J. Finlay. La historia se escribe así»   XXXI-183
Ensayo sobre una injusticia histórica: el ignorar que Carlos Finlay fue el descubridor del agente trasmisor de la fiebre amarilla y no Walter Reed a quien se le atribuyó por razones políticas, ya que en aquellos momentos se contemplaba el anexionismo y no era conveniente mostrar la cultura y avance de la sociedad cubana. Finalmente, se le hizo justicia por las naciones del hemisferio, declarando el 3 de diciembre, fecha del nacimiento de Finlay, como el «Día de la Medicina Panamericana»

En el centenario de la instauración de la República de Cuba (Vol. XXXII-2003)

Carbonell Cortina, Néstor
«La república en perspectiva»   XXXII-9
Análisis muy objetivo de la república cubana antes del régimen comunista de Castro. Repasa los gobiernos republicanos, con buenos propósitos en algunos aspectos, con presiones políticas para lograr soluciones que resultaron imprudentes puesto que causaron una inestabilidad que culminó con el golpe de estado de Batista en 1952 y al cabo de 7 turbulentos años, sacó provecho la villanía de Fidel Castro

Alba-Buffill, Elio
«El ensayo en la República»   XXXII-17
Al cabo de tantos años de lucha armada por lograr la independencia, los ensayistas cubanos cumplieron cabalmente la función que les correspondía de orientar la conciencia cívica por

cauces adecuados. En este ensayo se sigue ese proceso desde Varona, Sanguily, Fernando Ortiz y otros iniciadores, hasta los que ya en pleno siglo XX continuaron en esa labor de análisis y formación ciudadana, como Mañach, Chacón y Calvo, Lizaso, Ichaso, etc.

Cuadra, Ángel
«Breve esquema de la poesía en la República»　　　　XXXII-27
En el siglo XX la poesía fue reflejando, lógicamente, los avatares de la república que se estrenó en el año 2. Tras una primera época de desorientación, un acercamiento al modernismo e intentos de renovación en grupos literarios como *Avance, Orígenes, Renuevo,* hasta que la revolución comunista corta toda forma de pensamiento libre y éste se refugia en el destierro

Hernández-Miyares, Julio
«Acercamiento a la cuentística republicana (1902-1958)» XXXII-39
Después del paréntesis de la guerra emancipadora, cobra fuerza la creación literaria. Muy prolífica fue la labor de Hernández Catá. Con más interés en la novela, pero son de mencionar: Miguel de Carrión, Loveira, Rodríguez Embil, Miguel de Marcos, Emilio Bacardí y José Antonio Ramos; en una 2ª generación: Montenegro, Labrador Ruiz, Novas Calvo, Carpentier, Lydia Cabrera y Enrique Serpa y la 3ª (1940) la preside Lezama Lima, Virgilio Piñera, Alzola, Cabrera Infante, Montes Huidobro, Severo Sarduy, Julio Matas y otros, lo que hacía prever un notable futuro

Romeu, Raquel
«La novela cubana en la República»　　　　　　　　XXXII-48
En general, el tema de la novelística cubana ha sido la realidad del momento y la preocupación social, con algunas excepciones, como es natural. Lo ejemplifica con: *Ciénaga* de Luis Felipe Rodríguez, de ambiente campesino; *Juan Criollo* de Loveira, con tema social; *Las honradas* y *Las impuras* de Miguel de Carrión, la mujer en la sociedad; y *La vida manda* de Ofelia Rodríguez Acosta, de tema feminista. Sin entrar a estudiarlo, señala a Labrador Ruiz como precursor de una nueva estilística

Sánchez-Grey Alba, Esther
«EL teatro en la Cuba republicana» XXXII-57
Con el siglo XX nace la nueva República de Cuba y en el aspecto teatral surgía la necesidad de buscar expresión propia como pueblo. Se sigue el proceso de promoción de un teatro nacional que reflejara las nuevas tendencias que ya se advertían en el teatro europeo que venía de Noruega, Inglaterra, Alemania y Francia, pues los Estados Unidos también estaban buscando su identidad, pero esa búsqueda de fisonomía propia quedó interrumpida por el colapso de la República cincuenta y seis años después

Torre, Rogelio de la
«La educación en Cuba durante la República» XXXII-68
Explica el proceso educativo a partir de 1902, en cada nivel de enseñanza. Las Constituciones de 1901 y 1940 pusieron énfasis en mejorar el nivel educativo en el que participaron tanto las escuelas públicas como las privadas, ya fueran laicas o religiosas. En el nivel primario, de 775 aulas en la colonia, llegaron a haber 30,000 aulas públicas en 1958. En el secundario, además de los Institutos, surgieron escuelas especiales de maestros, de artes y oficios, comerciales, de dibujo y pintura y últimamente, de periodismo. En el universitario, además de la bicentenaria de La Habana, ya había en la década de los 40 la Universidad Central de Las Villas y la de Oriente y más tarde se fundaron algunas privadas como la de Santo Tomás de Villanueva, la Universidad José Martí, la Masónica, la de San Juan Bautista de la Salle y la de Belén, entre otras

Yannuzzi, Alberto
«El periodismo republicano en Cuba (1902-1958)» XXXII-78
Presenta el recorrido progresivo de los periódicos que surgieron en Cuba a partir de las cuatro publicaciones mayores ya existentes: *El Nuevo País, La Discusión, La Lucha y El Diario de la Marina*. A partir de entonces, la lista de publicaciones nuevas es impresionante y con ellas las figuras que a través de la prensa escrita y la radial que comienza por los años 20 y más

tarde la televisada por los 50, desarrollan una intensa labor de orientación cultural. Basta mencionar el programa «Ante la prensa» y la «Universidad del Aire»

Muller, Francisco Javier

«La filosofía en la República de Cuba» XXXII-86

Hace un análisis histórico del pensamiento filosófico en Cuba desde los inicios de la República que, partiendo de un punto «cero» llegó en los años 50 a estar ya en funciones la Sociedad Cubana de Filosofía, hasta la escisión en ese entonces. En el exilio ésta se organizó de nuevo y surgió el Instituto J. Maritain de Filosofía de Cuba o sea, que hay un pueblo en diáspora que ya aprendió a pensar para el futuro

Vega, Aurelio de la

«Visita musical a otra Cuba» XXXII-94

Recorre desde sus inicios el proceso musical en Cuba. En el siglo XIX se hace notar «La Bella Cubana» de White y otras con melodías famosas. En el siglo XX se funda la Banda Municipal de La Habana que toca piezas de alto calibre de manera accesible a un amplio público y en la década de los 20 Gonzalo Roig funda la Orquesta Sinfónica de La Habana y en la de los 30 Amadeo Roldán crea la Orquesta Filarmónica de La Habana que, para los 50 llega a estar, con la de Buenos Aires y México entre las tres mejores de América Latina. Se funda también el Conservatorio Municipal de Música de La Habana y en la Universidad de Oriente se crea la Escuela de Música que, con la de Tucumán en Argentina, eran las dos únicas en América Latina. Por su parte, la iniciativa privada hizo importantes aportes en este campo

Díaz Ayala, Cristóbal

«Relevancia de la música popular en la República» XXXII-102

Explica que desde el siglo XVIII había surgido el «punto cubano» como expresión musical del pueblo y como éste amplió luego el repertorio al ponerle letra con versos de Martí, Guillén o Buesa. Más tarde las canciones y boleros tomaron tema de la literatura para el tono romántico y en momentos de crisis política como los de hoy en día, los versos de Martí mayormente, le ha dado voz a la canción contestataria a partir de las 3 décadas

Villalón, Célida P.
«Historia concisa del ballet en Cuba»   XXXII-113
Tras apariciones esporádicas en el siglo XIX, en el XX, con la República, se presentaron funciones de ballet en el Payret y en el Nacional y ya para 1931 se inaugura la primera escuela de ballet gracias a Pro-Arte Musical, que se había fundado en1918, y 20 años más tarde, construye el teatro Auditorium con una acústica insuperable. Para la década de los 40 ya funcionaba con éxito la escuela de Pro-Arte donde se formaron bailarines de fama internacional, entre ellos, los tres Alonso

Ramos, Marco Antonio
«Los estudios históricos en la República»   XXXII-124
Señala los estudios históricos que se han hecho desde los tiempos coloniales. Las historiografías más completas resultan ser las del siglo XX a pesar de que quizás no había suficiente perspectiva histórica para las primeras y las actuales tienen que seguir los parámetros que les indique el régimen impuesto, en lo que resulta que los autores más objetivos son los formados en los primeros cincuenta años «en ambiente burgués», como les dicen

Gómez Domínguez, Luis
«El legado jurídico de la República»   XXXII-128
Como todo ordenamiento jurídico se basa en la Constitución del Estado, en el caso de la República de Cuba, hay que atenerse a la Constitución de 1901 y la de 1940 que «ha sido considerada una de las más avanzada de América…y sus Innovaciones se estudian aún en numerosas escuelas de Derecho». Se explica luego los múltiples aspectos que en ambas hubo que atender para organizar la sociedad en cuanto a trabajo, comercio, economía, seguridad, educación, gobiernos locales, etc. en el sector interno y en el exterior, las relaciones internacionales. Todo

esto se logró a través de los gobiernos republicanos, a pesar de sus altas y sus bajas, hasta 1959 en que se destruyó todo

Quintana, Nicolás

«La arquitectura y el urbanismo en la república cubana» XXXII-135
Tomando a La Habana de prototipo, establece 3 etapas en su desarrollo: 1- el histórico, 2- el estructural y 3- la articulación con la cultura universal. Como resultado: concepción grecorromana y elaboración morisca; el urbanismo siguió las bases catalanas que habían prevalecido en Barcelona, con características propias que se llamó «el barroco cubano», con una presencia de lo europeo, pero con originalidad propia. Todo esto conduce al modernismo que implicaba usar los elementos coloniales y «reeditarlos en clave moderna»

Beato, Virgilio I.

«La medicina en la República de Cuba (1902-1959)» XXXII-149
Gracias a los aportes científicos de dos cubanos: Finlay en la fiebre amarilla y Joaquín Albarrán en urología, el factor sanitario en Cuba fue positivo en sus comienzos. Salud y Educación tuvieron prioridad desde un principio. La atención médica era gratuita o con un pago mínimo en instituciones mutualistas. Para el cuidado infantil y los enfermos de cáncer y tuberculosis, existían centros especiales, así como para la asistencia preventiva y la asistencia social. La mortalidad general no excedía de 7.5 por 1,000 habitantes. Por último se muestra con datos estadísticos de la ONU y otros organismos oficiales, la posición privilegiada que ocupaba Cuba en los índices internacionales

(Fin del Vol. XXXII–2003 sobre el centenario de la República de Cuba)

Yannuzzi, Alberto

«Cuba 1935 – La Huelga de Marzo» XXXIV-176
Una visión panorámica de la turbulenta época de los años 30 provocada por la ambición de poder de Batista y sus seguidores en su primer intento de tomar control del país. La Huelga de Marzo de 1935 logró crear un *impasse* en esa situación has-

ta 1952, en que Batista interrumpió de nuevo la vida constitucional del país y provocó la tragedia que se vive actualmente

Yannuzzi, Alberto
«Cuba 1906. La Guerrita de Agosto»   XXXVIII-118
Estudia los inicios de la República cubana. La economía estaba destrozada por la Guerra; los ingenios y campos agrícolas, mermados; los caminos, casi inexistentes; la población disminuida por la guerra, pero, aunque el nuevo presidente, Don Tomás Estrada Palma, hombre austero y patriota, dejó catorce millones de pesos en caja al terminar su período de cuatro años, la oposición no quería ahorros, sino obras públicas y propició la segunda intervención americana, con la llamada «guerrita de agosto»

Yannuzzi, Alberto
«Cuba 1925-1930. Empréstitos, obras públicas y
crisis económica»   XL-209
Este ensayo versa sobre el gobierno del quinto presidente de la República, el General Gerardo Machado y Morales, que transformó la isla, de plaza colonial en nación de primera clase, digna de ser sede en 1928, de la VI Conferencia Internacional de Estados Americanos, pero a costa de concertar altos préstamos en bancos norteamericanos que crearon grave crisis económica y afectaron el factor político, pues se intentó hacer reformas constitucionales que prolongaría el mandato del Presidente hasta 1935 y, en definitiva, se tornó en dictadura lo que había empezado como régimen democrático

Yannuzzi, Alberto
«La joven república cubana. Tercer conflicto armado»   XLII-78
Recuento histórico de los primeros años republicanos. Cuba había alcanzado gran prosperidad económica con el azúcar, pero políticamente había gran descontento por la corrupción imperante. Las elecciones de 1916 fueron cuestionadas y como resultado, dio lugar al conflicto armado conocido por «La Chambelona»

Yannuzzi, Alberto
«Cuba y la Primera Guerra Mundial a un siglo
del conflicto»   XLIV-165
>   Se presenta y documenta la posición vulnerable de Cuba en ese momento histórico en el que participa a pesar de que «tenía solamente quince años» de ser república y el Presidente Menocal había sido reelegido fraudulentamente en 1916. Se detallan las contribuciones económicas y humanitarias de orden internacional que Cuba aportó a pesar de sus problemas internos y del auge que alcanzó la producción azucarera hasta 1956, ocupando el segundo lugar a nivel mundial. Se enaltece en este estudio el hecho de que Cuba contaba con el potencial innato para convertirse en una nación desarrollada y próspera, lo cual «no se materializó debido al virón totalitario de 1959». Se cierra este trabajo con el aliciente que produce la fe de ver a Cuba nuevamente en vías de una realidad anhelada de nación libre y soberana, realidad posible que se espera «con los brazos abiertos y la sonrisa en los labios»

Cuba – Castrismo (1959-2019)

Montes Huidobro, Matías
«Círculo y fuga en la poesía de Ángel Cuadra Landrove»   VI-89
>   Analiza la creación de su mundo poético y angustia de su realidad. En el momento en que se escribe este ensayo, el poeta está en prisión, cumpliendo una larga sentencia política, por lo tanto, se siente dentro de un círculo que lo circunscribe y el único modo que encuentra de salir, es a través de la poesía porque ésta le permite establecer su propio espacio, e inclusive su propio tiempo. La poesía le permite ir a otros mundos, disfrutar otros placeres…ser hombre

Sánchez-Boudy, José
«La novela cubana del exilio: análisis a vuelo de pájaro»   VII-63
>   Estudio panorámico de como influyó el fenómeno político del exilio cubano en la creación novelística del momento. Es, indudablemente, literatura comprometida, porque se hace necesario explicarle al mundo lo que está pasando, es literatura de

denuncia de lo que está ocurriendo: que un poder extranjero está extendiendo su brazo infame en territorios de Nuestra América, con propósito expansionista, pero la voz de alerta no ha sido oída

Sánchez, Reinaldo
«Algunas consideraciones sobre las estructuras
temporales y simbólicas en *Los cruzados de la aurora*» IX-87
En *Los cruzados de la aurora*, de José Sánchez Boudy, usando una perspectiva actual, se compara la similitud de dos procesos históricos, distantes en tiempo y lugar: la sociedad de «la ciudad de Dios» de Calvino, y el totalitarismo actual, donde también se persigue al hombre por sus ideas y lo convierte en robot. En la novela, los sucesos de Ginebra y Cuba se narran simultáneamente, rompiendo la temporalidad y hay un andamiaje de símbolos para establecer las relaciones posibles entre las dos situaciones planteadas

Jiménez, Onilda
«Un nuevo fenómeno de la literatura cubana: la
novela policial» IX-93
La novela policial, de origen sajón, está vinculada a la novela burguesa, sin embargo, empezó a cultivarse en Cuba bajo el régimen comunista que necesitaba un nuevo medio de adoctrinamiento, pero, desde luego, con modificaciones: el delincuente es un enemigo del pueblo, burgués resentido; y el héroe no es el detective individual, sino un grupo, generalmente los Comités de Defensa que hay en cada lugar para espiar y delatar a sus vecinos. Lo mismo se aplica a su variante, la novela de espionaje

Gutiérrez de la Solana, Alberto
«Novelística cubana: dédalo de soledad y terror» XII-17
Este trabajo hace recuento de la actividad intelectual del desterrado cubano, al cabo de más de veinte años de padecimiento de la cruel tiranía que agobia a la patria cubana, la cual ya se había hecho notar una década atrás en una institución de tanto prestigio como la Universidad Complutense de Madrid, que re-

cogió en su revista *Anales de la Literatura Hispanoamericana*, un trabajo sobre la novela escrita fuera de Cuba. En el presente estudio se actualiza la información detalladamente, respecto a la novela, pero se hace patente que también en otros géneros, como son la poesía, el ensayo y la crítica literaria, ha quedado evidente el testimonio del aislamiento de la realidad cubana

Sánchez-Grey Alba, Esther
«El teatro cubano del exilio» XVI-121
Se enfrenta al caso de un teatro que ya había adquirido características nacionales cuando el comunismo irrumpe en la vida nacional. En el exilio se siguen las técnicas ya sabidas y, como es lógico, el tema recurrente es el desarraigo. Al evaluarlo más de veinte años después, ya se puede reconocer el impacto en tres generaciones

Marbán, Jorge
«*En mi jardín pastan los héroes*: imágenes oníricas de la marginación de una intelectualidad disidente» XX-103
Padilla se rebela contra la atmósfera de intimidación y hostilidad a través de los personajes principales de esta novela: dos intelectuales que se resisten a aceptar la imposición del gobierno sobre su manera de pensar y, por ende, de comportarse. Uno, Gregorio, ha optado por ahogar sus pensamientos en la bebida como una manera de aislarse de la realidad y resultar un enigma para sus vecinos y así, cada cual hace su propia conjetura sobre él; el otro, Julio, trabaja como traductor e intérprete y se auto define como una «inteligencia crítica», pero como no puede ejercerla, resulta un inadaptado tanto con su esposa, como para la sociedad. Eventualmente se conocen en un bar y se precipita un final en el que la muerte parece dar la solución

Lolo, Eduardo
«Otra vez el día» XXI-133
Se relata la historia de la vida del poeta Roberto Valero que nació en 1955, cuando la República estaba aún sacudiéndose de los vicios coloniales y un advenedizo de ocasión había interrumpido el camino de la democracia y, como consecuencia,

Cuba se precipitaba a los infernales predios del comunismo. La vida de Valero, por lo tanto, es la historia del pueblo cubano a partir de entonces, un pueblo que sufre, que gime, que escapa, pero que no se rinde a las armas del oprobio y sigue cultivando «amores y esperanzas» para un futuro de libertad y cubanía

Fernández Vázquez, Antonio A.
«El presidio político en la novela cubana: 1959»　　　　XXIV-109
La novela cubana que surge en 1959 refleja el drama que vive una sociedad a la que se le impuso cambiar los valores esenciales con los que había vivido para convertirla en una simple pieza de un engranaje totalitario como el comunismo, que no sólo no admite críticas, sino que demanda aplausos y elogios y el libre albedrío queda enfrentado a la «rehabilitación» de un régimen absolutista y cruel para imponer la esclavitud de los intelectuales, como fue patente en el suceso histórico conocido como el «caso Padilla»

Hiriart, Rosario
«Entremundos de Hilda Perera»　　　　XXVI-102
Estudio del mundo literario de Hilda Perera, sus entremundos, su interpretación del sentir femenino, de conflictos psíquicos que llevan a la locura o al suicidio a sus entes de ficción; de despedidas. En su reciente obra *Encuentros y despedidas*, serie de relatos cortos, continúa esa perspectiva de la vida, siempre llena de vicisitudes y de sufrimientos

Aldaya, Alicia G.R.
«La intra-historia en la narrativa *pereriana*»　　　　XXVI-112
La narrativa de Hilda Perera tiene una doble vertiente: lo individual y lo colectivo y refleja un momento histórico que lo ilumina y sitúa: es como un testimonio de la conmoción que se sufrió en Cuba durante el Castrismo y un largo exilio. La añoranza de tradiciones y costumbres en un medio ambiente diferente, es como un doble destierro

Fernández Vázquez, Antonio
«Historia y ficción en *Kike* de Hilda Perera»　　　　XXVIII-72

Esta novela está basada en el episodio de la «Operación Peter Pan» para salvar a los niños de ser enviados a Rusia para adoctrinarlos en el comunismo. En ella se pone de manifiesto el sentimiento de orfandad que padecieron esos niños para alcanzar en definitiva el de la libertad en su edad adulta

Martínez Castro, Sara
«La poesía patriótica de Luis Mario» XXX-45
Luis Mario, reconocido como el Poeta Nacional de Cuba en el Exilio, eleva en sus versos la voz del destierro, aferrada a la bandera que lleva a Cuba en sus colores: «sangre, nube y mar», pero con hondo pesar reconoce que «Martí no está en la página que llora, / pero hay llanto en su rosa blanca…»

Cuadra, Ángel
«La creación literaria en el presidio político cubano» XXX-141
El presidio político cubano es (todavía existe) uno, o quizás el más cruel en la historia de Hispanoamérica, si se tiene en cuenta los maltratos físicos, morales y psicológicos, las largas condenas, las infrahumanas condiciones carcelarias, etc. pero sobreponiéndose a todo esto, lo mejor del espíritu del ser humano ha logrado superar el horror y buscar la liberación en el arte, ya sea la pintura, la música, las canciones o la literatura. En ésta con mayor preferencia, quizás porque las otras se apoyan en otros medios de expresión: la forma, el color, el sonido, pero en la poesía es sólo el poder de la palabra para lograr que llegue hondo en voz bella y profunda, o sea, que haya «sentimiento» con «arte»

Saumell, Rafael E.,
«*El ángel agotado* y los demonios de la ira» XXX-153
Reseña el caso de Elena Cruz Varela, como representativa de la primera generación de intelectuales cubanos que exponen su repudio al sistema político en el que se criaron, o sea, en la década de los 80, veinte años después que los castristas bajaron de la Sierra. Son ellos prueba evidente de la gran mentira en que los educaban

Suarée, Octavio de la
«Cuarenta años de poesía cubana en Nueva York:
una revaluación» XXX-162
> Se plantea la cuestión de si existe una literatura cubana fuera de Cuba, para llegar a la respuesta afirmativa puesto que los intelectuales que vinieron en los años 60 y sus descendientes, y los que siguen llegando, comparten una etnicidad que queda reflejada en sus obras

Álzaga, Florinda
«La Colección de la Herencia Cubana, The Cuban
Heritage Collection, de la Universidad de Miami» XXXI-100
> Como antecedente histórico, hay que apuntar que la bicentenaria Universidad de La Habana mantuvo una estrecha relación con la Universidad de Miami desde su fundación en 1926. Cuando se produce el exilio en 1961, la Universidad de Miami abrió programas especiales para facilitarles a los profesionales cubanos su ubicación en el nuevo país. Asimismo, le dio acogida, entre 1962 y 1965, a varias bibliotecarias cubanas que, conscientes del momento histórico que vivían, decidieron salvar el pasado y el presente y recogieron cuanta publicación, grande o pequeña hubo. 36 años después surge la Colección de la Herencia Cubana, como un Departamento autónomo, compuesto de dos partes: la Colección Cubana, con libros y publicaciones periódicas y los Archivos Cubanos, que guardan manuscritos y papeles personales o referentes a corporaciones, instituciones, etc. El valor de este Departamento de la Otto Richter Library es fundamental para la historia de la patria cubana en el futuro

Fernández-Vázquez, Antonio A.
«La novela documental y *Plantado* de Hilda Perera» XXXIII-174
> Se estudia la definición de documento y su aplicación a la novela *Plantado* de Hilda Perera que narra la vida de los presos políticos del régimen comunista de Castro, que sufren palizas, tortura, bayonetazos, confinamiento y prohibición de visitas

familiares para obligarlos a aceptar su ideología y ellos se «plantan» negándose a usar el uniforme de los presos comunes

Ibaceta, Herminia D.
«Josefina Leyva y Operación Pedro Pan» XXXIII-183
Estudio de la novela documental *Operación Pedro Pan* escrita por Josefina Leyva que narra un hecho tristísimo y conmovedor de la historia del exilio cubano, el éxodo de más de 14,000 niños de diferentes razas, edades y credos, enviados por sus padres ante el temor de perder la Patria Potestad. Esta operación fue dura para padres e hijos, aunque en muchos casos se pudieron reunir, pero fue positiva porque muchos niños se graduaron como profesionales y otros orientaron sus vidas según sus vocaciones, es decir que, con sus logros, hicieron evidente el acierto de ese programa

Gariano, Carmelo
«La narrativa espectral de Montes-Huidobro» XXXIII-190
Estudio de cuatro novelas de Montes Huidobro, con un cierto tono espectral y con un hondo pesimismo. Las cuatro novelas se enlazan: *Esa fuente de dolor* (dictadura de Batista); *Segar a los muertos* (entrada de Fidel); *Desterrados al Fuego* (exilio) y *Concierto para sordos* (el momento actual, un mundo de esqueletos andantes que esperan la liberación en la muerte). Lo espectral intensifica la realidad

Alba Buffill, Elio
«El Círculo de Cultura Panamericano: cuarenta años
de lucha por la libertad de pensar» XXXIV-9
Valoración de las actividades desarrolladas por el CCP al cabo de cuarenta años de su fundación, en 1963. Aunque creado por intelectuales cubanos al iniciar su exilio, estuvo inspirado desde el principio por un sentido panamericano que se ha mostrado en el contenido de sus revistas y en los concursos que convocó sobre cuento, poesía, novela y teatro. (El Círculo de Cultura Panamericano tuvo en definitiva 56 años de vida, de los cuales, por 42, el Dr. Elio Alba Buffill fue su Secretario Ejecutivo)

Ibaceta, Herminia
«*La voz inevitable* de Ángel Cuadra: un testimonio
histórico»   XXXIV-153
   Pone en evidencia que el poemario de Ángel Cuadra *La voz inevitable*, es en verdad un pasionario de la tragedia inmensa que Cuba está viviendo ante la indiferencia del mundo, porque ese libro recoge el eco de ese horror en alguien que lo ha vivido en toda su dimensión, desde el enfrentamiento inicial hasta el exilio, pasando por el presidio, el posterior regreso a su ciudad en sufriente agonía y, por último, el destierro. Sin embargo, el libro es «la voz que denuncia el odio clamando por el amor»

Jiménez, Luis A.
«Sujeto, nación, posmodernidad: *Los balseros
de la libertad* de Josefina Leyva»   XXXV-122
   Analiza esta novela de Josefina Leyva en su carácter o identificación literaria como testimonio, basándose en el criterio de que «toda obra creativa refleja un estado ideológico y político no exento del rescate crítico». No obstante, aunque esto es cierto, la historia de esta novela se basa en una realidad política comprobada fehacientemente por hechos contemporáneos y Leyva ha acudido a un personaje real, Benedicto Paz, para que eche a andar la trama novelesca

Soto-Fernández, Liliana
«La religión en *La Nada cotidiana* de Zoé Valdés»   XXXV-132
   Es una interpretación de *La nada cotidiana* como una metáfora religiosa de la triste realidad cubana. Basada en esto, la trilogía cristiana queda identificada en la novela de esta manera: «la Cuba de hoy representa el infierno; la Cuba de ayer, el paraíso y cualquier tipo de existencia fuera de la Isla, ya sea ésta, física o mental, el purgatorio» y los nombres son referencias a esa circunstancia. «Nada», que significa carencia de todo, es la realidad en que se vive, ni pan, ni libertad para buscarlo.

Alba Buffill, Elio

«Levi Marrero y su mensaje de fe en el
futuro de Cuba» XXXVI-94

Esta magistral obra de Levi Marrero, *Cuba: Economía y sociedad*, en 15 volúmenes fue resultado de lo que él consideraba su «propósito invariable». En ella profundiza en el análisis de ciertos hechos históricos para encontrar motivaciones que pudieran haber influido en el resultado final. En este ensayo se estudia detenidamente su conferencia «Raíces del Milagro cubano» que pronunció en Miami, en el Museo Cubano de Arte y Cultura, en 1984, en la que resumió en cuatro los *milagro*s habidos en nuestra historia: dos en la colonia, que llegó a ser la más productiva del imperio español; la República que en pocos años mostró una rápida evolución gracias al progreso intelectual y económico que iba mostrando y, por último, el del exilio, en Miami, en especial, por ser el lugar de mayor asentamiento, en donde se ha levantado económica y culturalmente, a pesar de haber llegado con las maletas vacías

Corzo, Pedro
«Memoria: derechos y deberes» XXXVII-36

Explica la razón de ser del Instituto de la Memoria Histórica Cubana contra el Totalitarismo, fundada en 1999, cuando todavía está vigente la tiranía que la provoca. Es necesario que haya testigos vivientes de la tragedia para poder recoger «vivencias» porque en la verdad colectiva es donde puede encontrarse la «certeza». Es un análisis muy objetivo porque termina por apuntar las razones de los que se oponen a este indagar en el presente, pero hay que recordar que «Sólo la verdad nos pondrá la toga viril»

Cuadra, Ángel
«Significación del Instituto de la Memoria Histórica
en la Cuba del futuro» XXXVII-44

Justifica la presencia de la Memoria Histórica Cubana cuando aún es actual la dictadura puesto que ésta desde el principio hizo énfasis en «adulterar la historia vivida», o sea, en «eliminar oficialmente el pasado» para consolidar un falso mito como verdadero. Eso sería aniquilar la nación cubana al despojarla de «una vida en común, con tradiciones, objetivos en conjunto» o sea, despojarla de historia. Por lo tanto, el rescate de la historia es, básicamente, «el rescate de la nación cubana»

Paz, Luis de la
«*Luces y sombras de Cuba*: clara visión sobre
la Isla y su destino» XXXVII-149
El título de este ensayo sintetiza en pocas palabras el valor de este libro del Dr. Carbonell Cortina en el que se recopilan sus ensayos y conferencias sobre la gran crisis cubana que ha alcanzado ya medio siglo. A través de ellos se analiza, en cuatro grandes capítulos, etapas de nuestra vida nacional: «La República en perspectiva» de 1902 a 1959; «La revolución comunista»; «El exilio» su vigencia y circunstancias y como colofón, «La añorada libertad», que analiza el presente dentro y fuera de la Isla, fijando para el futuro la nueva República «innovadora en sus enfoques, progresista en su dirección, pero afincada en sus tradiciones»

Fernández, Jesse
«De exilios y otras victorias: el legado intelectual de
Rosario Rexach y de Humberto Piñera Llera» XXXVIII-9
Este ensayo trata de la pena más grande que se puede sufrir: abandonar la patria cuando no se puede regresar. Toma como ejemplo dos distinguidas figuras de la intelectualidad cubana, ambos profesores y ensayistas que han tratado este asunto. Rosario Rexach, en ocasión de la muerte de Jorge Mañach, apuntó que «en este exilio estaba comprometida el alma» y Humberto Piñera en ensayos, entre ellos «¿Por qué se exilia el cubano?», se muestra un poco pesimista porque se debe, dice, «a una total subversión de los valores de una sociedad»

Álvarez Bravo, Armando
«Presencia, misión y continuidad del PEN Club de
Escritores Cubanos en el Exilio» XXXVIII-30
Este ensayo sobre las actividades e historia del PEN Club de Escritores Cubanos en el Exilio subraya sus orígenes en Cuba

en la década de los 40 y en el exilio en el año 1997 con el propósito de defender la libertad de expresión totalmente reprimida por el régimen comunista de Castro y enfrentarse a la «destrucción sistemática de la identidad cubana»

Larcada, Luis Ignacio
«Las relaciones internacionales del PEN Club de
Escritores Cubanos en el Exilio» XXXVIII-36

Este ensayo hace énfasis en la presencia del PEN Club de Escritores Cubanos en el Exilio, en el foro internacional, desde que el poeta y exprisionero político Ángel Cuadra se presentó en Edimburgo, en 1997, y obtuvo la representación legítima del escritor cubano expatriado. Desde entonces, este PEN ha llevado la voz del oprimido pueblo cubano al mundo, denunciando que «la represión en Cuba no ha disminuido, sino que, por el contrario, ha aumentado» y se mantiene cumpliendo el propósito de mantener abiertas las vías de comunicación con el mundo. A pesar de muchas dificultades, el PEN Club de Escritores Cubanos en el Exilio tiene gran actividad y es internacionalmente reconocido

Bustamante, Alberto S.
«Orígenes *de Herencia Cultural Cubana*» XXXIX-25

Se detalla pormenorizadamente, como se hizo realidad una institución en el exterior que se ocupara de preservar la riqueza cultural cubana que fue atropellada y devastada por el régimen comunista que asoló la República en 1959. Se explica como la idea se fue perfilando, hasta hacerse efectiva con la fundación en 1995, de la revista *Herenc*ia que tenía el propósito de preservar para las generaciones futuras (los que nacieran fuera de Cuba, o en ella) el sentido de cubanía y orgullo en nuestra historia, para que sea ese sentimiento la base de la Cuba del futuro

Cabarrocas, David J.
«¿Por qué Herencia?» XXXIX-30

En este trabajo se explica la razón espiritual que motivó que se fundara Herencia Cultural Cubana. Los que salieron de Cuba no eran emigrantes, sino un pueblo al que se le despojaba de su territorio natal, pero «lo más valioso que no pudieron quitarles fueron sus valores y educación». Con esas fuerzas se consolidó el destierro en un pueblo unido que se siente comprometido a reconstruir la Cuba del futuro a pesar del transcurso generacional

Whitmarsh, Rosa Leonor
«Importancia de la revista *Herencia* en el
patrimonio cubano» XXXIX-33
Señala fehacientemente, la importancia que tiene para el devenir de la historia, el dejar en forma escrita el acontecer pasado. Bajo esta premisa, la *Revista Herencia* en su papel de «brazo armado de la organización Herencia Cultural Cubana» es obra de consulta y cumple la función de reafirmar la identidad cubana, esencial para que las generaciones futuras consten que «Cuba, la pequeña isla caribeña, fue obra de nación grande en tiempo mínimo», desde 1902 hasta 1952

Gutiérrez, Mariela A.
«La poética de Ángel Cuadra: senderos de
pasión patria» XXXIX-141
Se recoge la voz serena, sin rencores, de un hombre que desde muy joven se enfrentó a quienes interrumpieron el ritmo constitucional de la república, dando lugar a que se apoderara de Cuba la sangrienta tiranía comunista que todavía hoy la sojuzga. La voz poética de Cuadra se hace testimonial de la tragedia cubana. En este ensayo se hace presente en su antología *De los resúmenes y el tiempo*, en la que se enfrenta, sin reproche ni amargura, a su pasado de entrega absoluta a la patria

Soto Fernández, Liliana
«La vicisitud de la mujer cubana en el
período especial» XXXIX-154
Se refiere a una situación crítica que enfrentó el castrismo después de treinta años de férrea dictadura, cuando la URSS le retiró la ayuda económica. El problema queda reflejado en su verdadera dimensión en dos novelas testimoniales: *La nada*

cotidiana de Zoé Valdés y *El hombre, la hembra y el hambre* de Daína Chaviano

Romero, Héctor R.
«El hambre como móvil narrativo en *El hombre, la hembra y el hambre* de Daína Chaviano»   XXXIX-162

Después de dar los antecedentes históricos que dieron lugar a esta novela y a otras que pertenecen al llamado grupo de «La Habana oculta» por la coincidencia temática, analiza la estructura de la misma, que admite en su complejidad varias técnicas narrativas. La novela termina después del episodio del «Maleconazo» que en definitiva lo produjo (se concluye) que en el trasfondo lo más agudizante que sentía el pueblo era el hambre de libertad

Cobelo, Armando F.
«La Editorial Cubana Luis J. Botifoll. Su aporte al exilio: presente, pasado y futuro»   XL-13

Se presenta, al cabo de veintiséis años de fundada, la razón de ser de la Editorial Cubana que tuvo por objetivo, desde el principio —y así lo ha seguido— «mantener los valores fundamentales de nuestra cultura, a través de la historia impresa». Se explica aquí el proceso de su fundación y el firme propósito que les inspira a mantener esos principios

Sánchez-Grey Alba, Esther
«La enhiesta voz literaria del presidio político cubano en medio siglo de tiranía»   XL-134

Ofrece un panorama crítico, desde el ámbito político hasta el literario, de distintas voces que han manifestado de forma abierta el rechazo a cualquier forma de supresión de la libertad, ya sea desde la cárcel hasta en el exilio. Y es que el arte se convierte en un medio de escape ante la cruel realidad del presidio, porque la dignidad humana no se rinde; el espíritu supera los quebrantos de la materia

Lolo, Eduardo
«Mariel: los poetas de la pesadilla»   XL-143

Empieza por analizar lo que puede determinar que dentro de cualquier grupo social se puedan reconocer ciertos parámetros que se identifiquen como una «generación». La generación del Mariel comparte «la incertidumbre de un mañana siempre huidizo» y el miedo a expresarse sin tener por sanción la cárcel o la muerte. Luego examina la obra poética de algunos de ellos, quienes comparten aproximaciones estéticas y temáticas, como es un sentido cotidiano de la muerte

Jiménez, Luis
«Entre la cárcel y el exilio en la poesía de Ángel Cuadra»   XLI-28
Ensayo sobre la «poesía subterránea» que ha surgido en las cárceles castristas donde la oscuridad, torturas y muerte son constantes del diario «vivir». Basando este estudio en el poemario *La voz inevitable* (1994) de Ángel Cuadra que contiene poemas escritos en sus quince años de prisión y luego en el exilio, los examina en sus raíces y simbología, señalando el dolor existencial del desarraigo y pérdida de nuestra identidad

Whitmarsh, Rosa Leonor
«Enrique Emilio Ros y Pérez: pasión por Cuba y
por su historia»   XLII-61
En esta ponencia de clausura del XXXIII Congreso Cultural de Verano, se destacan aspectos de la vida cultural de Ros y se subraya el interés que siempre demostró por su país. Narra, primero, sus actividades en la Isla; acto seguido, informa de su autoría en diferentes trabajos sobre próceres, y hechos de la independencia cubana. Pero, tal y como apunta Whitmarsh, aquí no termina la labor historiográfica de Ros; se involucra en hechos históricos cubanos más recientes, además de dedicar un notable estudio a la presencia e influencia del exilio cubano en los Estados Unidos

Ibaceta, Herminia
«*Nueve años – cinco días*: un testimonio histórico
de Máximo Marrero»   XLIII-126
Ensayo sobre este libro de Máximo Marrero, preso político de las cárceles castristas que lo escribió con el propósito de que

fuera un testimonio del horror y falta de piedad de las cárceles comunistas. En ellas había «campesinos, obreros, profesores universitarios, comerciantes, militares, actores, poetas, políticos, etc.». Las cárceles tenían su propio horror; la Cabaña fue «la más triste» porque allí tienen lugar los fusilamientos todas las noches y el ruido de los disparos y el grito «Viva Cristo Rey» resonaba constantemente. Este libro es un testimonio del horror del presidio político en Cuba y de cómo el espíritu humano triunfa sobre la miseria moral

Cuadra, Ángel

«Trascendencia de la literatura cubana en el exilio»　　　　XLIV-92

Se profundiza en el importante papel que la literatura cubana ha sostenido en el exilio y que dio lugar a la creación del «Encuentro con el Libro Cubano Exiliado», el cual fue establecido con la misión de que se mantuviera y diseminara la fecundidad literaria que se continuaba produciendo y editando fuera de la Isla, la cual difiere de la producción literaria que surgiría bajo el régimen dictatorial. Se detalla, a manera de recopilación de archivo, las obras que constituyen el patrimonio literario del exilio cubano, con la intención de que no desaparezcan en el olvido, no solamente desde una perspectiva literaria, sino que perdure en el recuerdo de los lectores, incluso a pesar de la distancia histórica, puesto que el que escribe «es testigo del tiempo y el lugar en que le tocó vivir; tiene así un compromiso con la vida y con la historia en ciertos momentos significativos» y el exilio cubano, por lo tanto, así lo amerita

Mayor Marsán, Maricel

«El drama del exilio como epicentro de la historia del siglo XX en la novela *Otra vez adiós* de Carlos Alberto Montaner»　　　　XLIV-102

Se analiza la cuarta novela escrita por Carlos Alberto Montaner en la que se reafirma la condición del exilio contextualizado dentro de un sistema hermético que impide el avance personal, intelectual y artístico de los personajes que se ubican en una realidad incambiable. La sinopsis y análisis en ese trabajo ayuda a comprender mejor la trama de la novela que se dibuja a través del lente del drama histórico, a pesar de que pertenece al género de la narrativa. Aunque el argumento y contenido del exilio ha sido ampliamente incorporado en la novelística de autores cubanos, se pondera en este trabajo que esta novela específica de Montaner, *Otra vez adiós*, «destaca por su originalidad temática y por la riqueza y elegancia del lenguaje utilizado»

España

Pollin Alicia M.
«México y Cuba en los escritos polémicos de Adolfo
Llanos y Alcaraz» VI-81
Recoge los trabajos de este periodista español aparecidos algunos en México y otros en España que motivaban su resentimiento ante la realidad de que tanto Cuba como México rompían sus lazos con España y que provocaron numerosas polémicas. Su libro *No vengáis a América (dedicado a los pueblos europeos)*, publicado en México primero, y posteriormente en Santander, fue tan cuestionado periodísticamente, que dio lugar a que se le expulsara de México

Marbán, Jorge A.
«El *Morsamor* de Valera: sublimación del desengaño» X-69
A través de las cartas y artículos de Juan Valera, se trata de buscar una interpretación del sentir del autor al perder España a Cuba, su último bastión colonial. Esta novela, que salió en ese momento, refleja, ya en el prólogo, las tribulaciones del novelista. Después de una prolija consideración sobre la motivación que le hizo escribirla, se llega a la conclusión que en definitiva logró alcanzar una aceptación tanto personal como histórica

Lasaga, José Ignacio
«Las primeras huellas de nuestra lengua» (Apuntes
de un testigo que no estuvo presente) XVII-133

Ensayo sobre el idioma español. España se debate entre las rivalidades de los diferentes reinos, el dominio de los sarracenos, la feroz persecución a los cristianos y la Reconquista. El latín sólo se conserva en las iglesias, el pueblo habla en «roman paladino». En los conventos los monjes trabajan en «glosas» aclaratorias de los textos en latín y lo hacen en el «roman paladino» del pueblo, que se convertiría en una de las tres lenguas más importantes del mundo

Rexach, Rosario
«La hazaña de Colón y su sentido para el
mundo hispánico» XXII-9

Enjuicia la trascendencia del descubrimiento de América a la distancia de cinco siglos teniendo en cuenta la perspectiva miope de cuando ocurrió. Este hecho histórico convirtió «la historia fragmentada de la Humanidad en universal» y al Hombre, como el hombre nuevo, esencial y universal que en la antigüedad buscaban los filósofos. El Descubrimiento, dice la Dra. Rexach, «fue no sólo una hazaña geográfica, sino histórica y cultural, además de política» y su aporte literario es inapreciable, así como las ideas de libertad y derechos del hombre, desde que nace

Aguirre, Horacio
«Importancia universal e histórica del Descubrimiento
de América» XXII-17

Meditaciones sobre el impacto y trascendencia del encuentro de dos culturas y dos mundos aquel 12 de octubre de 1492. Representó la incorporación de un mundo nuevo que cambió la historia. España trajo religión, idioma y costumbres; América aportó arte, raza y riquezas y esta nueva entidad ha hecho valiosísimos aportes a la Humanidad

Lasaga, José Ignacio
«1492: inicio de la etapa 'ecuménica' de la
historia humana» XXII-21

Se presenta el ambiente europeo en tiempos de Colón, con innovaciones en los barcos y los viajes de Marco Polo, que se prometía nuevas rutas y mercados. Luego analiza el misterio del origen de Colón y sus posibles causas y finalmente, estudia el choque violento que implicó el encuentro de dos civilizaciones, sus «luces y sombras» en ambas y la concurrencia de tres razas que, con el tiempo, se fueron integrando en un territorio común

Gutiérrez de la Solana, Alberto
«1834: Consideraciones del Coronel Flinter sobre
España y sus colonias»　　　　　　　　　　　　XXII-79
Hace un repaso de las observaciones hechas por el Coronel Flinter, inglés de nacimiento, pero con una posición militar en Puerto Rico, aconsejándole a la Metrópoli española que aceptase la realidad histórica de que había perdido el dominio en Suramérica y México y era hora ya de que aceptase el derecho de Cuba y Puerto Rico a ser independientes.

Suárez, José I.
«La sátira de la nobleza española durante el siglo XVI»　　XXX-194
Estudia el proceso social del siglo XVI en que el afán de prestigio social se extendió a todos los niveles. Se basaba en la «pureza de sangre» entendiéndose por tal en que no estuviera «contaminada» por sangre musulmana ni judía. De ahí surgió que se compraran títulos de nobleza y de hidalguía

Carrasco, Soledad
«La España del siglo XX en la obra de
Zenaida-Gutiérrez-Vega»　　　　　　　　　　　　XXXVII-69
Resalta la trascendencia de la labor que se impuso la Dra. Gutiérrez-Vega, de darle luz a hechos históricos de España en el siglo XX, a través de sus investigaciones. Este ensayo se centra en dos libros esenciales. El primero es una entrevista a Carmen Conde, la primera mujer admitida a la Academia de la Lengua Española, que incluye, además, una colaboración de la misma y un análisis de la entrevistadora sobre la poesía de la Conde. El segundo es una reivindicación de la figura de una intelectual española que fue defensora de los derechos humanos en la España de la post guerra, Victoria Kent

Bralove Ramírez, Alicia
«La concesión del voto femenino en la España de
1931 en *Victoria Kent, una vida al servicio del
humanismo liberal* de Zenaida Gutiérrez-Vega» XXXVII-81

  Este ensayo se basa en las aportaciones del libro sobre Victoria Kent de la Dra. Gutiérrez Vega, en cuanto a la cuestión específica del derecho a votar de la mujer española en las primeras elecciones de la república española. En dicha obra se analizan las razones posibles que pudiera haber tenido la Kent, para oponerse, que quedan aquí reseñadas

Álvarez, Nicolás Emilio
«Querellas y rescoldos imperiales: la conquista
de América» XLII-25

El trabajo relata aspectos históricos sobre la conquista de América. En realidad, el mismo se concentra en México y, para tal fin, analiza el discurso que subyace en las *Cartas de Relación* de Hernán Cortés contrapuesto a los textos de Bernal Díaz del Castillo y de Bartolomé de las Casas. Hay un intento de reescribir la historia, aunque el autor reconoce que los dos últimos textos no favorecen la imagen que Cortés proyecta de sí mismo; de hecho, es la perspectiva del ensayo desmitificar la postura heroica del conquistador y cambiarla por una más mundana y prepotente. La conclusión es algo pesimista ya que la figura de Cortés no se honra, tal y como hubiese esperado el conquistador, ni en España ni en Hispanoamérica

Estados Unidos
Yannuzzi G. Alberto
«Presencia hispana en la historia estadounidense
según Frank de Varona y otros autores» XXX-91

Comentarios sobre el libro *Hispanic Presence in the USA* que contiene una compilación de diez ensayos con valiosa información sobre este tema. Se recogen recuento de distintos hechos históricos, muchos de ellos de índole militar, en que participaron españoles o cubanos, en conflictos bélicos contra los ingleses o los franceses, cuando las fuerzas de Washington estaban buscando su independencia

Hispanoamérica
Martí de Cid, Dolores
«Trascendencia de Hispanoamérica» XIII-11
Un razonado estudio que se enfrenta al impacto que surgió en el mundo conocido de finales del siglo XV el descubrimiento, allende del mar, de otras tierras, pobladas por seres de otra raza, con una geografía sorprendentemente nueva. «América se convierte en la región sorprendente, codiciada y desconocida» o sea, en una tierra «nueva, joven, inexperta, tropical y salvaje» y esto hace que la imaginación vuele libremente y surjan las más ilusorias leyendas. El ensayo va analizando cada una de esas caracterizaciones para refutarlas con fundamento y demostrar que, por el contrario, América era antigua, vieja y había logrado técnicas avanzadísimas. Además, en ella se dan todos los climas y sus núcleos culturales habían alcanzado un alto nivel tanto en las artes como en la ciencia

Gutiérrez de la Solana, Alberto
«Héroes y antihéroes en la literatura y la historia
hispanoamericanas» XXIII-144
Razonado ensayo de la historia política de Hispanoamérica después de adquirir su soberanía gracias a sus grandes héroes: Bolívar, San Martín y Martí. Relaciona después lo que llama los antihéroes que, embarcados en la mentira, han traído sólo dolor y opresión a estos pueblos

Alvarado, Adalberto
«La conferencia de Guayaquil» XXIV-180
Se presenta someramente las biografías de San Martín y Bolívar, pero como la conferencia fue a puertas cerradas, sin ningún testigo presente, lo que se ha podido saber sobre lo tratado está basado en las memorias de uno de los Lugartenientes de San Martín, el General Guillermo Miller. Según éstas, el propósito de San Martín era conseguir «auxilio para la guerra en

Perú» lo que incluía un pacto militar que favorecía la hegemonía argentina y al comprobar que no coincidían en sus ideas para las nuevas naciones, decidió retirarse

LABRADOR RUIZ, ENRIQUE
Labrador Ruiz, Enrique
«Medio mundo en busca del otro» X-7
Es un iluminador viaje por toda nuestra América, hija reconocida de la madre España que nos legó lo más maravilloso que pudo darnos: la lengua. Es ella la que ha unido historia, sueños, propósitos y demás en nuestro continente. Labrador Ruiz nos lleva de la mano entre poetas, novelistas, cuentistas o historiadores y ensayistas que a través del tiempo se han volcado en una literatura muy nuestra que refleja el sentir de nuestra vida a través de la historia

Martí de Cid, Dolores
«El mundo fragmentado, gaseiforme y solidificado
de Labrador Ruiz» XIV-41
Análisis de la obra literaria de Labrador Ruiz a quien señala como descubridor, precursor e innovador de la novela hispanoamericana. Las agrupa en novelas gaseiformes (*Anteo, El laberinto de sí mismo y Cresival*) en las que intencionadamente se aparta de un marco prefijado; novela fragmentada, como *La sangre hambrienta*, que tiene un relato preliminar y siete narraciones de varios niveles, entrelazados de alguna forma, y sus colecciones *Carne de quimera, Trailer de sueños y El gallo en el espejo*. La Dra. Martí fue parte del tribunal que le otorgó a Labrador el Premio Nacional de Literatura de 1950 por *La sangre hambrienta*.

Piñera Llera, Humberto
«Enrique Labrador Ruiz: patriarca de las
letras cubanas» XIV-57
Palabras de presentación de *El laberinto de sí mismo*, dándole la significación de ser un hito no sólo en las letras cubanas, sino en las hispánicas. Lo considera un creador que nos enseñó

una nueva forma de narrar, de contar una historia a través de múltiples laberintos de la realidad, creando una neblina que la distorsiona y envuelve. Sus novelas gaseiformes buscan «la irrealidad de la realidad» y su creador es un patriarca de las letras contemporáneas porque nos mostró un nuevo rumbo

Álvarez Bravo, Armando
«Asedios a Labrador Ruiz»   XIX-47
Se estudia al gran novelista Enrique Labrador Ruiz y dos de sus obras, *Anteo* y *Cresival*, ya que éstas definen su estilo basado en la realidad y no en temas eternos». Su obra lo muestra cubano y universal, «ha vivido mucho, con los pies en la tierra y en la historia»; nos dice que su secreto es «que la vida vale la pena» y que hay que «saber qué se quiere decir en cada momento»

Anhalt, Nedda G. de
«Coloquio en la 'sauesera' con Enrique Labrador
Ruiz, el 'grimpolero' literario»   XIX-53
Se incluye una entrevista con Labrador Ruiz que muestra su inolvidable personalidad. Enrique Labrador Ruiz novelista, periodista y viajero incansable, ha creado un nuevo estilo de novela, la «gaseiforme», donde el texto permanece abierto y necesita del lector para completarlo. Es pionero del boom que vino muchos años después. En estos textos neobarrocos, Elio Alba Buffill señala «la evasión y la distorsión de la existencia a través de las abstracciones» en un proceso de «enmascaramiento, encubrimiento, ocultamiento suavizado con ironía»

Alba-Buffill, Elio
«Significación de Labrador Ruiz en las letras de
Hispanoamérica»   XXII-29
Es un estudio omnicomprensivo de la obra de Enrique Labrador Ruiz, quien abandona las corrientes realista y naturalista y aborda la angustia y soledad del hombre en el siglo XX. Señala las influencias de la literatura universal como el existencialismo europeo, el simbolismo francés y la corriente de conciencia

de Faulkner y se analizan las tres vertientes de su obra: novela, cuento y ensayo

Herrera, Roberto
«Innovación, técnica y originalidad de estilo en un
cuento de Enrique Labrador Ruiz» XXIII-132
    Análisis estructural del famoso cuento de Labrador Ruiz *Conejito Ulán*, que es un hito en la producción literaria de Labrador. Se analizan los recursos usados por el autor para llevar al lector a través de una amable historia campesina que de repente se torna una neblinosa realidad. Dos aspectos esenciales se destacan: la presentación del ambiente a través de las descripciones y del habla rural no sólo en el uso de ciertos términos, sino en la fonética y, por otra parte, la ruptura del tiempo para lograr «un ambiente de misterio y fantasía que rodea a la protagonista y que se hace parte de la trama»

Montes Huidobro, Matías
«El cubismo expresionista de una alucinación
lírica: el caso de *El laberinto de sí mismo*
de Enrique Labrador Ruiz» XXXII-210
    Analiza esta novela de Labrador Ruiz como una introspección del autor, partiendo del concepto básico de que «es un largo soliloquio que refleja su estética del subconsciente» y para lograrlo, Labrador se distancia del argumento colocándose en la perspectiva de los tres lápices con los que escribe, a los que responsabiliza del resultado, después de haber depurado la esquematización primaria del autor

LITERATURA CUBANA
Hiriart, Rosario
«La experiencia viva en la ficción: Lydia Cabrera e
Hilda Perera» VIII-125
    Estudio de como experiencias vitales se han vertido en creaciones imaginarias en la actual literatura cubana. Lydia Cabrera, al cabo de más de 40 años de estudio del mundo cultural del

negro cubano dijo en el prólogo de *El Monte*, que los negros han sido «sus fuentes vivas» y que ellos son los «verdaderos autores» de sus libros. Por su parte, Hilda Perera, años más tarde, refleja en personajes ficticios de *El sitio de nadie*, las circunstancias reales, que agobiaron la sociedad cubana con la implantación del régimen comunista

Portuondo, Aleida T.
«Vigencia política y literaria de Martín
Morúa Delgado» IX-101
Martín Morúa Delgado, hijo de vasco y de una negra criolla, Capitán del Ejército Libertador y primer Presidente del Senado al inaugurarse la República, fue una figura altamente respetada como político y periodista. En su novela *Sofía*, presenta los abusos y crueldades de la esclavitud y se reclama el derecho político de todos, sin importar color o posición económica. Escribió también el drama, en cuatro actos *Historia sangrienta. Drama de Infamia y Deshonra*, que trata, del infausto suceso del fusilamiento de los estudiantes de medicina, en 1871

García-Tudurí, Rosaura
«La herencia en nuestra literatura y *3 Goldarás
en la poesía del siglo XX*» XI-37
Se examinan los factores hereditarios en la poesía cubana del siglo XX. En Cuba hay ejemplos de hermanos y hasta familias. Uno de ellos es el de los 3 Goldarás: padre y dos hijos, que coincidieron en la poesía, el periodismo y el magisterio. José, el padre, fue un poeta lírico, pero también cultivó el género humorístico; José Raúl, lo folklórico y el tema del amor y Roberto, el patriótico, pero todos, aunque comparten el estro poético, tienen su forma propia de expresión

Sánchez, Reinaldo
«Jesús Castellanos y la narrativa cubana del 900» XIII-87
Una visión panorámica de la obra de Jesús Castellanos tomando en cuenta que pertenecía a la primera generación republicana que literariamente terminaba el siglo XIX y comenzaba el

XX. Su corta vida no le permitió cumplir lo que se podía esperar de él.

Clavijo, Uva

«Lo cubano en la obra de Alfonso Hernández Catá»　　　XV-25

Enfoque sobre el discutido tema ¿es Hernández Catá escritor español o criollo? Aunque nació en España, no había cumplido un año cuando la familia regresó a Santiago de Cuba, donde estudió y creció. La temática y ambiente de sus novelas, ensayos y cuentos, reflejan a Cuba y a América, por eso, a pesar de que su obra es universal, en dimensión, «cubanas son sus raíces»

Yannuzzi, Alberto

«El sentido nacional en la obra de José Antonio Ramos»　　XV-35

Se examina la producción literaria de Ramos desde la perspectiva de su cubanía y su preocupación social, que se muestra desde sus primeras obras, coincidentes con los inicios de la república, en la que ve vicios heredados de la colonia. El ensayo analiza esa perspectiva en dos piezas teatrales, *Calibán Rex* y *La recurva*: en la primera se ve el esfuerzo de un político idealista que muere en el empeño, en la segunda, presenta dos generaciones republicanas desde la perspectiva de dos hermanos. Esta cuestión generacional se hace una constante en sus novelas *Coaybay* y *Las impurezas de la realidad* y en el *Manual del perfecto fulanista*, insiste en presentar la ausencia de una actitud ciudadana responsable, en la sociedad cubana. Cuba fue siempre su gran preocupación

Álvarez, Nicolás Emilio

«Jorge Mañach y José Martí»　　　　　　　　　　　　XVIII-183

Estudio de dos de los libros de Mañach sobre Martí: *Martí, el Apóstol* y *El espíritu de Martí,* así como numerosos ensayos sobre la doctrina martiana, para establecer el vínculo ideológico de ambos pensadores. El primer libro es la biografía de Martí; el segundo, analiza su personalidad en las tres dimensiones que alcanzó en su vida: la de escritor y orador; la de pensador, y la de hombre de acción, llegando a ser héroe; animadas todas por tres virtudes esenciales: sensibilidad, inteligencia y voluntad. El análisis llega a la conclusión que la clave que unía a Mañach con Martí era el amor a Cuba y la urgencia que el deber de servirla, les imponía

Gil, Lourdes
«El desenfado y la burla en los *Epitafios* de
Sarduy» XXIII-108
Un estudio temático y estructural de esta obra de Sarduy señalando la identificación entre las raíces cultas que la misma contiene y las manifestaciones autóctonas y marginales del habla cubana. Desde el punto de vista estructural, está dividido en tres partes: una, que contiene siete décimas; otra, con una elegía y la tercera, con un poema en prosa. En el aspecto temático o de estilo, se descubre un trasfondo africano, con elementos guajiros y españoles

Alba Buffill, Elio
«Octavio R. Costa. La biografía y el ensayo histórico» XXIV-15
Un valioso aporte a la cultura cubana ha sido la obra de Octavio Costa con sus tres biografías: *Antonio Maceo el héroe; Juan Gualberto Gómez. Una vida sin sombra*, y *Manuel Sanguily. Historia de un ciudadano* y además las escritas en el exilio: *Santovenia. Una vida con sentido histórico* y *Luis Botifoll. Un cubano ejemplar*, a las que hay que añadir sus brillantes ensayos históricos

Ahumada, Alfredo
«La difusión de la literatura cubana en el *Mercure*
de France (1911-1933)» XXVIII-170
Resalta la importancia que tuvo para las letras cubanas, el nombramiento del chileno Francisco Contreras como redactor de la sección hispanoamericana en la revista de artes y letras *Mercure de France*. A través de ella se dio amplia información de las innovaciones del modernismo y —respecto a Cuba— se resaltó la importancia de muchas figuras de la poesía y la crítica, así como la función cultural de importantes revistas habaneras de la época

Jiménez, Onilda A.
«Literatura y exilio» XXIX-147
La lejanía de Cuba por razón de exilio, ha sido, desafortunadamente, frecuente razón de ser de la literatura cubana, desde los tiempos de la colonia hasta los cortos años republicanos que se han tenido. Se recorre en este ensayo las prominentes figuras del siglo XIX, empezando por Heredia y continuando con Varela, Saco, la Avellaneda, Mendive y Martí y desde mediados del siglo XX hasta hoy, en la diáspora del comunismo, sigue siendo una realidad la continuidad en la producción literaria fuera de la Isla.

Lolo, Eduardo
«Rosario Rexach: pedagogía y literatura rumbo
al tiempo cierto» XXXI-9
Ensayo sobre el estilo literario de Rosario Rexach basado en tres colecciones de ensayos publicados en el exilio en un período de diez años: *Estudios sobre Martí, Dos figuras cubanas y una sola actitud* y *Estudios sobre Gertrudis Gómez de Avellaneda (La reina mora del Camagüey)*. En ellos se destaca el uso de elementos orales, tales como frases cortas, intercaladas, y otras explicativas, como si estuviera pensando en alta voz

Garrido Martínez, Aleida
«Una mirada a la narrativa infantil de Concha Alzola» XXXI-53
Se analizan los cuentos infantiles de Concepción Alzola, donde ella utiliza lo cubano en un contexto universal; relatos que contribuyen a descubrir la intrahistoria cuando menciona la geografía, flora y fauna de la Isla y el sincretismo criollo cuando habla de la ceiba, elemento esencial de la isleña religión yoruba. Su uso del paralelismo estilístico entre Judas y Jesús en el cuento «La infancia de Jesús» y la metáfora de la crucifixión. Su arte de historiar lo vemos en «La fruta del Diablo» (el marañón) y en «El niño que tenía el corazón frágil»

Boudet, Ernesto
«La versatilidad de la obra de Carlos Miguel
Suárez Radillo» XXXI-80

Suarez Radillo ha cultivado varios géneros literarios. Ha escrito cuatro volúmenes de crónicas de viajes, donde muestra su preocupación social; un libro de poemas en el que combina prosa y poesía, *La Caracola y la Campana* donde defiende nuestra lengua mestiza porque «el idioma español no es propiedad de Castilla»; novela y muy reconocidas antologías de teatro hispanoamericano

Jiménez, Onilda
«Alberto Guigou: La última página» XXXIII-104
Estudio de la vida y obra literaria de Alberto Guigou. Su infancia en el extranjero y agitados acontecimientos en Cuba lo llevaron a participar activamente en la política desde temprana edad. Obras teatrales y poemas inéditos se quedaron en Cuba. En el destierro escribe cuentos, poemas, dos novelas y obras de teatro. Fue un cubano universal con una intensa vida política y literaria.

Castillo Martín, Amelia del
«La libertad en voces femeninas de la literatura cubana
a cien años de la instauración de la República» XXXIV-170
Cuba ha sido pródiga en voces líricas y en este ensayo se concentra en las mujeres que se han destacado en la poesía desde la colonia hasta el presente exilio. En la colonia descuella la Avellaneda además de Luisa Pérez de Zambrana y Juana Borrero entre otras. En la República, en un principio, Dulce María Borrero y Dulce María Loynaz, que se quedó en Cuba «en un desolado exilio en su casa» cuando el castrismo se consolidó; posteriormente, Emilia Bernal, Ángeles Caíñas Ponzoa, Mercedes García Tudurí y Adela Jaume, que llegan al exilio y en éste ha surgido una nueva generación que ha continuado la tradición establecida

Álvarez Bravo, Armando
«En torno a Octavio R. Costa» XXXVI-17
Una visión general del historiador, biógrafo, ensayista, conferenciante, periodista y maestro. Él se considera un ensayista porque «el ensayo es una gran aventura del espíritu» pero sin

duda su misión era educar. De su bibliografía se destacan *Ser y esencia de Martí* y *Cubanos de acción y pensamiento* que ilustran ese propósito educativo: definir la esencia de lo cubano

Rasco, José Ignacio
«Imagen y trayectoria de Octavio R. Costa en
la cultura cubana» XXXVI-23
Una fiel valoración de las actividades culturales y vocación por todo lo cubano sin menoscabar su amor por los valores hispánicos, porque España nos legó idioma, religión, Derecho y la fusión racial. Su cubanía y su devoción por Martí fueron sus temas primarios, lo que no le impidió escribir sobre temas religiosos, Dios, tiempo y eternidad.

Hernández-Miyares, Julio
«Carlos Ripoll y sus bromas literarias» XXXVI-40
En la vasta bibliografía sobre Carlos Ripoll, se destacan sus obras humorísticas y burlescas, sus «bromas literarias», que muestran su talento y sentido del humor y que cumplen todos los requisitos de un cuento, pero son críticas al régimen comunista, bajo un disfraz literario

Robb, Anthony J.
«'Soy tu Juana': La idolatría hiperbólica de Juana
Borrero en sus cartas a Carlos Pío Uhrbach» XXXVI-116
Este ensayo trata del mundo íntimo de la poeta modernista a través de nuevas cartas que la hermana de Juana abrió al escrutinio público en 1964, que muestran aspectos desconocidos de su personalidad

Fernández, Jesse
«Discurso conflictivo de identidad cultural y de estética
literaria en varios de los ensayos de Gastón Baquero» XL-17
Destaca la producción poética, periodística y ensayística de la obra de Gastón Baquero, en particular, su visión conflictiva con respecto a la poesía que trata temas relacionados con la búsqueda de identidad cultural de la raza negra en Cuba y otros países hispanoamericanos. Los textos analizados son: «Sobre

la falsa poesía negra», «Alfonso Camín y la poesía afrocubana» y «Alfonso Camín vuelve a su tierra» además de otros sobre el mismo tema, de ámbito continental, tomados de su libro *Indios, blancos y negros en el caldero de América.*

Gutiérrez, Mariela A.
«Concepción Alzola: leyendas de su Cuba, *La más fermosa*» XL-80
Analiza la colección de cinco leyendas cubanas y tres esbozos coloniales, recopilados por Concha Alzola en su libro *La más fermosa: leyendas cubanas.* Destaca el orden que la autora siguió en la composición del libro, pues la primera leyenda trata de la impresión del descubrimiento; la segunda, del encuentro con los habitantes de la hermosa isla y así sucesivamente; por eso la autora sugiere que bien pudiera ser una «segunda historia de Cuba»

Hernández-Miyares, Julio E.
«Carlos Ripoll: significación de su obra en la
cultura cubana del exilio» XLII-7
En esta ponencia de apertura, dedicada a la memoria de Carlos Ripoll, el autor destaca su importancia dentro de la cultura cubana apuntando, en especial, trabajos sobre José Martí, Gertrudis Gómez de Avellaneda y Antonio Maceo entre otros. Es notable que el recuerdo de Cuba y de sus próceres sirvió de inspiración y guía para las aportaciones de Ripoll; no obstante, el trabajo señala, además, los valiosos estudios sobre *La Celestina* y *El Lazarillo de Tormes.* El autor indica que los últimos son entregas esenciales para los interesados en esos temas.

Fernández, Jesse
«Reforma literaria y crítica social en Cuba: del
Modernismo a la Vanguardia» XLIV-63
El trabajo tiene como objetivo principal realizar un «ordenamiento» y «recuperación» de aspectos socio-políticos y culturales de la historia cubana que trasciende al ámbito literario, señalando que el proceso de modernización en la Isla sufre un retraso impuesto a partir de los acontecimientos que toman lugar en el siglo XIX. Se plantea la trayectoria que se lleva a

cabo a través de figuras como Julián del Casal, quien constituye uno de los pioneros en el Modernismo; Juana Borrero, elogiada por José Lezama Lima; los hermanos Carlos Pio y Federico Urbach. Se destaca la ensayística de Enrique José Varona y la actividad cultural y política de Regino Boti, Agustín Acosta y José Manuel Poveda. La trayectoria cronológica del desenvolvimiento de una estética acorde con la ideología de la modernidad se la califica como «una etapa de apertura y rebasamiento de los cánones modernistas y vanguardistas en Cuba» la cual contribuyó al «encuentro con nuestra idiosincrasia criolla»

LITERATURA ESPAÑOLA
Perry, Leonard T.-
«The Positive Criticism in the *Artículos Costumbristas*» IX -17
Estudio de los artículos costumbristas de Mariano José de Larra que examinan la realidad española «con angustia» y usa la sátira como medio de superar la situación. Ejemplos son dos de sus artículos «En este país» y «Variedades críticas» donde sostiene que España está en un período de transición y muchas de las críticas son producto de cortos períodos de observación

Valle-Killeen, Suzanne
«Alfonso de Valdés and the Satiric Tradition» IX-27
Examen de la sociedad medieval a través de la perspectiva original del género satírico. La sociedad española y europea en general, estaba plagada de intrigas, hipocresía y luchas de poder entre la Iglesia y el rey. A principios del siglo XVI tomó fuerza en España el movimiento espiritual del Erasmismo que le dio base a Alonso de Valdés, intelectual consejero del Emperador Carlos V, para desarrollar su teoría humanista en *Diálogo de Lactancio* y *Diálogo de Mercurio y Carón*

Sims, Edna M.
«Juan Ruiz y el arquetipo negativo de la mujer» X-85
Indagación sobre el oculto propósito del autor de acentuar lo negativo en la mujer ya sea en el aspecto físico como en el

moral o el espiritual. En cuanto al primero, insiste en presentarlos, casi siempre desde un punto de vista cómico; en el moral, cae en la tendencia a presentarlas dentro de alguna caracterización ya sea la de la mujer orgullosa, la infiel, la tentadora, la avara, la burlada, la monja que renuncia al voto y por supuesto, la vieja alcahueta. Sentado esto, pasa de inmediato a dar ejemplos de estos personajes y de los atributos que los caracterizan

Perry, Leonard T.
«Larra's View of the Middle Class as Perceived
Through His *Artículos costumbristas*» XI-93

Los *Artículos costumbristas* de María José de Larra presentan la clase media española de su tiempo como un grupo que pretende tener más de lo que en verdad tiene, con hábitos reprochables para lograr ese propósito

Porto, Heriberto del
«La decadencia de la aristocracia española y su
reflejo en la literatura» XII-43

Análisis de la sociedad española en el siglo XVIII teniendo que soportar la carga de una nobleza ociosa que nada aportaba a la economía. Feijóo estableció una conexión entre la «ociosidad de la nobleza y la decadencia de España», Cadalso en sus *Cartas de Marruecos* censura los privilegios, Jovellanos también critica su irresponsabilidad, la Constitución de 1812 fue un severo golpe para la nobleza y Pérez Galdós la crítica desde el punto de vista económico. Esta decadencia está reflejada en la novelística del siglo XIX

Aguirre, Ángela M.
«Enrique Piñeyro, primer crítico del romanticismo
español» XII-59

Estudio sobre el crítico cubano Enrique Piñeyro que fue el primero en presentar un análisis integral del desarrollo del romanticismo en todos los géneros literarios y artísticos en su obra *El romanticismo en España*. Piñeyro había escrito también *Poetas famosos del siglo XIX* en 1883, que fue uno de los primeros tratados de literatura comparada en lengua española

Suárez, José I. y Cuesta, Benedicto
«Para una interpretación estructuralista de las
comedias del Siglo de Oro» XV-117

Se analizan tres comedias de esa época, muy conocidas: *El caballero de Olmedo* y *El castigo sin venganza* de Lope de Vega y *El burlador de Sevilla* de Tirso de Molina. El propósito es demostrar lo que aquí se llaman «leyes internas» para sostener la estructura de la pieza, o sea, los recursos dramáticos que conducen al planteamiento del tema central de la obra

Gleen, Kathleen M.
«Creation and Re-creation in Azorin's Don *Juan*» XV-127

El ensayo parte de la aceptación de que Azorín encontró muchas veces fuente de inspiración en piezas literarias de otros autores, puesto que era un ávido lector. Esto ha quedado comprobado al estudiar su obra. Su novela *Don Juan*, sólo con el nombre, ya indica la caracterización que se busca del personaje, sin embargo, su conducta no concuerda, puesto que éste busca una confrontación espiritual consigo mismo, pero sí hay en novelas de otros autores, que Don Juan lee, recursos literarios que concurren y que pueden servir para universalizar la conducta humana

Madrigal, José A.
«*La verdad sospechosa* y su falsa soteriología» XVII-129

Presenta en esta pieza de Alarcón la intención del autor de hacer un planteamiento de la España del siglo XVII, mostrando que la corte es un lugar «donde todo se negocia». El propósito de la pieza, según se explica, es denunciar los vicios sociales del momento, en que impera el materialismo y el afán de «pretender ser lo que no se es»

Espina, Eduardo
«Francisco Ayala y la narración como estructura
temporal» XVIII-217

Es de admirar el hábil manejo del tiempo en los relatos de *La cabeza del cordero* para, mediante la aceleración o lentitud en la narración, indicar una realidad que se hace presente, pasado, futuro e inclusive puede llegar a indicar lo que pudo haber sido y no fue

Sims, Edna M.
«Towards a More Complete Portrayal of Womankind» XIX-165
Se comenta la búsqueda de la mujer negra en la literatura —naturalmente la de nuestro mundo hispanoamericano— y propone que la comparemos con el retrato de la mujer ibérica hecho por el Arcipreste de Talavera en su libro *El corbacho,* escrito en la época medioeval donde a la mujer se le atribuyen todas las faltas morales: avaricia, envidia, chismografía, infidelidad, falsedad, desobediencia y vanidad. Se sugiere la comparación por la conexión de España con África a través de los árabes

Madrigal, José A.
«El discurso primitivista en las obras de colonización
de Lope de Vega» XX-147
Después de una amplia consideración sobre el hombre primitivo, cuyo estudio y análisis da lugar a la corriente filosófica del Primitivismo, entra a estudiar la presencia de aquél en la literatura del Siglo de Oro español, especialmente en tres trabajos de Lope de Vega que sitúan la acción en regiones primitivas de Salamanca, de Canarias y en el nuevo mundo recién descubierto de América. Luego aporta la presencia de este tema en obras de Tirso de Molina y de Calderón de la Barca

Amor y Vázquez, José
«Repercusiones: Baroja y Chacón y Calvo» XXVI-177
Encuentro de dos hombres de letras totalmente diferentes, Chacón y Calvo, cubano, afable y discreto; Pío Baroja, iconoclasta y hosco. Ambos frecuentaban las visitas a los Archivos históricos y coincidieron en interesarse por Eugenio de Aviraneta, antepasado de Pío Baroja que aparece en una obra que

Chacón estaba escribiendo, *Aviraneta, pacificador.* La entrevista fue cordial

Sims. Edna M.
«The Contemporary Theme of Women's Rights as a
Motivating Tool for Teaching the Spanish Language»   XXVI-194
Examen de la condición de la mujer en el siglo XVI y del misogenismo existente que se aprecia en el *Manual de la perfecta casada* de Fray Luis de León, que aconseja a una novia que cuide del esposo, los hijos, de la casa; que cumpla sus deberes y rechace la vanidad, la ociosidad, el mal carácter y leer libros «porque la naturaleza no la hizo para el estudio» y solamente salir para oir misa o visitar algún enfermo

Ardavín, Carlos X.
«Magín o la teoría de la ética dorsiana»   XXVII-143
D'Ors crea un personaje desilusionado del saber, cuya vida es vacía y absurda. Su naturaleza trágica reside en su falta de ética. La vida y arte se complementan. D'Ors califica esta obra como «fantasía ligera» y de ser un «relato de licenciosa imaginación», pero la ética que defiende es la de la responsabilidad y el trabajo porque «saber vivir es un arte»

Sánchez, Reinaldo
«Ramón Ferreira: *Los malos olores de este mundo*»   XXVII-154
Ferreira es un cultivador del cuento y el teatro, con sólidos reconocimientos. *Los Malos olores...* es una colección de nueve narraciones, escritas durante el primer año del sangriento régimen de Castro. Es una metáfora que da testimonio de una realidad tenebrosa; de un mundo que se desploma y la desesperada búsqueda de lazos de solidaridad humana que eviten la cosificación del hombre dentro de la nueva realidad de la existencia social, humillante presencia de la muerte y la imposibilidad de realización de la esperanza

Zaldívar, Gladys
«Universalidad de *Gatico-Gatico* de Severo Sarduy»   XXVII-171

Es la única narración infantil escrita por Severo Sarduy. Fue publicada después de su muerte. El usar un animal como personaje central y resumir el mensaje en una moraleja, cumple la forma estructural de una fábula, género que había florecido en Cuba en el siglo XIX y que en las literaturas inglesa y francesa habían cultivado escritores de renombre. De ahí que se aprecie la universalidad de esta pieza

Piña Rosales, Gerardo
«El 98 y el descubrimiento del paisaje español»   XXVIII-25
Analiza lo significativo que puede ser el paisaje en una novela o un relato, según que se le ignore (Unamuno), que se le identifique con el estado emocional de la acción, que el paisaje físico refleje el paisaje moral (Azorín) o que, con ánimo impresionista, pretenda sugerir más que describir (Pío Baroja)

Lozano-Renieblas, Isabel
«La aventura literaria de María Soledad Carrasco Urgoiti a través de sus ensayos y artículos»   XXIX-82
Pone en justa perspectiva el interés que mostró la Profesora Carrasco Urgoiti en estudiar los rastros de la presencia morisca en Granada a través de los vestigios que ha dejado de la realidad histórica, en diversas referencias literarias. Su legado intelectual y socio-histórico, es incuestionable

Carrasco Urgoiti, María Soledad
«Exilio y dualidad cultural en la experiencia de los moriscos españoles»   XXIX-89
Se analiza, en una bella relación, la experiencia de vida de cristianos y moriscos cuando se separaron en la España del tiempo de los Reyes Católicos, lo cual dio lugar a leyendas mezcladas de historia. Fue una triste separación de dos culturas que, junto con la de los judíos, habían vivido en paz. La Profesora Carrasco señala que hoy podemos disfrutar de esa joya que es la Alhambra, porque el último rey moro decidió entregarla antes que dejarla destruir por la guerra

Corbalán, Rafael

«Anticlericalismo e ideario masónico en *Electra*
de Galdós» XXX-201
    Explica la interpretación que se dio a esta obra en un momento en que España estaba pasando por una seria crisis al terminar el siglo XIX con la pérdida de Cuba en 1898, su última colonia en América, y enfrentarse a las revoluciones liberales contra el antiguo régimen, en el que la preeminencia del clero era evidente. El estreno de la pieza teatral tuvo gran repercusión porque el público vio en el personaje de Electra, la representación de España, liberándose del clericalismo predominante y por ende, se le atribuyó influencia ideológica a la masonería

García, Martha
«Perfil psicológico de los personajes celestinescos» XXXI-163
    Estudia los cuatro personajes principales de la *Comedia de Calixto y Melibea*. Su dimensión psicológica es lo que le da a la obra su éxito y valor en las letras europeas: la astucia de Celestina; Melibea, bella y frágil; Calixto, galante y cortés, y ambos, arrastrados por la pasión; Sempronio, el criado hipócrita y desleal y Pleberio, el padre bondadoso que perdona a su hija

Hoeg, Jerry
«Sociología y psicoanálisis en *El Tajo* de
Francisco Ayala» XXXI-168
    En este ensayo se analiza la trama de la novela, que se desarrolla en el hecho histórico de la guerra civil española, poniendo en perspectiva dos aspectos importantes de la Humanidad: el sociológico de la lucha de clases, según quedó planteada por Marx, y el psicológico que responde a necesidades inconscientes o instintos primarios, que desatan el instinto agresivo del hombre, que estudia Freud

Rodríguez, Alberto
«Algunos aspectos didácticos en *De los nombres
de Cristo*» XXXIII-224
    Se estudia la obra *De los nombres de Cristo* de Fray Luis de León y cómo él usa ejemplos importantes para relacionar con-

ceptos y enseñanzas abstractas, con experiencias bien conocidas del lector, asegurando así su comprensión y memoria. Las imágenes del mundo visible nos dan a conocer las motivaciones del espíritu

Lolo, Eduardo
«Platero, tú, yo y ellos» XXXIV-204
Es una revisión pormenorizada del enfrentamiento crítico que suscitó la obra Platero y yo de Juan Ramón Jiménez para determinar a qué género literario era más correcto clasificarlo entre las posibilidades de novela, poema o simplemente, colección de relatos. La dificultad la acrecienta el hecho de que el autor le hizo frecuentes modificaciones a partir de las dos ediciones primarias que, para distinguirlas de las posteriores se las identifica por «menor» la de 1914 e «histórica» la de 1917

Ardavín Trabanco, Carlos X.
«El regreso de Eugenio D'Ors» XXXV-176
Una somera revisión crítica de la labor intelectual de Eugenio D'Ors, quizás no valorada en su verdadera dimensión puesto que, apunta, «la lectura de los textos orsianos tiene, entre otros, la rara cualidad de casi nunca suscitar indiferencia o desinterés...pues lo que verdaderamente cautiva es el placer estético e intelectual prodigado por esta escritura» y de ahí se pasa a hacer su biografía intelectual

Wallis, Allan
«Variación y género en *El romance del Conde Dirlos*» XXXVI-160
Este trabajo intenta probar el origen del romance español del título, inspirado en un cuento de Boccaccio. Señala que el romance español es épico y enfatiza la hazaña militar como en éste; el drama sentimental de la esposa que espera al guerrero, lo acerca a la novela, y es más común en los romances franceses

Bralove, Alicia
«La caracterización de Natalia en *La plaza del diamante* de Mercé Rodoreda» XL-201

Estudio de la novela *La plaza del diamante* de la escritora catalana Mercé Rodoreda, sobre un hecho histórico y social: el papel de las mujeres en la sociedad española. Esto se refleja en Natalia, la protagonista que, al casarse, su futuro esposo le advierte que su opinión prevalecerá, porque las mujeres no están preparadas para tomar decisiones. La Dra. Zenaida Gutiérrez-Vega ha hecho una valiosa investigación sobre esta cuestión, y escrito un libro sobre Victoria Kent, parlamentaria de la corte española

Fernández, Jesse
«Meditaciones sobre la muerte en *Libro de buen amor* del Arcipreste de Hita» XLII-36

Tal y como el nombre del estudio implica, este acercamiento trata de revisar cómo el texto enfrenta la muerte. El autor observa una gradual metamorfosis donde la muerte surge como un elemento idealizado para mutar a uno terrorífico según avanza el tiempo en el relato. Hay una marcada especulación entre lo grotesco y lo sublime; sin embargo, el autor concluye con la afirmación de que las intenciones del poeta fueron desarrollándose de su idea original hasta convertirse en una pieza perfecta de la literatura española

Álvarez, Nicolás Emilio
«Escolios y aporías alrededor del *Libro de buen amor*» LIII-139

El *Libro del Buen Amor*, «la obra literaria más compleja y problemática de la literatura española» y también su obra cumbre. Estudia su autoría, que mucho se ha discutido, su realidad / ficción y sus dos planos antitéticos sobre su propósito. En este ensayo se sostiene que es una parodia para combatir las lacras sociales de la época, usando al protagonista con el «fin didáctico» de «enseñar divirtiendo», las virtudes del buen amor.

LITERATURA HISPANOAMERICANA
Rela, Walter
«Palabra viva de dos poetas ejemplares (Jorge Luis Borges y Octavio Paz)» XII-7

Un contraste entre la realidad abstracta de Borges y la visión universal de Paz. La indagación se hace a través de extractos de sus ensayos, de entrevistas o de otro medio de exposición. Le preguntan a Borges sobre la literatura, cómo ha de ser y responde: «sin artificio», «libertad de la imaginación y de los sueños». Para Paz, la literatura es un arte de exploración, un arte que busca caminos. Ambos creen que la política se debe separar de la concepción literaria

Fabre, Niza
«Literaturas indígenas pre-colombinas: permanencia
e influjo en las letras hispanoamericanas» XXIII-153
La parte literaria de la herencia pre-hispánica se conserva gracias a los aborígenes que aprendieron el español y la tradujeron. Hay tres vertientes: 1) la quéchua de los incas, 2) la nahuatl de los aztecas y 3) la maya. Se da ejemplos de cada una, explicando sus características

Álvarez, Nicolás Emilio
«Gabriel García Márquez y Jorge Luis Borges:
intertextualidad y texto en *Cien años de soledad*» XXX-171
Prueba fehacientemente que la presencia de Borges en las letras hispanoamericanas fue el origen del llamado «boom» y «post boom». Pasa luego a señalar las frecuentes situaciones, hechos y hasta personajes que García Márquez tomó de Borges para su *Cien años de soledad* a pesar de haber dicho que «Borges es uno de los que más lee aunque es quizás el que menos le guste»

Jiménez, Luis
«Narrando el viaje en *Un paseo por Europa* de
Aurelia Castillo» XXXVI-126
Narración de una viajera del siglo XIX que describe lugares europeos y confesiones sentimentales y nostálgicas que responde a la novedad que se hizo patente en esa época, para los del Nuevo Mundo, de conocer la tierra de los antepasados. Como antecedentes basta recordar las crónicas de la Condesa de Merlín, la Avellaneda y Julián del Casal

Argentina
Marval de McNair, Nora de
«Adolescencia y hechizo en el mundo literario de
Beatriz Guido: Tres variaciones en torno a
un mismo tema» X-29

Primeramente, da datos básicos de su vida y luego los libros con los que se hizo notar: tres novelas, *La casa del ángel*, con la que obtuvo el Premio Emecé, apenas instituido, *La caída* y *La invitación* y dos libros de cuentos: *La mano en la trampa* y *Piedra libre*. En sus novelas especialmente, se le reconoció la manera de presentar los repliegues del alma femenina, en particular, el de las adolescentes. El ensayo se concentra en el análisis de estos cinco libros, aunque su obra literaria incluye otros más, determinados por la tormentosa época del peronismo

González-Cruz, Luis F.
«*Martín Fierro*: escritura y significado» XX-137

El bloque lingüístico como recurso literario se comenta en esta obra de José Hernández, en la cual priman tres elementos esenciales: el lenguaje, el estilo y la escritura. Sobre la base de este concepto, se estudian las palabras usadas en el poema, que a veces «tienen un valor y sentido único» de carácter local, por ser el lenguaje de los gauchos, pero en una obra comprometida, el autor la sitúa y aclara

Leyva, Josefina
«Marcos Aguinis ante el atroz encanto de
ser argentino» XLVI-112

Un estudio sobre el libro *El atroz encanto de ser argentino* de Marcos Aguinis, psiquiatra de profesión, que desde su perspectiva personal de ser hijo de un populoso grupo migratorio que conformó la nación argentina, busca la identidad nacional de su pueblo y como le angustia la situación presente a pesar de ser un país de alto potencial histórico y cultural, le duele la situación y así explica el por qué «es atroz nuestro querer». De ahí acomete un análisis de tipo social, histórico, político y educativo y a pesar de todo, tiene confianza, porque hay reservas humanas, económicas y sociales que pueden salvar el futuro, pero «para que cuaje nuestra esperanza —dice— necesitamos un gobierno honesto»

Chile
Muñoz, Raúl
«Trasmutación de la moral picaresca en
Hijo de ladrón» XVI-109

Esta novela de Manuel Rojas es una novela moderna a través del prisma de una picaresca medioeval, pero con un cambio en su moral. Aniceto Hevia no tiene valores, vive en el vacío moral de la época, es un personaje asocial y amoral que sufre una crisis de identidad: no tiene papeles a causa de la vida nómada de su familia y no puede por eso estudiar ni trabajar; «no tiene esperanzas, sino necesidades», su única meta es vivir

Ramírez Márquez, Alister
«Prosa mistraliana: artículos de Gabriela Mistral
en *Gabriela anda por el mundo*» XL-68

Análisis de escritos en prosa que, como en su poesía, reflejan la visión estética e inquisitiva de Gabriela Mistral, y que fueron inspirados durante sus viajes por las Américas y Europa. Nos asoma a un aspecto de la labor intelectual de la Mistral que tomó casi dos décadas para que se empezara a estudiar sistemáticamente, la recopilación de sus escritos, en prosa, no sólo discursos y ensayos, sino cartas, reflexiones y hasta notas; en todos ellos ha quedado latente su emotiva visión de la vida

Ecuador
Valdés-Cruz, Rosa
«El negrigenismo en la literatura ecuatoriana» VIII-115

Estudio de la situación del negro tanto en la sociedad como en la literatura ecuatoriana.En la sociedad siempre ocupó el último lugar tras los indígenas y ambos eran vistos sólo como instrumentos de trabajo, sin derechos políticos. Últimamente la literatura mostró interés en este problema. Se estudia la novela *Yuyungo* y *Cuando los guayacanes florecían*, como novelas sociales, no raciales

Dixon-Romero, Heriberto
«Folklore afro-ecuatoriano reflejado a través
de la literatura» XIII-71

Estudia las circunstancias históricas que condicionaron el factor negro en Colombia, en la costa, especialmente y en Ecuador, dando datos históricos de las circunstancias que condicionaron el hecho de que grandes grupos de negros africanos pudieran lograr comunidades densas y homogéneas. Como resultado lógico, la influencia de este factor étnico, se ha mostrado en la literatura y el folklore del país.

Agramonte, Roberto D.
«Preámbulo a los *Siete Tratados* de Montalvo» XIX-39

Estudio de la monumental obra *Siete Tratados* de Montalvo, que fue escrita en su exilio, sin libros de consulta ya que tuvo que abandonar su biblioteca al salir de Ecuador. Este libro trata de filosofía, ética, estética e historia, muestra hondo conocimiento de pasadas civilizaciones y se ocupa también del origen del ser humano y del Universo. Esta obra obtuvo, en Europa y Latinoamérica, pleno reconocimiento del mundo intelectual

México
Herrera, Rosa
«Juan Rulfo: realidad y fantasía en su *Pedro Páramo*» XI-71

Se dan primero breves reseñas biográficas. Su obra literaria empezó con la colección de cuentos *El llano en llamas* que lo acreditó como narrador y dos años más tarde salió su famosa novela *Pedro Páramo*. Según la crítica, se trata de una novela que ha marcado «el inicio de la nueva novelística hispanoamericana por el manejo excepcional de hacer convivir el pasado y el presente en un ambiente donde domina como pasión el rencor

Uruguay
Rela, Walter
«Horacio Quiroga: ejemplo de profesión literaria» XI-31

Búsqueda del «verdadero Quiroga» a través de sus obras literarias y vida política. Su balance bibliográfico: 15 libros entre ellos, sus cuentos y colaboraciones; su dedicación a su obra y su fidelidad ideológica al individualismo a través de 36 años, lo hacen un ejemplo de la profesión literaria. Hay evidencia de algo de filtración de su experiencia personal, en sus obras, pero sin que ello le reste en nada a su profesionalismo intelectual y el ensayo estudia con detenimiento este aspecto para identificar al «verdadero Quiroga»

Venezuela
Simón, José G.
«Teresa de la Parra, pionera del movimiento feminista»　　XIV-85
Un estudio de la personalidad de la escritora Teresa de la Parra, que se forjó en circunstancias no comunes, pues nació y se educó en París, salvo un intervalo de seis años en que la familia se trasladó a Caracas, el país de origen, y en donde se quedaron de forma permanente cuando ella tenía 14 años. Quizás por esto llevó siempre una vida nómada. Como intelectual resultó fuera de su época, pues dejó oír su inconformidad por la realidad injusta que imperaba en la sociedad respecto a las mujeres

MAÑACH , JORGE
Martí, Jorge Luis
«Mocedad de Jorge Mañach»　　VII -33
Estudio de la personalidad intelectual y afectiva de Jorge Mañach, nacido en Cuba, de ascendencia gallega y cubana, creció y estudió en España. Después, obtuvo una sólida formación intelectual en Harvard, de los Estados Unidos, la Sorbone en Francia y la de La Habana en Cuba, que le pusieron en contacto con las ideas filosóficas y literarias de dos mundos, pero siempre buscó sus raíces en Cuba y «fue cubano porque quería serlo» como decía Martí.

Agramonte, Roberto
«Recordando a Jorge Mañach»　　X -41

A los cuatro años de su muerte, el Dr. Agramonte recuerda al colega desaparecido, ante su tumba en el cementerio de Puerto Rico donde él falleció y hace una revisión de los libros que dejó como herencia a la juventud cubana y puertorriqueña, como la última lección del maestro, que en alguna ocasión dijo: «Hoy, más que nunca, América y el mundo en general necesitan escritores veraces y libres», y por eso dejó fuentes para esa forja, de ineludible consulta en muchas materias no sólo literarias, sino de otras artes y campos de interés cultural como la filosofía, la sociología y la historia

Rexach, Rosario
«Las raíces y su integración en la obra de Jorge Mañach»   XXI -33
Se presentan las fuertes raíces naturales de Mañach a pesar de sus ausencias en España, Francia y Estados Unidos, en sus años de formación académica. La pasión por Cuba nació de la nostalgia; como él decía, «escribía en inglés, pero pensaba y sentía en español». Con sus *Glosas* se inicia su labor literaria y de ahí surge su ideal de servicio, su amor por la cultura que lo lleva a promoverla siempre que puede, y su decisión de pensar por cuenta propia, características que lo definiría el resto de su vida para llevar a cabo su invaluable aporte a las letras martianas e ideas filosóficas

Álvarez, Nicolás Emilio
«*Res publica* y *res artis*: el legado histórico de
Jorge Mañach Robato»   XXVIII-108
La obra literaria de Mañach muestra una dicotomía entre la labor artística y la política. La primera se muestra más en sus inicios, en que se encuentran obras de creación, pero luego, su responsabilidad cívica, animada por su espíritu martiano, lo volcó hacia el ensayo político y filosófico

Torre, Amalia Varela de la
«La visión cubana en los ensayos mayores
de Mañach»   XXVIII-115
Su primera educación fue en el extranjero: España, Boston y París, pero en 1924 regresa a Cuba, se hace abogado, y se in-

teresa activamente en el proceso cívico. Animado del fervor martiano que el estudio de Martí le había incitado, desarrolló una labor ensayística encaminada a alertar a la conciencia cívica de los errores y los peligros a los que se exponía la nueva república y la manera de enfrentarse a los mismos

Costa, Octavio R.
«Trayectoria de Jorge Mañach» XXVIII-122
Recorre la vida de Mañach panorámicamente, para precisar en ella el interés patriótico que lo animaba. Su preparación académica, que lo hizo fluente en inglés y francés, lo capacitó culturalmente para que se despertara en él su preocupación por orientar a Cuba culturalmente de modo que pudiera desempeñarse como nación libre e independiente, en su condición republicana. Pero la implantación del comunismo, lo arrojó al exilio en los Estados Unidos, en donde murió

Rexach, Rosario
«La descripción en la prosa de Jorge Mañach» XXVIII-129
Se detiene, dentro de la copiosa obra literaria de Mañach, en aquélla en que la descripción se impone al análisis de fondo, como en las crónicas de su inolvidable Habana que vuelve a vivir, a reír y a soñar en sus *Estampas de San Cristóbal*, e incluso, en su biografía de Martí en que nos hace vibrar con sus emociones

Rexach, Rosario
«Jorge Luis Martí y su obra, *El periodismo literario de Jorge Mañach*» XXIX-185
Se brinda homenaje póstumo al Dr. Jorge Luis Martí reseñando de forma crítica y objetiva, a la vez que persuasiva, este libro que se publicó en 1977 por la Editorial Universitaria de Puerto Rico. La Rexach analiza detalladamente cada capítulo del mismo, desde el Prefacio hasta los últimos en los que se incluyen cartas, crónicas, conferencias, entrevistas, etc. y por último una sección bajo el título de «Apéndices» y una muy cuidadosa bibliografía de Mañach

Gómez Reinoso, Manuel
«Jorge Mañach y el quijotismo, una meditación
del hispanismo» XXXVII-28
> Es un análisis del libro de Mañach *Examen del quijotismo*. Algunas conclusiones son: El quijotismo como ser poético, está vivo en el ente hispánico En los dos personajes, Don Quijote y Sancho, se unen dos trayectorias posibles de una misma vida: imaginación y razón, o sea, sueños y realidades Mañach va fundamentando estos dos principios, basándose en la evolución histórica del pensamiento en el mundo hispánico

Marbán, Jorge
«Jorge Mañach: calas psicológicas y literarias
en dos ensayos de identidad nacional» XXXVII-87
> Este ensayo se ocupa de los llamados «ensayos de identidad nacional» que se asocian a la labor de análisis de Ortega y Gasset a principios del siglo XX y que hicieron impacto en Latinoamérica puesto que estaban aún en proceso de descubrir sus propias características nacionales en el llamado «Nuevo Mundo». Centra su interés, en cuanto a Cuba, en los dos primeros libros de ensayos de Mañach, *La crisis de la alta cultura en Cuba* (1925) e *Indagación del choteo* (1928) que considera pioneros en la búsqueda de identidad nacional

Alba-Buffill, Elio
«Amalia V. de la Torre y su valioso libro *Jorge
Mañach, maestro del ensayo*» XXXIX-48
> Ponencia de clausura dedicada a honrar la memoria de Amalia V. de la Torre con motivo de su reciente fallecimiento, en la que se analiza su libro *Jorge Mañach, maestro del ensayo*, de 1978, por considerarlo una aportación muy importante al estudio de Mañach, pues revisa su pensamiento a través de seis de sus ensayos: dos de crítica social, «La crisis de la alta cultura en Cuba» e «Indagación al choteo»; dos de investigación histórica: «La nación y su formación histórica» y «El estilo en Cuba y su sentido histórico»; uno de temática hispana, «Examen del quijotismo» y otro de temática hispanoamericana, «Teoría de

la frontera». Todos ellos precedidos de un importante prólogo en el que fija la figura estudiada dentro de la historia y de su generación y complementado por cuatro apéndices muy iluminadores al propósito del libro

MARTÍ, JOSÉ
Gutiérrez de la Solana, Alberto
«Vigencia del pensamiento martiano»   V-49
Análisis de la situación política de Cuba bajo el régimen castrista, tan opuesto a los principios de libertad de la doctrina martiana. Es una respuesta a la absurda propuesta de algunos ilusos que ante la realidad de un acuerdo firmado en 1973 entre Cuba y los EEUU, quizás fuera el momento de un regreso sin condiciones

Raggi, Ana H.
«José Martí y las mujeres que lo amaron»   VI-97
Estudio de la vida sentimental de Martí durante su peregrinaje en busca de la libertad de Cuba. En Aragón, España, Blanca Montalvo es quien recuerda en sus versos, su primer amor; en México, Rosario de la Peña, Concha Padilla y Carmen Zayas Bazán, con quien se casó; en Guatemala, María García Granados, inmortalizada en su poema «La niña de Guatemala» y finalmente, Carmen Mantilla, en quien encontró comprensión pero, en definitiva, Cuba fue su gran amor

0.Godoy, Gustavo J.
«José Martí en Jacksonville»   VII-55
Se reseña la actividad patriótica de Martí en Jacksonville que era el principal centro de la industria tabacalera en la Florida, a la que seguían Cayo Hueso, Tampa, Ocala y Fernandina. Martí fue ocho veces a Jacksonville, cuando pensó que era el momento de consolidar los planes de la insurrección. El ensayo da las fechas exactas de esas ocho ocasiones y de las actividades que se hicieron. En la segunda visita dejó fundado el Club Cubano, que convocaba a actos patrióticos y recogía dinero de los emigrados para ayudar a las fuerzas mambisas. La respuesta de

la emigración era muy efectiva y Martí la agradecía mucho. La última vez que regresó fue en enero de 1895 para tratar de salvar algo del desastre de Fernandina que amenazaba retrasar el inicio de la guerra. En definitiva, se decidió seguir con los planes acordados. Martí regresó a New York, de incógnito; de ahí a Santo Domingo y con Máximo Gómez, el desembarco en Playitas y luego camino a Dos Ríos donde murió, en tierra cubana, que se hizo libre al recibirlo

Agramonte Roberto D.
«Martí y su concepción de la sociedad» VIII-47
Estudio de la dimensión del pensamiento martiano en sus múltiples facetas. Esta obra *Martí y su concepción de la sociedad* en cinco tomos, da esa universalidad de su pensamiento que es referencia obligada si se va a hablar de Martí. El Tomo I es sobre su concepción del mundo; el Tomo II es sobre la sociedad: vida urbana y rural, familia y pueblo; el Tomo III trata del progreso, la dinámica social; el Tomo IV es sobre la visión martiana de la educación y el Tomo V trata de los problemas económicos y políticos

Fernández de la Vega, Oscar
«Martí y White» VIII-61
Ensayo sobre Martí y su sensibilidad de las artes, especialmente la musical. Él era un gran poeta, la pintura la conocía a fondo, pero consideraba la música como «la más bella forma de lo bello» y es que es un arte abstracto que llega directamente al alma. Su crónica sobre un violinista cubano, José White, que dio un exitoso concierto en México, lo hizo rebosar de amor patrio porque la música lo transportaba a la infinitud de lo desconocido

Ripoll, Carlos
«Martí: romanticismo e idioma» IX-7
El ensayo se concentra en estudiar las innovaciones que influyeron de alguna manera en los siglos XVIII y XIX en la nueva estética del idioma y como Martí pertenece a esa época. Precisamente en el campo literario, analiza la funcionali-

dad que Martí le otorga al lenguaje, siendo la más esencial de todas la de subordinar el lenguaje al concepto, es decir, dar «en la forma más propia del asunto, la cantidad mayor de ideas posible» lo cual implica que *lo que se dice* debe primar sobre *como se dice.* Sentada esta norma, el estudio sigue indagando en la proyección martiana sobre este asunto, como es, por ejemplo, en los sustantivos nuevos que surgen según el avance de la sociedad, así como la adecuación de los adjetivos, dentro de los principios de nuestra lengua española. Luego Ripoll deja sentado, pues lo considera esencial, que esas ideas, tal como las proyectaba Martí, se percibían en la tradición cultural cubana como resultado de haber tenido mentores como Varela, Del Monte, Luz y Caballero y Mendive, y pasa de inmediato a fundamentar lo dicho a través del estudio de los mencionados

Hernández Chiroldes, J. Alberto
«La poesía de Martí y su vida matrimonial:
influencias y relaciones» XI-61

Se analizan estructuralmente, algunos de los *Versos Sencillos* de Martí buscando en ellos las huellas de su fracasada vida matrimonial por la incomprensión de su esposa que no supo ver en él su calidad humana, única. Muestra evidente de esto es el reproche que ella le hace en una carta: «¿Por qué no vivir la vida como los demás cubanos que han olvidado aspiraciones imposibles?» Resultado de todo es la reiteración de la imagen del hombre escindido en dos

Serra-Badué, Daniel
«Martí y la luz» XIV-7

Es un recorrido, desde la perspectiva de un pintor, del uso de la luz ya fuera como elemento natural o en su significación ética, a través de las crónicas martianas. Hace especial mención de las dedicadas al arte de la pintura, que fueron muchas a través de su vida, y en especial una de las primeras, cuando tenía 21 años, y se hace evidente el conocimiento que tenía de Miguel Ángel, Ribera y Tintoretto

Gómez Reinoso, Manuel
«Jorge Mañach, biógrafo de Martí» XIV-13
Empieza por presentar las circunstancias históricas que concurrieron en la vida de Mañach para que estudiara tan profundamente la vida de Martí, que se pueden resumir en las siguientes: nació justo al terminar la guerra de independencia; su niñez la pasa en Cuba y España, y hace sus estudios superiores en Harvard University y la Sorbona de París. Cuando regresa a Cuba, la República está buscando avanzar de manera positiva a pesar de la corrupción administrativa, herencia de la colonia, y la figura ejemplarizante de Martí se hizo necesaria. Mañach y otros de su generación, como Félix Lizaso, se lanzaron a estudiarla con profundidad. En 1933 se publica la biografía de Mañach *Martí, el Apóstol,* la cual se analiza desde distintos aspectos.

Piñera Llera, Humberto
«Hernández Catá y la 'mitología' de Martí» XV-9
Ensayo sobre el valioso aporte del escritor Alfonso Hernández Catá a los estudios martianos con su libro *Mitología de Martí*. El ensayo analiza qué es el mito, la conciencia mítica y como «lo genial es mítico», dada su desproporción y «quién efectúa lo sobrehumano sin dejar de ser humano, se trueca en mito». Aplicando estas conclusiones, el libro de Hernández Catá señala que en Martí el dolor siempre lo acompañó y culminó con su muerte en el campo de batalla, como los héroes míticos

Agramonte, Roberto
«Martí y el libro» XV-47
Divide el estudio en dos secciones. La primera lleva por título: EL LIBRO, LA CULTURA Y LA VIDA y dentro de éste incluye 4 secciones: 1- *El libro y la cultura,* 2- *La lectura, el estudio, el libro y la ética,* 3- *Otros aspectos instrumentales del libro* y 4- *El interior de un libro.* La segunda sección se titula: LIBROS PROYECTADOS POR MARTÍ, con noticias muy interesantes

sobre sus proyectos y en dónde se recogió parte de los mismos

Torre, Rogelio de la
«Martí y la generación del 98» XV-59
Considera los dos grandes acontecimientos literarios en lengua española, a finales del Siglo XIX: el Modernismo y la llamada Generación del 98; esta última, motivada por el derrumbe del imperio español en América, pero el primero indicaba la mayoría de edad de Hispanoamérica cuando escritores españoles de primer orden aceptaron las nuevas orientaciones. El nombre de Martí se coteja como iniciador, según la opinión de críticos muy autorizados. Pero otro aspecto que el ensayo admite que no se ha llegado a estudiar profundamente, y que deja aquí apuntado, es la influencia que los trabajos de Martí pudieron haber tenido en los escritores españoles en cuanto a ciertos giros y rasgos estilísticos o a correspondencia de ideas, por ejemplo

Jiménez, José Olivio
«José Martí y las 'Fiestas de la Estatua de la Libertad'» XVI-73
Analiza esta crónica de Martí desde cuatro planos: el realista, el lírico, el moral-trascendente y el artístico, en el aspecto formal y luego interpreta el significado emocional que le inspiró a Martí la llegada de esta estatua a la bahía de New York, al cumplirse el primer centenario de la independencia de los Estados Unidos, siendo él un poeta exiliado que padece el dolor de no tener patria.

Leopoldo Barroso
«El prólogo de los *Versos sencillos:* qué
quiso decir Martí» XVIII-179
Empieza por hacer una comparación entre los prólogos martianos del *Ismaelillo, Versos Libres y Versos Sencillos* a pesar de que, admite, en el *Ismaelillo* no hay prólogo, sino la dedicatoria a su hijo, lo cual es lógico, porque era un mensaje muy personal de un padre a su hijo. Luego pasa a hacer una interpretación muy subjetiva del prólogo a los *Versos sencillos*, atribu-

yéndole un tono oratorio como razón de que la idea no haya quedado expresada claramente, según tuvo por entendido el autor del ensayo

Barroso, Leopoldo
«Las puertas de Dite: huellas de Dante en los
Versos sencillos» XX-109

Un intento de interpretación de ciertos versos de Martí basadas en una supuesta alusión a la *Divina Comedia* de Dante, tomando algunos pasajes de ésta para compararlas con situaciones personales de Martí que, por su naturaleza, debieron de conmoverlo hondamente

Baeza Flores, Alberto
«La profunda sencillez de los *Versos Sencillos*
de José Martí» XXI-7

El poeta chileno Baeza Flores interpreta los versos del poeta cubano José Martí, en los que ve «relámpagos del alma», y descubre en ellos la voz secreta de un pintor impresionista que, con el rasgo tenue de un pincel, pinta un mundo de significados y trasmite eficazmente un mensaje de amor, o de esperanza, o de ilusión, de un mañana mejor

Campa, Antonio Radamés de la
«En los cien años de los *Versos Sencillos*
de José Martí» XXI-13

Un recorrido por los *Versos Sencillos* con motivo de su centenario, deteniéndose en aquéllos en los que el poeta va descubriendo su alma, hablando de lo que valora profundamente, como es la amistad, la patria, el amor, el arte, en fin, en todas sus dimensiones. Son esos versos como un diálogo consigo mismo a los que no les puede mentir

Barroso, Leopoldo
«El abuelo de *La rosa blanca*» XXII-99

Una interpretación libre del poema *La rosa blanca* de Martí, relacionándolo con unos versos del poeta alemán Ludwig Uhland, con motivo de la ofrenda que le hace a su madre muerta

Villaverde, Luis G.
«La creación poética según José Martí» XXII-103
Recorrido por la labor periodística de Martí, primero en Venezuela, después en New York. Hace notar que, literariamente, era ésa una época de búsqueda de nuevos horizontes y Martí no fue remiso a entrar en esa lid y se muestra abierto a «la expresión espontánea de la inspiración poética». De ahí su reto categórico: «Verso, o nos condenan juntos, / o nos salvamos los dos»

García, Enildo A.
«José Martí y los escritores norteamericanos» XXIV-140
Se estudia fundadamente, la influencia que recibió Martí en su formación humanística y en sus conceptos políticos y democráticos, de los pensadores y literatos norteamericanos, como resultado de los catorce años que vivió en los Estados Unidos y se documenta el análisis con una amplia bibliografía

Landa, Marco Antonio
«Una nueva luz en el misterio del discutido
romance de Martí en Guatemala» XXIV-154
Se especula sobre el episodio romántico de Martí en Guatemala con María García Granados según los datos tomados del libro *El idilio trágico de José Martí* del escritor hondureño Máximo Soto Hall, quien recuerda a Martí cuando éste llegó a Guatemala y su hermano mayor, diplomático de carrera, era un decidido partidario de la independencia de Cuba

«Palabras preliminares» (José Martí en el
centenario de su muerte) XXV-9
Se recogen en este volumen los trabajos sobre Martí que se presentaron en los dos congresos del CCP en 1995 y la relación de las obras sobre Martí expuestas en los mismos. Asimismo, se deja constancia de otra iniciativa en el tema martiano, con motivo del centenario de la publicación del *Ismaelillo* que se recogió en el libro *José Martí ante la crítica actual* (fdo. E.A.B.)

Cuadra, Ángel
«José Martí: análisis y conclusiones» XXV-13
 Cuadra, como poeta, con hondo sentido lírico, va encontrando en la vida de Martí las resonancias de su gran «poema vital» que comienza con la publicación del *Diablo Cojuelo* y *Abdala*, cuando era aún un niño, y después fue construyendo su vida «verso a verso» hasta culminar con su muerte en Dos Ríos, luego de sentar las bases de la república que soñaba

Álvarez Bravo, Armando
«Los diarios martianos como cristalización áurea» XXV-20
 Una evaluación objetiva y sagaz de los *Diarios de campaña* de José Martí donde el reencuentro con el suelo patrio y su exuberante naturaleza, trasmite la alegría del que regresa al lugar de donde fue arrancado y tiene el privilegio de comprobar «la precisión de sus sueños», después de una vida dedicada a forjar la conciencia de un pueblo

García Tudurí, Mercedes
«Cierre de la sesión de apertura del XV Congreso Cultural de Verano del CCP en conmemoración del centenario de la muerte de Martí» XXV-25
 La Dra. García Tudurí ahondó en la justificación del apelativo «Apóstol» para José Martí, teniendo en cuenta su raíz griega de «enviado» y la función que se le atribuye de «predicador de la fe verdadera», puesto que su predicamento, nos explica, eran «los principios en que descansaría nuestra nacionalidad» y terminó leyendo un poema de su autoría en el que le pregunta: «¿De qué cantera ignota salió tu estirpe humana?, ¿de qué fuente de luces brotó tu claridad?»

Leyva, Josefina
«Martí en dos dimensiones de su epistolario: las cartas a María Mantilla y a Manuel Mercado» XXV-27
 Recorrido por esos dos epistolarios: el de María Mantilla muestra la preocupación paternal de sentar las bases de su formación humana; en la de Manuel Mercado se revela el afecto

fraternal que para Martí significaba la amistad: confianza, sinceridad, nobleza, virtud

Jiménez, Luis
«El autorretrato de Martí a través del arte de
la epistolografía»   XXV-36
No es frecuente el autorretrato en Martí, aunque era común en la época. En su caso casi siempre aludía a su débil contextura y a lo inmediato de su muerte, que presentía temprana, aunque tenía la esperanza de ver libre a su patria, pero el presidio en Ceuta cuando tenía 16 años, le causó daños irreparables a su salud, agravados por la vida errante que tuvo en el exilio y por la incomprensión de algunos

Anhalt, Nedda G. de
«Moisés en Martí»   XXV-43
Señala algunas similitudes entre el profeta Moisés que condujo al pueblo judío por 40 años a través del desierto, y Martí, que dedicó su vida y lo sacrificó todo por la libertad de su patria; dos líderes de pueblos preocupados no sólo por la liberación de la esclavitud que sufrían, sino también por la moralidad de su futura nación

Hiriart, Rosario
«Mito vs. la escritura y el hombre: José Martí»   XXV-51
Un enfrentamiento a los últimos días / horas de Martí antes de morir tal como él presentía, en su patria, «de cara al sol». Se estudian sus cartas y sus Diarios, «De Montecristi a Cabo Haitiano» y «De Cabo Haitiano a Dos Ríos», donde describe y comulga con la naturaleza del trópico y sus noches espectaculares en las que siente la «música de la selva» que envuelve con su magia de sonidos: la voz del viento, el canto de los pájaros y el silbido de los insectos

Zaldívar, Gladys
«Polisemia simbólica y fuente de la camelia
en *Lucía Jerez*»   XXV-59

Se detiene en el valor simbólico que se le pudiera dar a la camelia en las cuatro ocasiones en que es mencionada en la novela por entrega «Amistad funesta», publicada después como *Lucía Jerez*

Hernández Miyares, Julio
«Martí y la poesía de Julián del Casal:
visión a distancia» XXV-66
Especula sobre la extraña circunstancia que, siendo contemporáneos Casal y Martí, no llegaran a tener una relación personal. Sin embargo, al morir Casal, Martí escribió una nota necrológica que aquí se analiza.

García, Enildo A.
«José Martí y Walt Whitman: 'literatura,
libertad y democracia'» XXV-75
Se establece la afinidad de pensamiento entre los dos poetas respecto a esos tres valores puesto que eran esenciales para ambos y los dos respondieron a su momento histórico, como les correspondía: Whitman vivía los comienzos de su país como nación independiente, con amplias perspectivas, y Martí comulgaba con los mismos valores, pero se mantenía luchando por darle a su isla la libertad.

Alzola, Concepción T.
«Los americanismos de *Nuestra América*» XXV-89
La autora se limita a recorrer los artículos, ensayos, apuntes de viajes, cartas y discursos que se agrupan generalmente bajo la generalidad de «Nuestra América» y así señala infinidad de voces de todo tipo: geográficos, étnicos, de vestuario, comidas, bebidas, etc.

Oria, Tomás G.
«El ideal krausista de la vida como razón que
separa la obra de Martí del modernismo» XXV-95
Identifica cuatro etapas en el modernismo y sitúa a Martí en la tercera, cuando se muestra una preocupación por el destino del hombre y los problemas de Hispanoamérica. De ahí lo identifi-

ca con el movimiento de F. Krause que tuvo acogida en España a principios del siglo XIX

Alvarado, Adalberto
«Del santo cubano al apóstol de la independencia»   XXV-102
Señala las coincidencias históricas que abonaron el proceso de las ideas liberales: Varela desde su cátedra del Seminario San Carlos teniendo por alumnos laicos a Saco, Luz y Caballero, Poey, Del Monte y, entre otros, a Mendive, el que fuera más tarde mentor de Martí, que nació precisamente 28 días antes de morir Varela

Torre, Rogelio A. de la
«La patria de Martí: el sueño de un poeta»   XXV-107
Va analizando la excepcionalidad de Martí como ser humano: no era sólo el poeta que saja de sí mismo, ni el líder que sueña con la gloria, sino el que ofrece a quien lo siga «el placer del sacrificio y la ingratitud probable de los hombres» pero para la patria que forjaba quería «el culto...a la dignidad plena del hombre»

Rasco, José Ignacio
«¿Fue Martí político?»   XXV-112
Para contestar esa pregunta parte de la definición de la Academia y de la que dio Azorín con tono jocoso y luego va analizando a Martí desde diversos aspectos: prioridades, ideario, instrumentos, etc. No da una respuesta concluyente, pero la sugiere al subrayar ciertas claves en las bases del Partido Revolucionario Cubano

Costa, Octavio R.
«Presencia de los temas eternos en la obra
de José Martí»   XXV-119
Admitiendo que desde principios de la República han aparecido varios volúmenes recogiendo el pensamiento de Martí en forma de diccionario, para hacer accesible su conocimiento y divulgación, aparte de eruditos libros de análisis, Costa se limi-

ta a analizar sólo cuatro de los que él llama «temas eternos» sin pretender que sean exclusivos: Dios, Hombre, Vida y Muerte

Jiménez, José Olivio
«La universalidad de Martí»   XXV-126
Parte de lo dicho por Emil Ludwig en cuanto el valor de los apotegmas de Martí, de que «por sí solos serían suficientes para convertirlo en el guía espiritual del presente momento del mundo» y esto se debe a la excepcionalidad suya de sentir tan honda y sinceramente el *deber* para con la *patria* e identificar a ésta como «la porción de la *humanidad* que vemos más de cerca, y en que nos tocó nacer»

Zuleta Álvarez, Enrique
«Martí desde la Argentina»   XXV-132
Destaca tres períodos: el 1º el de sus colaboraciones en *La Nación* en Buenos Aires; el 2º la presencia de Henríquez Ureña como profesor de la Universidad puesto que dio a conocer entre sus alumnos la figura de Martí; el 3º, que como resultado de esa divulgación, salieron a la luz serios estudios sobre Martí, a excepción del mal informado Martínez Estrada. Hoy en día la figura de Martí brilla en su justa medida.

Martínez Paula, Emilio
«Martí y la letra de molde»   XXV-150
Sigue la ruta de Martí como periodista, desempeño en el que se inició desde que era adolescente, con *El Siboney* (hoja clandestina), *El Diablo Cojuelo, Patria Libre*, donde publica su poema «Abdala» y el folleto *El presidio político en Cuba*. Comienza como profesional en México y continúa en Guatemala, Venezuela, Argentina y New York, introduciendo recíprocamente a ambas culturas, al mundo hispanoamericano y al norteamericano

Gutiérrez de la Solana, Alberto
«La inmarcesible palabra de José Martí en la
prensa continental»   XXV-159

Hace un detallado recorrido de la labor periodística de Martí, con colaboraciones en periódicos y revistas, algunos fundados por él, en diferentes países de nuestra América y Estados Unidos, a donde lo llevó su largo exilio. Es un valioso aporte bibliográfico a esta faceta de la vida de Martí: el periodista

Rexach, Rosario
«El periodista que fue José Martí: cómo se gestó» XXV-169
A través de su quehacer periodístico, que empezó muy temprano en su vida, señala los conceptos éticos que Martí introducía en sus artículos, puesto que consideraba que el periodismo tenía la misión de enseñar y conducir hacia lo noble y lo bello

Febles, Jorge
«Martí y el béisbol: un caso de animadversión
metafórica» XXV-177
Hace evidente, con citas oportunas, el concepto peyorativo que tenía Martí para la afición al béisbol, el boxeo o las carreras, que mostraba la sociedad norteamericana, por ser esas actividades más lucrativas que las del intelecto

Suarée, Octavio de la
«José Martí y la 'acción afirmativa'» XXV-184
Se especula sobre la orientación que hubiera tomado Martí, de haber vivido a finales del siglo XX, cuando la sociedad norteamericana se enfrentó al problema de la discriminación racial

Rela, Walter
«Martí plenipotenciario del Uruguay ante la
Conferencia Monetaria Internacional
(Washington D.C. marzo de 1891)» XXV-190
Da pormenorizados datos en relación a la representación diplomática que Martí ostentó de la República del Uruguay en esa Conferencia y aporta en las notas, copia exacta de docu-

mentos que justifican las razones por las que renunció, que desdicen las falsedades que se hicieron correr

Yannuzzi, Alberto
«La ruta de Martí de Playitas a Dos Ríos según
Rafael Lubián y Arias» XXV-198
A comienzos de la República, el Estado Mayor del Ejército tuvo la iniciativa de reconstruir palmo a palmo, la ruta de Martí desde su desembarco en Playitas. Aquí se sigue ese episodio según el libro *Martí en los campos de Cuba Libre* de Rafael Lubián y Arias

Canonge, Héctor A.
«La *femme fatale* como símbolo en los
Versos sencillos de José Martí» XXV-211
Se le atribuye al modernismo el haber traído la imagen de la mujer fatal a Hispano América y luego va ilustrando cómo Martí configura las características perversas de esa condición femenina en «La bailarina española», figura que no es nueva porque la encontramos en la Biblia y la Mitología, pero que reaparece al final del siglo. No se le escapa a Martí el sufrimiento del hombre por causa de ella, en sus *Versos sencillos*

Ahumada, Alfredo
«La lectura de José Martí por Gabriela Mistral» XXV-226
Deja constancia del impacto que habían producido en Chile los artículos de Martí publicados en Argentina y Venezuela y la influencia del poeta cubano que se advierte en la Mistral, cuando dijo «refugio me ha sido y me será»; definió la originalidad de Martí con tres rasgos: tono, vocabulario y sintaxis y como motivo que lo guía: «el amor sin odio»

Barroso, Leopoldo
«Idilio en un campo florido» XXV-231
Un intento de interpretación del poema que comienza «En un campo florido…» del grupo que se conoce por «Flores del destierro». El poeta Eugenio Florit, al analizar estos versos, llamó a la cuarta estrofa, «la del misterio» porque —pregunta—

¿quiénes son la última pareja del grupo?, especialmente, ¿quién es la novia? ¿la poesía? ¿la muerte? Florit fue quien llamó la atención sobre estos versos y aún sigue debatiéndose su interpretación

Lolo, Eduardo
«F.R.Krautzwald, E. de Laboulaye y José Martí:
venturas y aventuras de una traducción»   XXV-235
Una revisión del cuento de la *Edad de Oro* «El camarón encantado» teniendo en cuenta los antecedentes de éste en piezas del folklore europeo, con el tema recurrente del castigo que recibe quien actúa por codicia. El ensayo se centra en tres versiones de finales del siglo XIX: una rusa, la otra francesa y la de Martí

Jiménez, Onilda A.
«Elementos tradicionales y modernos en el
concepto martiano de la mujer»   XXV-241
Analiza, a través de poemas, ensayos y cartas, el concepto que tenía Martí de cómo debía ser la mujer en cuanto a su preparación, su función en la familia y en la sociedad, para que cumpliera eficazmente el papel que le corresponde como compañera del hombre en su destino común

Sánchez-Grey Alba, Esther
«Raíces introspectivas en el teatro de José Martí»   XXV-249
Se indaga en las cuatro únicas piezas teatrales que hizo Martí, las coincidencias posibles con su propia vida: sus primeros amores, el de la patria, el prohibido y el gozoso y otra vez el sueño de llevar la libertad a los pueblos

Saa, Orlando
«José Martí: decencia, dignidad y decoro»   XXV-258
Analiza el Manifiesto de Montecristi, resaltando en él estos tres principios: decencia, dignidad y decoro en los que Martí cifró la noble empresa de hacer libre a Cuba y señaló que debían ser las bases de la nueva república

Alba Buffill, Elio
«Martí a través de su ensayo político»   XXV-264

Analiza primero los valores éticos y morales que obtuvo a través de su formación educativa y luego va sobre sus ensayos políticos, desde el primero, sobre el presidio político en Cuba; luego enfrenta a España a su propia historia; amplía el horizonte a Nuestra América y por último se vuelve hacia la patria que está forjando, en la que ve un pueblo hermanado en la libertad «con todos y para el bien de todos»

Amor y Vázquez, José
«Intelectuales españoles ante la figura de Martí:
Ángel Lázaro, galleguidad y cubanía» XXV-274

Señala la repercusión que tuvo el centenario de la muerte de Martí en China, la India y demás naciones, así como los muchos intelectuales españoles que han escrito sobre Martí, para luego ir sobre la vida del dramaturgo Ángel Lázaro, de padre gallego y madre cubana, que llegó a identificarse con Martí como poeta y como exiliado

Costa, Octavio R.
«Roberto Agramonte y su concepción de José Martí» XXVI-96

En su monumental obra sobre Martí, que incluye tres libros fundamentales, el Profesor Agramonte destaca una arista muy importante de su carácter: el de filósofo. Explica cómo desarrolló su filosofía a través de su vida: como amigo, padre, periodista; en sus versos, discursos y en su obra: la republica que soñaba, donde se respetara el decoro del hombre

Martínez, Luis
«Los *Versos Sencillos*, autobiografía espiritual
de José Martí» XXVI-142

Después de fundamentar el alto contenido personal de los *Versos Sencillos*, puesto que reflejan su vida, se analiza la composición de estos cuarenta y seis poemas y se reconoce en ellos su técnica simbolista, su comunión con la naturaleza y su lírica confesional

Lolo, Eduardo
«Martí en inglés» XXXIII-12

Estudio de la labor de Martí para dar a conocer a ambos mundos —el norteamericano y el latinoamericano— sus respectivas culturas. En New York, con sus colaboraciones como crítico de arte en *The Hour* y en *The Sun* presenta pintores y poetas españoles desconocidos en los Estados Unidos. En Latinoamérica, como corresponsal de importantes periódicos, escribe sobre escenas norteamericanas

Vega, Aurelio de la
«Martí y la música» XXXIII-21
La extrema sensibilidad artística de Martí y su conocimiento de la poesía, pintura y música, influyó su obra intelectual, pero es la música «la más difícil, la más esotérica, la más abstracta, la más elusiva», la que siempre estuvo más cerca de su corazón pues es la mejor forma de comunicación del alma humana

Cuadra, Ángel
«Ética y poesía en José Martí» XXXIV-112
Una vez establecido que el concepto ético de Martí se basa en el *deber*, llegando al sacrificio del «yo», se comprende que aspirara a que «la ley primera de la república fuera el culto a la dignidad plena del hombre» y, siendo esencialmente poeta, ofreció a sus semejantes lo mejor de sí, que era la poesía, no como objeto placentero de belleza, sino como norma de conducta, como meta, como ideario para abrir horizontes de libertad y de luz

Fernández de Cárdenas, Gastón J.
«Martí y la esclavitud» XXXIV-119
Dejando bien establecido que el principio básico de la ideología martiana era la libertad, pasa a analizar el impacto que en él tuvo la falta de ese bien que lo sentía en dos aspectos: la esclavitud del negro y la esclavitud política. La primera se abolió por Céspedes y sus seguidores en 1868, al iniciarse la primera guerra de independencia y se reconoció en todas las Constituciones, desde las primeras en la Cuba insurrecta, hasta la republicana de 1940. Desdichadamente la segunda, la esclavitud

política, ha regresado con la implantación del comunismo en Cuba

Gutiérrez, Mariela A.
«José Martí: devoto a la patria y a su América» XXXV-62
Se concentra en la visión americanista de Martí plenamente establecida en su ensayo «Nuestra América» en el que refleja cómo al pisar tierra continental, sintió el impacto telúrico de su mundo, que llamó «fabuloso» y lo abrazó con amor, reconociendo el aliento del alma de Bolívar, pero le dolía que no se llegaran a fusionar los tres elementos étnicos del «hombre americano»: el indio, el blanco y el negro, en un propósito común que los uniera

Ibaceta, Herminia D.
«Onilda A. Jiménez y *La mujer en Martí*» XXXV-72
Revisa este libro de la Dra. Jiménez, que va más allá de otros libros que se han hecho sobre el tema, puesto que aquéllos se enfocan más en el aspecto amoroso, en tanto que éste analiza «al pensamiento martiano con respecto a los valores de la mujer y a su función dentro de la familia y de la sociedad en general». A ese efecto, parte de las ideas judeo-cristianas que pasaron al cristianismo y que el Romanticismo reflejó en la literatura y el arte y pasa luego a analizar las ideas de Martí sobre la mujer, adecuadas a las normas de la época, pero reconociéndole el mismo nivel intelectual del hombre

Lolo, Eduardo
«José Martí en la obra de Carlos Ripoll» XXXVI-28
Estudio detallado de las obras de investigación martiana de Carlos Ripoll. Este ensayo recoge la labor gigantesca que hizo Ripoll recogiendo en bibliografías, y en colecciones de diferente temática, la portentosa obra literaria de Martí publicada en periódicos y revistas, ensayos o conferencias o poemas que habían quedado dispersos

Luis Mario
«El florecer de versos en la prosa de Martí» XXXVI-79

En este trabajo el crítico destaca la musicalidad de Martí y el milagro de convertir en verso temas en prosa puesto que «como Beethoven, llevaba la música por dentro». Para esto tomó de ejemplo su discurso «Los pinos nuevos» que improvisó en el Liceo Cubano de Tampa al conmemorarse veinte años del fusilamiento de los estudiantes de medicina, y que fue recogido taquigráficamente

Lolo, Eduardo
«Los pintores en José Martí y José Martí
en los pintores» XXXVII-47
Reconoce en Martí su interés en el arte pictórico desde muy joven y su innata sensibilidad para apreciar una obra de arte. Luego recorre a través del tiempo, los cuadros o reproducciones que se han hecho sobre la figura de Martí y del momento trascendente de su muerte en Dos Ríos, dando en holocausto a la patria, su propia vida

Lolo, Eduardo
«Cuba en la obra de Carlos Ripoll» XXXVIII-18
Se estudia la obra de investigación histórica de Carlos Ripoll en sus dos vertientes: Martí y Cuba. Se enfatiza la cubanía de Ripoll a través de ensayos, libros y colecciones de ensayos sobre figuras destacadas de Cuba. Su bibliografía sobre ambas vertientes se complementan y son consulta obligada para cualquier estudio sobre Cuba

Lolo, Eduardo
«Personas y personajes infantiles en la obra
de José Martí» XXXIX-7
Después de dar los lineamientos ya conocidos de la literatura infantil, y de las circunstancias personales de Martí de la ausencia de su hijo que Martí tuvo que sufrir por la incomprensión de su esposa, se detiene en ciertas piezas de este género en donde se ha advertido en el autor, al padre-poeta. El primero es el *Ismaelillo*, en que el padre sueña con el futuro de su primogénito; los otros aparecieron en *La Edad de Oro*: «Nené traviesa», «La muñeca negra» y el cuento en verso «Los zapaticos de

rosa», inspirado posiblemente en esa niña que tanto amó, María Mantilla. Otro cuento aparecido en *La Edad de Oro* que se comenta es «Bebé y el Sr. Don Pomposo»

Mario, Luis
«Martí en Darío y Nicaragua en Martí»　　　　　　　XL-28
Narra el encuentro entre José Martí y Rubén Darío en el Hardman Hall, de New York, el 24 de mayo de 1893, del que dieron cuenta distintas revistas y periódicos. Era el encuentro de dos grandes de América, de dos poetas entregados a una magna obra: uno, a liberar a la poesía de patrones trillados; otro, a ofrecerle a su patria, senderos de libertad. Años después, en *Los raros*, Darío dejó constancia de su admiración por Martí

Mario, Luis
«Semblanzas martianas»　　　　　　　　　　　　　XLI-19
Análisis de facetas de la personalidad de ese genio de la naturaleza que fuera José Martí. Desde niño mostró destellos de inteligencia singular, ética y apreciación de la belleza y del deber como hijo, como estudiante y con el suelo que lo vio nacer; como padre, nos dejó ese bello libro, el *Ismaelillo*, ternura hecha palabra. Y como hombre de su tiempo, fue tribuno, escritor, dramaturgo, novelista y genialmente, poeta, entre otras más facetas que se pueden encontrar

Whitmarsh, Rosa Leonor
«José Martí: libertad, autonomía y conducta»　　　XLIV-44
El concepto de *libertad* se ha asociado a la obra de José Martí de una forma uniforme y universal y en este sentido se reafirma este «*leit motiv*» que identifica con sello ineludible su obra. Se distingue en este trabajo, en primer lugar, que la libertad en la cual se ubica a Martí es una «libertad concreta» que se encuentra supeditada al medio ambiente en que se desenvuelve el individuo, mientras que el sentido de la «libertad abstracta» se percibe a un nivel sensitivo y cognitivo que no coincide necesariamente con la realidad circundante. Se explica, asimismo, las razones teóricas que contribuyeron a la formación de Martí

desde su nacimiento hasta su decisión de formar parte activa en la compleja realidad de la Isla en que nació y que por lo tanto «A la libertad de Cuba dedicó su corta vida». El estudio determina que ese sentido de libertad que caracterizó la existencia del mártir cubano, lo convierte en un modelo ejemplar de cristiano moderno con la misión establecida de servir y amar a su prójimo

Sánchez-Grey, Esther
«José Martí en su ámbito familiar» XLIV-53
Se otorga especial atención en este estudio al lugar que la vida y responsabilidad familiar de José Martí conlleva en la historia del hombre que al cumplir su propio destino histórico cambiaría, a su vez, el destino de su patria. Se explica la importancia de la vida íntima del mártir cubano en el seno familiar; la preparación y educación que recibió, la relación con su madre, a quien escribió los primeros versos; su admiración y respeto por su padre, que se percibe en sus *Versos sencillos*; y las interacciones filiales con sus hermanas. Se lucida que lo que asombra de la vida del héroe cubano es que «cultivó con intensa ternura los lazos familiares; lo sublime no opacó lo cotidiano; su camino de gloria no lo desvió de su camino de hombre», todo lo cual justifica el merecido título de Maestro

Lolo, Eduardo
«*La Edad de Oro* de José Martí: crónica de una edición crítica presentida» XLV-92
Crónica de un proyecto del autor para hacer una edición crítica de este fundamental libro de José Martí

Acosta, Antonio
«El *Martianismo* en la Constitución cubana de 1940» XLV-164
Acosta analiza con objetividad la influencia directa del pensamiento martiano como fuente inspiradora de la Constitución cubana de 1940, desde su preámbulo hasta diversos artículos en los que se le nombra y se señalan sus enseñanzas patrióticas, políticas, sociales y económicas

Gómez Reinoso, Manuel
«José Martí y la naturaleza: estrato fundamental
de su pensamiento» XLVI-10
    Partiendo de las ideas del pensador latino del siglo II, Lucrecio, sobre la perdurabilidad de la naturaleza puesto que en ella nada perece, sino que se transforma y rehace, este ensayo se proyecta a evidenciar como «la poesía y la prosa martianas, están esencialmente inspiradas por la naturaleza» y de ahí pasa a poner contundentes ejemplos de los símiles, referencias, alusiones, etc. que, tanto en verso como en prosa, surgen espontáneas para darle cabal expresión a una idea

Alba-Buffill, Elio
«Análisis de cuatro íconos de la ensayística de
Martí que perfilan su visión político-social» XLVI-23
    Este estudio se centra en cuatro ensayos de Martí, representativos de su ideario político. Empieza por analizar la formación humanista que tuvo Martí, primero con su maestro Mendive; después en sus estudios universitarios de Derecho y de Filosofía en España, donde tuvo oportunidad de percibir los valores éticos a través de la historia y la literatura. El primer ensayo escogido es «El presidio político en Cuba» resultado de su cruel experiencia siendo aún un adolescente; el segundo es «La república española ante la revolución cubana» en el que muy oportunamente enfrenta la conciencia cívica de los vencedores con el afán de la colonia por obtener igual beneficio de auto determinarse. En el tercero, «Nuestra América», justifica los tropiezos iniciales de las nuevas repúblicas, en no haberse ajustado los nuevos gobiernos a las realidades autóctonas de los pueblos y el cuarto ensayo es «El Manifiesto de Montecristi» en el que postula el fundamento ideológico de la revolución cubana y las bases de la futura república, sin odios, pero con respeto a la dignidad plena del hombre

Castillo Martín, Amelia del
«Walt Whitman y José Martí» XLVI-45

Comparación entre dos grandes poetas de Nuestra América, la del norte y la del sur. Se recogen citas de Whitman que lo muestran como un alma gemela de Martí en sus conceptos humanos, políticos y éticos y comentarios al trabajo de Martí sobre Whitman que le dio a conocer en el mundo hispano, publicado cinco años antes de morir éste

NOVELA
Antillas
Alba-Buffill, Elio
«Loveira y Zeno Gandía: representantes del naturalismo en las Antillas» V-85

Ubicación de la obra de estos dos autores antillanos, dentro del naturalismo, que es donde se los ubica. Para ello se analizan las características de este movimiento, pero ya desde el principio se anticipa a señalar la influencia del positivismo, y como los autores del presente estudio son antillanos, se tiene en cuenta la manifestación de estos movimientos en el hemisferio hispanoamericano

Argentina
Ramos, Marco Antonio
«Leopoldo Marechal como novelista cristiano» VIII-143

Estudio de las ideas religiosas del novelista y poeta argentino Leopoldo Marechal, quien en sus propias palabras aceptó «sólo estar comprometido con el Evangelio de Jesucristo». Sus tres libros: *Adán Buenosayres, Banquete de Severo Arcángelo* y *Megafón o la Guerra* tienen en común el «simbolismo apocalíptico»: la caída del hombre está representada por edades, la del «hierro» lo convierte en robot que necesita encontrar al Hombre Sangre, Jesús. En resumen, Marechal es un novelista cristiano

Sánchez-Grey Alba, Esther
«*Los siete locos* de Roberto Arlt» XII-31

Empieza por analizar a Roberto Arlt no sólo como escritor, sino como hombre, o sea, como un producto de su ciudad y su época, factores ciertamente determinantes en él. Su personalidad sorprende, es impulsivo, cortante, desafiante. Luego se enfrenta al estudio de *Los siete locos* desde tres aspectos fundamentales: su estructura, los personajes y los recursos técnicos. El primero es el más fundamental, porque se da una explicación muy lúcida de cómo la historia de *Los siete locos* se complementa en *Los lanzallamas*. Los personajes son seres formados en la conciencia del autor, tomados quizás de su experiencia como reportero y sus recursos técnicos surgen espontáneamente dentro de lo que él llama «aspectos», pero más bien son «planos» dentro de la trama, de tipo psicológico, policial o fantasioso

Ruso-Aragonez, Marisa
«Lo real y lo fantástico en *La caída* (1956) de
Beatriz Guido» XXXVI-108
Narración donde lo real, lo fantástico y la imaginación, se mezclan para documentar las pasiones de una familia argentina en los difíciles años que siguieron a la caída de Perón. En la trama y la situación creada queda reflejado el caos que vivía el país

Ramírez Márquez, Alister
«Perspectiva de la nueva novela histórica latinoamericana.
Ema, la cautiva (1981) de César Aira» XXXVII-161
Se analiza la novelística del escritor César Aira en su función de representante de la Novela Histórica Hispanoamericana. Comienza esta tendencia con la primera, *Moreira* (1976), pero este trabajo se detiene en las dos que siguieron, *La liebre* (1991) y *Ema, la cautiva* (1981). En ambas, la perspectiva se centra en la etnia de los personajes: blancos europeos e indoamericanos, algunas veces nativos, y otras, como Ema, mezcla de blanco e indio, pero en ninguno de los casos se atiene a una verdad histórica, haciendo esto patente en el texto

Leyva, Josefina

«Marcos Aguinis entre el infierno y el edén
en su novela *Asalto al paraíso*» XLII-182

El estudio comienza por suministrar datos personales del escritor argentino, porque en cierta forma lo han determinado como escritor puesto que sus abuelos fueron víctimas del horror nazi y esto lo ha hecho un combatiente activo de todo régimen absolutista como fue el peronismo y lo es el comunismo. En la novela que se estudia, las vertientes política e histórica son los hilos conductores de la trama que se desarrolla en dos planos: uno es el de los ataques terroristas ocurridos en Buenos Aires, primero en la Embajada de Israel y dos años después en una Asociación Mutualista; el otro plano, que se desarrolla paralelamente, es el de cuatro terroristas palestinos que ejecutarán el segundo ataque.

Vigliani de la Rosa, María Elena
«La Argentina visible y la invisible en los personajes
de la novela *Todo verdor perecerá* de Eduardo Mallea» XLII-191

El estudio toma como base la novela del escritor argentino, intentando aproximarse tanto a sus personajes como a la situación que describe. No obstante, los lectores se percatan que, para lograr su enfoque crítico, Vigliani de la Rosa yuxtapone el discurso literario de la novela con el clásico literario imperecedero de Mallea, *Historia de una pasión argentina*, y así apoyar sus propuestas. El ensayo sigue de cerca la presencia de ciudadanos argentinos observando su evolución en diversas esferas sociales. Los mundos creados por la imaginación del escritor, con visos claros de autenticidad social, forman parte del análisis

Bilbao Richter, Bertha
«*La Hora* de Emil García Cabot: esperas, distracciones
y veredicto del tiempo» XLIV-149

Se interpreta esta novela desde el punto de vista del corpus, en su conjunto, de la obra completa que se acrecentó con esta pieza objeto de estudio. Se reconoce que el estilo de García Cabot dista del estilo canónico y, por lo tanto, se requiere entender esta novela desde un matiz heterodoxo afín al arte pictórico del pincel literario. Se demuestra que se requiere escudriñar la estructura narrativa a manera de «una narración simultánea vehiculizada por personajes» en constante transición y movimiento, en vez de desde una lógica estática y sedentaria. Se puede advertir al final, que los elementos narrativos que parecieran ser ortodoxos, se contraponen a aquéllos que los niegan, puesto que si admitimos la residencia de la convención en la realidad ficticia de la trama, habría que notar, de igual forma, que «en *La Hora*, la convención es el narrador ausente»

Chile

Agosín, Marjorie
«Mysticism and anti-mysticism in María
Luisa Bombal's *La última niebla*» XI-57

La niebla envuelve a la protagonista y la atrapa en una realidad asfixiante de la que trata de escapar con su imaginación, pero al final, cuando esto falla, se resigna a vivir en una última niebla que la sofoca. Esta situación responde a una, casi constante en la narrativa de la Bombal; sus personajes femeninos viven encerradas en un mundo interior del que luchan inútilmente, por liberarse

Natella, Arthur A.
«Consideraciones sobre la estilística de
Pedro Prado en *Alsino*» XIII-63

La crítica ha reconocido el lirismo de la prosa en esta novela, atribuyéndole ser una de las mejores novelas poéticas de nuestra literatura. Así, se recorre la novela en busca de los recursos poéticos que se utilizan para comunicarle al lector sensaciones telúricas a través de la repetición de sonidos o voces sugerentes, algunas veces; otras, son descripciones, otras, evocaciones

Pérez Rivera, Marcia
«Jorge Edwards entre la biografía y la ficción en
La casa de Dostoievski» XLI-210

Ensayo sobre una novela controversial de Jorge Edwards que como diplomático y escritor ha sido testigo y narrador de varios hechos históricos y se ha visto envuelto en polémicas. La novela es sobre el poeta chileno Enrique Lihn que visitó Cuba y se vio envuelto y participante del régimen comunista de Castro, pero al regresar a Chile ya parecía estar decepcionado por «la atmósfera de vigilancia y persecución que había en la isla». La novela trata de recobrar al amigo de juventud y los años de estudiantes en Chile

Colombia
Bralove, Alicia
«Rebelión y conformidad en el personaje
protagonista de *Mi vestido verde esmeralda*
de Alister Ramírez Vázquez»   XLII-212

El ensayo intenta acercarse, tras numerosas citas de variados críticos, al personaje femenino protagónico de esta novela de Ramírez Márquez. A ese efecto, comenta varios pasajes de la trama y la relación de la protagonista con su ambiente, con otros personajes y el impacto que algunos de ellos tuvieron en su vida, pero al final establece en las conclusiones, las circunstancias de lugar y época que son necesarias tener en cuenta para enjuiciar a la Clara de esta historia que, al parecer, en definitiva «es la antítesis de una víctima»

Cuba
Fernández, Gastón J.
«El Primer Magistrado en *El recurso del método* de
Carpentier y el olvidado Primer Ministro»   VII-71

Análisis comparativo entre la ficción planteada en esa novela y la realidad política en la Cuba de Castro y lo que se destaca en ello es «el silencio culpable que el escritor sabe guardar para no rozar con la más mínima referencia a la dictadura que hoy domina a su patria» a pesar que la posición que le dio a su personaje ficticio, la de Primer Magistrado, hace pensar ineludiblemente en la de Primer Ministro que ostentaba en ese entonces el dictador en ejercicio de Cuba

Suárez, José Ignacio

«Cuba y *El Mandarín* de Eça de Queiroz» XII-51

Este ensayo se hace eco de la presunta influencia que tuvo en el renombrado novelista portugués su estancia en Cuba, como representante diplomático de su país en La Habana, a fines del siglo XIX, cuando la Isla de Cuba era todavía una colonia española. La referencia la estableció como una hipótesis, el crítico portugués Joao Gaspar Simoes en un estudio biográfico sobre el novelista, basándose en la circunstancia histórica de que en la época en que Queiroz desempeñó sus funciones diplomáticas, la metrópoli española estaba tratando de reemplazar la mano de obra esclava traída de África, por trabajadores chinos provenientes de Macau, contratados bajo precarias condiciones

Ortúzar-Young, Ada
«La evolución del protagonista en la novelística
de Carlos Loveira» XII-83

Al estudiar los personajes de las novelas de Loveira se aprecia una evolución en ellos que permite clasificarlos según sus características. En las cuatro primeras (1919-1924), los personajes principales mantienen su integridad moral a toda costa, como un patrón de conducta. *Juan Criollo* (1927) cierra ese ciclo; es un hombre inmoral y oportunista. A partir de esta novela, sus personajes, masculinos o femeninos, cambian según fuera el estado de ánimo del autor o sus preocupaciones cívicas en ese momento y de acuerdo a esto, se van categorizando los mismos

Gutiérrez de la Solana, Alberto
«Literatura y psicología. *El bebedor de lágrimas*
de Alfonso Hernández Catá» XV-41

Estudio de Hernández Catá como un «buceador del alma humana», obsesionado con la muerte, pero «apasionado por la vida». En su novela *El bebedor de lágrimas,* presenta un protagonista sin antagonista, exitoso y con talento, pero no sabe cómo cultivarlo; sólo le interesa perseguir mujeres para hacerlas sufrir y provocar sus lágrimas, pero él está consciente que es un frustrado sin futuro; por eso considera que su liberación sólo está en el suicidio. Hernández Catá fue un observador y para él, escribir era impartir belleza a las experiencias de la vida

Feijoo, Gladys
«La madre en la novela *Cecilia Valdés* de
Cirilo Villaverde» XV-79
La sociedad y costumbres de la vida colonial y esclavista cubana y el papel que la mujer jugaba en ella, queda expuesto en el desarrollo de esta novela, especialmente el de la madre, puesto que es la pasión de una madre ofuscada, la causante del fatal desenlace, como queda expuesto en el análisis que se hace de la trama

García Osuna, Alfonso J.
«*La canción de Rachel* y el desentrañamiento
de la realidad» XVII-115
La obra pretende ser una novela testimonial, pero en definitiva no lo logra porque transcurre en un ambiente creado sobre la base de un personaje representativo. El propósito debió ser político, pues el propio autor, Miguel Barnet, admitió que «perdió el rumbo»

Alba-Buffill, Elio
«La Avellaneda y la literatura antiesclavista» XIX-123
Estudio de la novela *Sab* de la Avellaneda desde un punto de vista literario, social e histórico. Responde al movimiento romántico y a la literatura antiesclavista cubana del siglo XIX, manifestada en forma de ensayo y de novela. Señala que las salvedades que la Avellaneda hace en el prólogo, corroboran que estaba consciente del mensaje antiesclavista que contenía. Subraya un aspecto en el que la crítica no se ha detenido suficientemente, que es el atribuirle al personaje del esclavo una dimensión de héroe de la novela histórica, así como de ser portador del mensaje romántico de la libertad humana con un lenguaje y una sensibilidad muy superior a la que su condición sugiere

Aldaya, Alicia G.R.

«¿Es *La noche de Ina* la típica novela
femenina contemporánea?» XXI-23

El ensayo presenta una nueva perspectiva de interpretación. Analiza la novela desde dos aspectos: uno, el tradicional, que sigue el acontecer de la trama con la perspectiva del observador omnisciente; el otro, de concepción dramática, que pone en acción las emociones de los personajes para que el lector ocupe la posición de lo que en el teatro es «la 4ª pared». Otro aspecto a considerar es el de la ubicación: el *temporal:* una noche, en una reunión social, y el *espacial*, que se amplía en geografía y época. Es una novela feminista que rompe el marco narrativo, sin embargo, trasciende el feminismo porque busca el derecho de todos al libre albedrío

Yannuzzi, Alberto
«El Coronel Cemí: presencia paterna en
Paradiso de José Lezama Lima» XXIV-92

Estudio de *Paradiso* de José Lezama Lima, que está basada en el padre del autor. La novela narra su vida familiar, marcada por dos muertes: la de un hermano y la de su padre, José Cemí, militar de carrera, querido y respetado por todos por su honor como militar, su carácter y su preparación. Su muerte inesperada, víctima de la influenza, estando en una misión oficial en Estados Unidos, fue un duro golpe para todos

Lugo Nazario, Félix
«Sentido y función del mito de Jasón en
El arpa y la sombra» XXIV-99

El ensayo hace su análisis en el supuesto de que Carpentier haya basado su novela *El arpa y la sombra* en el mito de Jasón que, como Colón en su época, hizo un largo viaje a lo desconocido motivado por el interés de obtener riqueza y reconocimiento social. Presumiendo esto como cierto, el ensayo trata de descubrir «las correspondencias de estructura y de contenido, entre la novela y el mito». Además, señala el autor, que la comparación es posible porque como se ha observado, la Historia da ejemplos de acciones que se repiten, aunque los resultados difieran según las circunstancias

Jiménez, Onilda A.
«El protagonista de *Días ácratas* de Alberto
Guigou: un intento de análisis psicológico» XXVII-163
El protagonista principal de esta novela es un homosexual que se analiza a la luz de la psicología. Cuando él pierde a sus padres se une a una célula comunista con actividades revolucionarias en las que muestra una fuerte personalidad autoritaria, hasta que su mundo se derrumba cuando el comunismo y el gobierno se alían y él regresa y se enfrenta a quien es y para auto castigarse, se dedica a la prostitución

Canonge, Héctor A.
«La presencia de "el otro" en la novela de
Cirilo Villaverde» XXVIII-137
Hace un estudio psicológico (dentro de la realidad social) de los personajes de la novela *Cecilia Valdés* quienes, aparte de los conflictos de parentesco creados en la trama, confrontan la presencia del «otro» como factor aislante

López Cruz, Humberto
«*Francisco,* de Suárez Romero: deseo y poder
dentro de una novela antiesclavista cubana» XXVIII-147
Estudio de *Francisco* que es la primera novela antiesclavista cubana y que circuló como literatura clandestina. Trata de un triángulo amoroso entre una pareja de esclavos y el amo blanco que, despechado porque ella escogió al calesero, decide usarlo para lograr sus propósitos, enviándolo al ingenio y sometiéndolo a continuas golpizas. Ella cede por amor a Francisco, pero éste se suicida para quitarle al amo el poder que tenía sobre ella. Fue una enérgica denuncia de la injusta situación social de la raza negra sometida a la esclavitud

Fernández-Vázquez, Antonio
«Observaciones sobre *Los Robledal* de Hilda Perera» XXIX-155

Se analiza la quinta novela publicada por Perera, en coordenadas narrativas de tiempo y espacio y se expone el paralelismo existente que se observa en la técnica polifónica de la narrativa practicada a través del monólogo/diálogo en concordancia a la historia del ciclo vitalicio

López-Cruz, Humberto
«Gertrudis Gómez de Avellaneda y la exaltación
a la libertad» XXIX-211

Analiza fundadamente la estrategia que usó la Avellaneda en su novela *Sab* de darle voz al personaje del esclavo para criticar dos circunstancias presentes en la realidad social de la época, la esclavitud y la sumisión a la voluntad del hombre, que debía aceptar la mujer de por vida. Es decir, que la Avellaneda le dio a su personaje Sab «una doble validez textual al abogar a favor de la libertad, ya sea del esclavo o de la mujer»

Fox, Arturo A.
«Relectura de *Francisco*, novela abolicionista
cubana» XXXIII-206

Se estudia el estilo, autor y circunstancias en que se escribió una de las primeras novelas antiesclavistas del siglo XIX. El esclavo Francisco se enamora de otra esclava y tienen un hijo pero, sin razón alguna, el ama se opone y los castiga a los dos. Así, la inhumanidad y horrores de la esclavitud queda expuesta al mundo

Marbán, Jorge
«Bringuier y Vázquez Montalbán, dos acercamientos
novelísticos al magnicidio de Kennedy» XXXIII-215

Comparación de dos novelas sobre el asesinato de Kennedy: una de Bringuier, cubano y otra de Vázquez Montalbán, español. La primera usa hechos y personajes reales, la segunda es esperpéntica, satírica y burlona y deforma la realidad histórica en cuanto a hechos y personajes

Gutiérrez, Mariela A.

«Josefina Leyva: la equívoca minusvalía de
Lily del Campo» XXXIV-161
Estudia desde un punto de vista psicoanalítico, la personalidad de Lily, la hija del matrimonio formado por Irene Marquina y Federico del Campo. En la novela Lily es tenida por retrasada mental, lo cual crea el conflicto en la familia por el rechazo de su padre desde que estaba en proceso de gestación, al extremo de que inclusive intentó interrumpirlo. Aquí se intenta justificar el trastorno mental de Lily como consecuencia de ese tenaz repudio de su padre

Romero, Héctor R.
«*El reino de este mundo* frente a la crítica
literaria: comentarios» XXXV-105
Sin intentar entrar a la debatida distinción entre «realismo mágico» y «lo real maravilloso», el ensayo pasa a analizar la estructura de la novela. En efecto, Carpentier acepta la presencia histórica de ciertos personajes y los sitúa dentro de una imagen literaria, por la fuerza de la fantasía, pero al final deja abierto un posible camino de interpretación de raíz unamuniana que conduce al papel del hombre en la historia. Se concluye por apuntar la posibilidad de que en esta novela se pudiera atisbar «la preocupación filosófica de Carpentier sobre uno de los temas más universales y antiguos de la humanidad, el hombre mismo»

Álvarez, Nicolás Emilio
«*Los balseros de la libertad* de Josefina Leyva
y la narrativa hispanoamericana de la modernidad
y de la posmodernidad» XXXV-112
Empieza por dar una visión panorámica de la evolución de la técnica narrativa en Hispanoamérica desde el siglo XX. Sitúa entonces *Los balseros de la libertad* dentro de la posmodernidad, estética en la que participa un buen número de escritores cubanos de la diáspora y distingue en su estructura tres partes: una 1ª que justifica las razones para tomar tan riesgoso camino de fuga; la 2ª, la travesía en sí con todos sus riesgos y la 3ª, un

epílogo que cierra todos los hilos narrativos y justifica los padecimientos pasados

Jiménez, Luis A.
«Ilustrando la metropoética en *Entre los rostros de Tailandia* de Josefina Leyva» XXXVII-119

Se analiza esta novela de Josefina Leyva desde el punto de vista de los espacios citadinos en que se mueve, o sea, con una visión que se ha dado en llamar «metropoética». Con esa perspectiva, el personaje central, Saiyán, se mueve en distintas urbes del Oriente con sus contrastes radicales entre lo moderno y lo tradicional, no sólo en lo arquitectónico, sino en el factor humano, estableciendo a New York como paradigma de la diversidad y de la modernidad

Soto Fernández, Liliana
«Los personajes de dos cenas eucarísticas en la obra de Josefina Leyva» XXXVIII-93

Ensayo que relaciona comparativamente los personajes y temática de dos obras de Josefina Leyva, *Los balseros de la libertad* y *La cena de los trece comensales*. Se comparan dos cenas, una pobre, en Cuba y otra rica, en San Isidro, Argentina, que contrastan en lo material: escasez, en una, abundancia en la otra, pero ambas, como en la Eucaristía, recuerdan la presencia de Cristo y su sacrificio. Los asistentes en Cuba son seres vacíos que se disponen a iniciar un viaje incierto en su balsa; los de San Isidro, llevan recuerdos de un pasado que los acompaña en su actual bienestar económico

Leeder, Ellen Lismore
«Ideal patrio y realismo histórico en *El pez volador*» XXXVIII-101

Este ensayo sobre la novela *El pez volador* destaca su aspecto histórico. La novela tiene 62 capítulos y un epílogo y el protagonista, pertenece a una familia adinerada, es un Idealista y participa en grupos clandestinos primero, luego lucha en la Sierra Maestra, apoya en el principio la revolución castrista, hasta que es testigo del desprecio a la ley y abuso de poder y, desilusionado, participa en la invasión de Bahía de Cochinos hasta que, al ver que han sido traicionados, sufre la final desilusión. Es un dramático retrato de la caída y agonía de un pueblo, con raíces testimoniales

Pérez Rivera, Marcia
«Guillermo Cabrera Infante: coordenadas insulares» XXXIX-170
Es un muy bien elaborado recuento del recuerdo que quedó indeleble en la memoria de Cabrera Infante, de La Habana de su juventud, puesto que llegó a ella siendo apenas un adolescente y rompió con el régimen al término de la década de los 60, a pesar de que éste pretendía desconocer su disidencia porque su obra ya había adquirido cierto reconocimiento. El ensayo se concentra en tres de sus obras: *Tres tristes tigres, La Habana para un infante difunto* y *La ninfa inconstante*, su obra póstuma

González-Cruz, Luis
«Alegorías cósmicas en la novela *Allá donde los ángeles vuelan* de J. A. Albertini» XL-186
El ensayo se enfrenta al reto imaginativo del autor, de tomar como antecedente la tragedia real que Cuba ha estado viviendo por años, para verterla al plano de la fantasía e imaginar el empeño ilusorio de dos papaloteros, padre e hijo, que hacen sendos papalotes para lograr comunicación o encuentro, con las mujeres amadas, la del padre, ya fallecida; la del hijo en tierras lejanas que separan las vías fluviales que aíslan el territorio en que viven. En las circunstancias se salvan elementos sustanciales de la misma, tiempo y motivación: tiempo, por la distancia generacional de los personajes, que hacen que el padre busque a su amor vivido y ya muerto, y el hijo, a su amor soñado como eterno, pero inalcanzable

Marbán, Jorge
«Historia, intertextualidad y mitología afro-sino-cubana en *Como un mensajero tuyo* de Mayra Montero» XL-190
Estudio del uso de intertextos, históricos, poéticos y operáticos que hace Montero en esta novela a partir de un hecho real. En este caso se tomó la visita a la Habana del gran tenor italiano

Enrico Caruso, en 1920, para presentar en el Teatro Nacional, la ópera *Aida,* de Giuseppe Verdi. Esa noche, a mitad de la representación, se produjo una explosión, fuera de escena, que obligó a la cancelación de la función. La crónica del incidente produjo distintas versiones y la Montero creó otra «más novelística» para su novela

Soto Fernández, Liliana
«El tema de la libertad en la narrativa de Josefina Leyva»   XLI-51
Estudio de cuatro novelas de la escritora cubana Josefina Leyva donde la libertad es el personaje principal. *Los balseros de la libertad* está basada en un hecho histórico, cuando un pueblo afronta la muerte buscando liberarse de la esclavitud y miseria en que se vive; *La cena de los 13 comensales* se desarrolla en un ambiente de riqueza y abundancia, donde están presentes los recuerdos de horror de la exterminación de los judíos en Europa y la miseria y esclavitud de los cubanos; *Ruth, la que huyó de la Biblia,* es una metáfora del drama cubano: Ruth es Cuba, Pablo, el dictador, y Pepe, el pueblo cubano cuando era feliz y, por último, *La dama de la Libertad*, explora ese concepto de lo que significa ser libre, desde distintos aspectos: el histórico, a través de distintas épocas y regiones, y desde diversos puntos de vista tales como el social, el cultural, o cualquier otro

Geada, Rita
«Metáfora de la nostalgia de Cuba en Julieta Campos»   XLI-187
La obra narrativa de Julieta Campos tiene como principal temática la tierra en la que nació: su mar, sus recuerdos telúricos de los atardeceres, de la lluvia, de los matices de la atmósfera tropical. Es una obra lírica llena de gratos recuerdos y de infinitas posibilidades; la envuelve una gran nostalgia por La Habana, a la que recuerda «como una ciudad femenina y tropical, volcada en colores y volutas, en columnas y en cúpulas» a la que nunca se puede olvidar

Mayor Marsán, Maricel

«*Chiquita*: testimonio, realidad y ficción en la novela
histórica de Antonio Orlando Rodríguez»   XLII-175
    Este ensayo nos acerca a una novela histórica poco visitada por la crítica. La autora destaca, no solamente datos del escritor, incluyendo la mención al «Premio Alfaguara» recibido, sino la importancia del texto al impedir que una interesante figura del pasado cubano, permaneciera por más tiempo en el olvido. El rescate, tanto histórico como literario, no pasa inadvertido en el estudio; a su vez se deja sentado que la protagonista de la historia fue una mujer que, indiscutiblemente, se adelantó a su época. El trabajo está respaldado por varias entrevistas que ha concedido el escritor, sobre su laureada novela, a diversos estudiosos

Gutiérrez, Mariela
«Fragmentación e histeria en *La canción prohibida
de la Dra. Fanny* de Josefina Leyva»   XLIV-108
    Se desafía en este estudio la interpretación relacionada con sistemas psicosomáticos de «histeria» en la narrativa de esta novela detentando que en realidad lo que la protagonista despliega es la necesidad eminente del ser humano de obtener, o por lo menos de experimentar en alguna medida, la paz que el mundo cotidiano no siempre ofrece. Se analiza desde la vertiente física, psicológica y literaria, las verdaderas razones por las cuales la protagonista de la novela funciona fuera de la norma de lo considerado racional. El ensayo se basa en la pregunta de investigación ¿quién es entonces Fanny Ribas?, que se responde a cabalidad, explicando cada componente cognitivo que contribuye a la «histeria» de la protagonista y cierra validando la justicia poética que la novela otorga al final si la Dra. Fanny «se hubiese dejado llevar desde un principio por la sutil magia y el privilegio que surge del verdadero amor entre un hombre y una mujer»

Suarée, Octavio de la
«Notas sobre el budismo en *Entre los rostros
de Tailandia* de Josefina Leyva»   XLIV-122

El desarrollo del relato novelístico está centrado en las prácticas budistas dentro del núcleo familiar de los Sadachar y Suntarée Kumar como, por ejemplo, las Cuatro Verdades Nobles y los Ocho Caminos Nobles, premisas fundamentales del Budismo, y su presencia tácita en la trama, así como se hace presente la idea del Karma a través del desarrollo y caracterización de los personajes. Las conclusiones se formulan en torno al protagonista quien finalmente se da cuenta de que el ser humano «es un ser universal y libre y que como tal tiene el deber de vencer la ignorancia» de acuerdo a la herencia recibida y de la cual cada individuo es el único responsable

Leeder, Ellen Lismore
«Afán de libertad en la obra literaria de
Josefina Leyva» XLIV-134

El ensayo empieza por señalar que en la obra de Leyva se reitera el tema del derecho humano a disfrutar de libertad en búsqueda de la felicidad, como lo prueban sus tres novelas referentes a situaciones de la dictadura castrista: *Los balseros de la libertad* (1992); *Pedro Pan, el éxodo de los niños cubanos* (1993) y *El aullido de las muchedumbres* (1994), pero luego se centra en analizar *La Dama de la Libertad* (2011) en la que este tema alcanza una dimensión universal en cuanto a tiempo y espacio. Como es común en su obra, se mezclan personajes históricos con seres de ficción, pero el análisis se centra en lo referente al siglo XIX, en nuestro continente americano

Fernández, Jesse
«La ficcionalización de la historia en *Mujer en
traje de batalla,* de Antonio Benítez Rojo» XLV-125

Estudio de la obra literaria de Antonio Benítez Rojo, novelista, ensayista y crítico cubano y especialmente de su novela *Mujer en traje de batalla* (2001) cuya protagonista está basada en alguien que realmente existió, pero que él convierte en autor, protagonista y narrador de la historia, transformando en ficticio lo que es historia. La novela presenta la falta de derechos y reconocimiento social y jurídico de la mujer que ni siquiera podía estudiar en la Universidad. Sus novelas *El mar de las lentejas* y *La isla que se repite*, y el libro de cuentos *El paso de los vientos*, «son modelos para desentrañar la compleja cultura del Caribe». Benítez Rojo es considerado un «innovador de las letras cubanas»

España
Perry. Leonard T.
«El neoclasicismo, una evaluación por Larra en
su *Don Timoteo o el literato*»　　　　　　　　　　XVI-113
Se comenta en este ensayo uno de los cuadros de costumbres que escribía Larra bajo el seudónimo de *Fígaro* para criticar ciertos aspectos de la sociedad del momento. En este caso el dardo iba dirigido contra el sistema educacional, que no estaba concebido debidamente para alcanzar la capacitación profesional del nivel que es de esperar y a ese efecto presenta a un supuesto literato, Don Timoteo, con las características tanto físicas como intelectuales, más deleznables que es posible imaginar.

Cuadra, Ángel
«*La diamantista de la Emperatriz*: una novela
histórica de Pilar Arístegui»　　　　　　　　　　XXXIX-92
Un interesante análisis de esta novela que se desarrolla en el siglo XVI en determinadas circunstancias históricas, en tiempos del Emperador Carlos V. La emperatriz a la que alude el título es su esposa Isabel, que idea un plan de estrategia política para lograr el regreso a España de notables banqueros sefarditas. Es, por lo tanto, una novela que bien se puede catalogar de histórica puesto que aparecen en ella figuras como el pintor Miguel Ángel trabajando en la Capilla Sixtina, y Hernán Cortés haciendo su gran entrada para ser recibido por Carlos V, sin dejar de ser literaria por el «sutil trasfondo poético con el que lo real y lo imaginado se mezclan»

Garza, Efraín E.

«*En la ardiente oscuridad*: confrontación de
ideologías y negación de la realidad» XXXIX-98

Se analiza aquí el interesante dilema de nivel universal que presenta esta novela de Buero Vallejo, dentro de una comunidad cerrada al mundo exterior, que es un centro de enseñanza para ciegos, en la que se les inculca a los internos que ellos pueden hacer una vida plena, pasando por alto su limitación física. El conflicto surge cuando llega un nuevo estudiante que no acepta tal criterio. La mayoría pretende tener vida en la mentira de su realidad; el que llega, la acepta, y busca luz en la verdad de su limitación

González, Pedro Blas
«Conciencia y virtud en *Las Ratas* de
Miguel Delibes» XLVI-128

Esta novela de Delibes se desarrolla en un ambiente rural, de los más míseros, como indica el medio de vida de los protagonistas, un niño de 6 años llamado Nini y su tío a quien todos llaman Ratero porque su oficio es cazar ratas que luego vende al dueño de una taberna del pueblo. El conflicto lo crea la insistencia del Alcalde en demoler la cueva en que viven Nini y su tío, presionado por el Gobernador, para sanear el área.Otro personaje es el viejo Rufo, que sabe muchas cosas porque ya tiene 100 años y con él Nini aprende mucho. La intuición natural del niño lo condiciona a discernir entre lo bueno y lo malo y esa disparidad con su tío Ratero es lo que crea el climax de la trama

México
Pérez, María E.
«Lizardi y su obra» VI-47

Es un estudio sobre el *Periquillo Sarniento,* la primera novela picaresca en América. Fue escrita en los tiempos convulsos en que las nuevas ideas se propagaban en España y sus colonias y es una crítica a la vida en el Virreinato de México, usando las aventuras de su joven protagonista, con el oculto anhelo de despertar la conciencia del pueblo

Alba Buffill, Elio
«En torno a *Zona sagrada* de Carlos Fuentes» XLI-220
Estudia en esta novela su estructura, temática, técnica narrativa, tono intimista, sus descripciones. Se señala que la novela se desarrolla en dos planos, uno temporal: presente y pasado a través de las evocaciones del hijo y otro objetivo: realidad y ficción. La zona sagrada es una huida del mundo real, miedo a encarar una verdad aplastante, en su caso, al rechazo de su madre, aunque sabe que esa zona es endeble y precaria. En esta obra encontramos «la acentuación del énfasis subjetivo» que caracteriza la producción literaria de Fuentes

Paraguay

Feito, Francisco E.
«Un diálogo a distancia. Entrevista con
Gabriel Casaccia» VI-35
El novelista responde a preguntas que le hizo por correspondencia desde los Estados Unidos, el Profesor Francisco Feito de Kean College, en NJ, quien había estudiado su obra creativa y tenía ya publicado un libro sobre la misma. A través de este cuestionario, muy bien estructurado, se conocen los conceptos literarios que sustentan su producción no solamente desde un punto de vista estético, sino vivencial; su perspectiva personal como escritor dentro del mundo hispanoamericano en general y paraguayo en particular; su opinión personal sobre algunas de sus novelas en particular y los proyectos futuros que tiene en mente

Case, Thomas E.
«Visión de la mujer paraguaya en las novelas
de Gabriel Casaccia» VIII-133
Ensayo sobre el fondo histórico en los personajes femeninos de las novelas de Casaccia, que son las víctimas de una sociedad corrompida, dirigida por los hombres. Se estudian cuatro de sus últimas novelas analizando sus personajes y ambientes; Casaccia tiene una visión pesimista de la sociedad paraguaya

que se refleja en sus novelas *La babosa, La llaga, Los exiliados* y *Los herederos*

Perú
Lay Capestany, Amado

«Una aproximación a *La ciudad y los perros*»　　　　XIV-69

Análisis de *La ciudad y los perros*, que es una novela pesimista de la corrompida sociedad peruana de aquel momento, presentada en el enfrentamiento entre dos ambientes: Lima y el Colegio Militar Leoncio Prado, que resulta ser un microcosmo de la sociedad y a sus cadetes se les conoce como «los perros». La lucha de clases y los falsos clisés de comportamiento, unifican la estructura de la novela

Rodríguez-Florido, Jorge J.

«El negro y el problema racial en la obra de Ciro Alegría»　XIX-159

Este ensayo sobre la obra de Ciro Alegría, escritor indigenista del Perú, que así es como se le recuerda por ser defensor del hombre oprimido, también escribió novela y cuento sobre el tema negro. Su interés se despertó a raíz de su visita a Puerto Rico y Estados Unidos. Escribió una novela, *El hombre que era amigo de la noche* (inédita) sobre la opresión y discriminación que esta raza ha sufrido, como nuestros indios en Latinoamérica. También escribió ensayos y artículos periodísticos

Puerto Rico
Mayor-Marsán, Maricel

«Represión, manipulación y doble discurso en algunos personajes de la novela *Los amores y desamores de Camila Candelaria* de Gerardo Piña Rosales»　　　XLIII-166

Estudio de una novela que trata un serio problema social que hay que enfrentar: el del abuso de la mujer. La dimensión del tema lo da el hecho de que el autor es español, la protagonista es de raíces puertorriqueñas y la acción se desarrolla en Nueva York, donde Camila llega con sus hermanos, por decisión de su madre, tras el divorcio de ésta con su padre. La actitud intolerante de la madre hizo que Camila se sintiera desamparada y fuera víctima de abusos de toda clase a través de su vida, hasta que, desesperada, retorna a Puerto Rico. Esta realidad aún existe a pesar de las voces y esfuerzos para evitar situaciones como ésta

Maduro, Grisel
«El espacio utópico y el porvenir en dos novelas
de Edgardo Rodríguez Juliá» XLV-111
Estudio de la narrativa del novelista puertorriqueño Edgardo Rodríguez Juliá, su temática, Su búsqueda del espíritu nacional y el manejo de técnicas narrativas usadas en el Siglo de Oro. En sus novelas hay una relación entre la utopía y la historia. El pasado y el porvenir «establecen un diálogo con la tradición literaria puertorriqueña» y «una relación con las realidades del país»

República Dominicana
Alba-Buffill, Elio
«*La sangre* de Tulio Mariano Cestero, aporte fundamental
a la narrativa naturalista dominicana» XXXVIII-125
Este ensayo estudia la novela naturalista *La sangre* del autor dominicano Tulio Mariano Cestero como ejemplo del naturalismo caribeño. Cestero, fecundo ensayista, novelista y diplomático, escribió también sobre temas históricos. Su novela *La sangre* «tiene una base ideológica determinista del naturalismo» y también un determinismo biológico en la familia del protagonista. Es sobre la vida de un joven idealista que sacrifica su vida luchando por la libertad y que al final reconoce que ha sido derrotado por el determinismo histórico de la corrupción.

Medina, Myra M.
«*Antes de ser libres*: voces de la memoria colectiva
dominicana en la novela de Julia Álvarez» XLII-203
El ensayo está orientado hacia un estudio de la memoria colectiva dominicana y los efectos que la sociedad aún acusa en relación con el período de la dictadura sufrida. El recuerdo de

Trujillo no se aparta de los personajes, quienes reviven experiencias sufridas. Además de la novela que proporciona el estudio, Medina hace referencia a dos entregas fundamentales de Álvarez: *En el tiempo de las mariposas* y *De cómo las chicas García perdieron su acento*. En el trabajo sobresale la presencia de la voz femenina como entidad autentificadora del discurso literario

Uruguay

Fernández, Jesse

«La búsqueda de la identidad individual en dos novelas de Juan Carlos Onetti: *Juntacadáveres* y *El astillero*»　　IX-77

Estudio de los personajes de dos novelas de Onetti que, como es costumbre en su mundo literario, tratan inútilmente de ubicarse en él, están resentidos con el medio en que viven, que sienten hostil; son escépticos, no esperan triunfar en lo que hacen; la soledad y desesperación los acompaña, pero comprenden que el posible fracaso se debe a ellos. En definitiva, a estas novelas no se las puede calificar de existencialistas, orque dejan ver la posibilidad de triunfar

Venezuela

Marbán, Jorge A.

«Técnicas narrativas y perspectivas temporales en *La isla de Robinson* de Uslar Pietri»　　XV-109

La isla de Robinson, de 1981, pertenece a la serie de novelas históricas de Uslar Pietri. Es una biografía novelada de Simón Rodríguez, el mentor de Bolívar, sobre el cual no hay datos muy concretos, pero sí es reconocida su influencia en la educación del Libertador. Se discuten aquí las técnicas usadas para resumir una vida tan desconocida en detalles, como reconocida su influencia determinante en la vida de Bolívar. La novela usa la 3ª persona para relatar los hechos; se reconocen dos tiempos: el itinerante que vivió en su juventud, el de los fracasos y los sueños que se reviven y el del viaje hacia la muerte, que se está narrando. Este tratamiento del tiempo que cambia según las circunstancias, es una innovación. Es un valioso intento de rescatar para la historia a una figura fascinante que fue «uno de los hombres más originales del mundo americano»

Aponte de Zacklin, Lyda
«El sujeto errante en *La noche llama a la noche*
de Victoria de Stéfano» XIX-153

El tema de esta novela es bastante inusual porque es «la problemática del narrar». El sujeto se desdobla en varios personajes en la narración, pero todos sufren rupturas tanto en el mundo externo como en el interno, con la sociedad, en el amor; el narrador discute cómo se hace una novela; el relato es ambiguo; el sujeto errante, lo es de varias historias; la realidad se hace y se deshace y el lector desea hallar sentido en el texto

PINTURA

Sánchez Torrentó, Eugenio
«*Las Meninas* como protesta social» VII-105

Análisis de la famosa pintura «Las Meninas» de Velázquez como una señal de protesta por las guerras y pésimas condiciones económicas del país, mientras la nobleza despilfarraba el dinero. Esta teoría de que el pintor de la corte y amigo del rey lo condene, es posible en un país como España lleno de contradicciones. Buero Vallejo en su comedia «Las Meninas» también presenta un Velázquez rebelde.

Casas, Walter de las
«El genio del lugar: un estudio comparado de
El Greco y Toledo de Gregorio Marañón y *El Greco
o el secreto de Toledo* de Maurice Barres» XXIII-168

Análisis sobre dos visiones de la ciudad de Toledo que el Greco inmortalizó en sus lienzos y que incitó a escribir sobre ella a Gregorio Marañón y Maurice Barres. Ambos reconocen la decisiva influencia de lo árabe y de lo judío, pero Barres ve un equilibrio con ligero énfasis de lo primero, mientras que Marañón no duda de la preeminencia de lo judío

Anreus, Alejandro
«Daniel Serra Badué en el contexto de la
pintura cubana» XXVII-112

La pintura cubana es examinada a través de su evolución por el cubismo, el Impresionismo y el expresionismo hasta llegar a la llamada «Escuela de La Habana«. La lista de los pintores de gran calidad es impresionante: Víctor Manuel, Lam, Peláez, Portocarrero, Carreño, Ponce, etc.; sus temas: costumbrismo, interiores coloniales, naturaleza muerta, paisajes, mitos afrocubanos. En 1944 Serra Badué es una presencia activa en la pintura cubana, un cubano-catalán que «conforma su cubanía a través de lo universal»

Fernández Klohe, Carmen
«Una biografía poética: *El Greco* de Gómez
de la Serna» XXX-216

Describe pormenorizadamente y desde la perspectiva de la autora, la biografía de *El Greco* hecha por Ramón Gómez de la Serna, en la que éste pone más de sí mismo que de la figura biografiada. Da como ejemplo de esto, la descripción del cuadro del Greco *El martirio de San Mauricio* y *El entierro del Conde Orgaz*

Bralove, Alicia
«José Ortega y Gasset: análisis de la estética de la
vocación de dos pintores de la corte española» XLIII-159

Este ensayo compara a los dos pintores de la corte española, Velázquez y Goya, a través de la perspectiva de Ortega y Gasset de «la circunstancia», que fue siempre muy favorable para Velázquez, lo que se refleja en su obra, en tanto que Goya enfrentó muchos obstáculos a su vocación de pintor. Se compararan sus estilos, tan diferentes, aunque en definitiva en el ensayo se llega a la conclusión de que ambos comparten un aspecto en común: «el hecho que sus pinturas son inacabadas, es decir, el objeto no está allí nunca del todo»

POESIA
Argentina
Bilbao Richter, Bertha

«*Como los pájaros* de Rubén Balseiro. Una mágica aventura entre el sol y el abismo» XLVI-121

Este poemario de Rubén Balseiro es una introspección sobre la vida, identificada ésta como el viaje de los pájaros por las altas esferas, en busca de un destino que no pueden prever. De esa incertidumbre se nutre la aventura, que se enriquece cuando encuentra el amor que inspira el calor de la otra mano amiga y pierde el rumbo si ésta se suelta y sólo quedan los recuerdos para encontrar la ruta hacia lo que se sabe cierto, cuando las alas se plieguen para buscar el sueño

Chile
Fernández, Jesse

«¿Prosificación del verso o versificación de la prosa? A propósito de la poesía de Vicente Huidobro» XXIV-86

Vicente Huidobro, «un poeta iconoclasta y visionario», rehusaba toda clasificación. Se lo considera maestro del Creacionismo, movimiento que siguió al Modernismo y al Romanticismo. Experimentó con la poesía en prosa. Para él lo importante es «las posibilidades que el lenguaje ofrece» y no medidas y ritmos, sino que se logre el poema con palabras cuya vibración lo haga, por eso es que se lo considera el iniciador de la poesía moderna

Matas, Julio

«Los poemas cubanos de Alberto Baeza Flores» XXVIII-101

El poeta chileno Alberto Baeza Flores se refirió a sí mismo como «Odiseo sin patria» porque era un infatigable viajero, pero entre todas las tierras recorridas, Cuba lo hizo suyo: allí encontró el amor, allí se casó y nació su hija y de allí salió con su familia, como un exiliado más, a seguir su peregrinar por el mundo. Todo esto se refleja en su poesía, pero los que Matas llama sus «poemas cubanos», aparecen en sus poemarios *Rap-*

sodia cubana. Romancero de Bayamo y otros poemas y en los posteriores, *Zona tórrida* y *El yugo y la estrella* que recibió Premio en el Concurso de la Casa de Las Américas

Sánchez, Oneida
«Imágenes sensoriales, base del lenguaje
poético de Gabriela Mistral»   XXXIX-19
Se analizan los recursos lingüísticos, especialmente sensoriales, que la Mistral usa «para desarrollar los dos elementos esenciales de su lenguaje poético: sus temas y la unidad rítmica» y para ello se han escogido tres de sus temas básicos: el amor, el dolor y la naturaleza, seleccionados de tres libros fundamentales: *Desolación* (1922), *Tala* (1938) y *Laga*r (1954)

Colombia
Jiménez, José Olivio
«Elegía y sátira en la poesía de José Asunción Silva» XXVI-117
La muerte de Silva no ha quedado justificada para la historia, pues la determinó él mismo por el suicidio, antes de cumplir 31 años. La razón que lo llevó a tomar esa decisión, nunca se supo. Mucho de su obra poética se perdió en un naufragio y algo se conserva de la prosa. Jiménez advierte que el propósito de este ensayo es hacer «como el diseño de la estructuración interior de la poesía de Silva» en base a haber observado «cómo funcionan en ella sus dos pivotes centrales. A saber: la mirada elegíaca del poeta, y el subrayado satírico a que, ocasional o intencionadamente, accede ese mismo poeta elegíaco»

Cuba
Aldestein, Miriam
«El amor en la vida y en la obra de Gertrudis
Gómez de Avellaneda»   IX-57
El amor se presenta como tema mayormente en su poesía, reflejando casi siempre el estado emocional de la poeta a través de las altas y bajas de su vida durante su estancia en España. Hay que considerar que ese periodo es el de su juventud, cuan-

do se persigue el ideal en el amor y es difícil aceptar los fracasos que se confrontan

Martí de Cid, Dolores
«Comparación estilística de *Fidelia* y *La vuelta al bosque*:
(de Juan Clemente Zenea y Luisa Pérez de Zambrana)» X-57
El punto de comparación que se establece es que ambas son «elegías individuales» a un amor pasado; *Fidelia* la escribe Zenea al cabo de una larga ausencia y su amada ha muerto; en *La vuelta al bosque* de la Zambrana, ella la escribe ya viuda y busca en la naturaleza un confidente en su inmensa soledad, sin el ser querido a su lado. Se analizan comparativamente los aspectos estilísticos de ambas composiciones. Al final la autora deja clara su opinión de que Luisa Pérez de Zambrana, que cultivó muy extensamente la elegía, es la máxima exponente del género, no sólo en Cuba, sino de Hispanoamérica

Marqués, Sarah
«Luisa Pérez de Zambrana: elegíaca cubana» X-105
Recorrido por la excepcional vida de esta extraordinaria mujer que, bendecida por el numen poético desde que nació en un lejano rincón de El Cobre, disfrutó del reconocido aplauso de los intelectuales de la época, al llegar a La Habana, casada con el eminente médico Ramón Zambrana. Su matrimonio fue muy feliz, pero duró poco tiempo, ya que su esposo falleció 6 años después. El dolor fue desde entonces la fuente de su inspiración, pues tuvo además la desgracia de que sus cinco hijos murieran uno a uno, sumiéndola en una pena profunda que tuvo como refugio la confidencia de la naturaleza. Se la considera la máxima elegíaca de la poesía cubana

Aldaya, Alicia G. R.
«Consideraciones sobre *Memorial de un testigo*
de Gastón Baquero» XI-79
Esta obra de Baquero aparece en 1966, después de un largo silencio que rompió con *Poemas escritos en España,* en 1960. Ya había fundado con Lezama, 10 años atrás la revista *Orígenes,* vocero del trascendentalismo en Cuba y de hondo Impacto

en la cultura cubana. Baquero admite que *Memorial...* «no es metafísico, ni confesional, ni autobiográfico» y añade: «Me consideraría totalmente fracasado si no se viese lo otro, lo mejor». Según la autora «el poeta armoniza elementos mágicos y cotidianos y brinda testimonio de la angustia existencial y metafísica del escindido hombre moderno»

Josia, M. Vincenzo
«Pablo Le Riverend y la poesía del destierro»　　　　XII-89
La poesía del desterrado «que vive de penas y añoranzas» es la que vibra en el corazón de Le Riverend, que es la más amarga, la más triste, cuando lo que se añora se sabe que ya no existe. Por eso la imagen de la muerte se hace una realidad inminente y dice sentir que «anda por esas calles de Dios» caminando como un *muerto-vivo* hasta que un día deje de hacer ese papel y se convierta en un *muerto-muerto*

Saa, Orlando E.
«Un aspecto de la poesía de Pablo Le Riverend,
De un doble»　　　　XIII-105
Un intento de interpretar la turbación anímica del poeta que, sin dejar de ser creyente, cuestiona la inexorabilidad de la muerte. El poeta se sitúa centrado en un universo de desvaríos: «ha existido desde la edad primigenia encarnado y reencarnado en el sufrimiento de todos los hombres» puesto que es «réplica de cada aliento humano». «A través del consciente y del subconsciente deslízanse en las fibras íntimas del cantor, sueños e insinuaciones con tonos de duda entre la realidad y la quimera». Esa concepción es lo que justifica el título del poemario

Godoy, Gustavo G.
«Veinte años después: recordando a Armando Godoy»　　XIV-91
Una visión panorámica de la inquieta vida del poeta cubano-francés Armando Godoy, al cumplirse dos décadas de su muerte, en Suiza, a los 84 años. El autor del ensayo es un sobrino del poeta y está enfocado en recuerdos poco conocidos de la vida de éste, cuando empezó a sentir la inspiración de las mu-

sas, en la adolescencia. Destaca en especial, dos poemas: uno a los 10 años, cuando la familia se asentó en Perú, motivado por la añoranza de la patria, escribió uno de 24 versos, titulado «El patriotismo» y el otro fue a los 15, al saberse en Lima de la muerte de Martí en el campo de batalla, hizo uno de nueve estrofas con versos endecasílabos. Su estancia en Perú duró hasta los comienzos del siglo XX en que se produjo el regreso a Cuba

Piñera, Humberto
«Algunos comentarios sobre la poesía» (Fragmento de
un prólogo a un poemario inédito de Ulises Prieto)   XVII -21

Empieza por admitir que la poesía es el lenguaje emotivo, o sea, el que responde al sentimiento, pero que, como no pudo evadir la realidad, la recrea. Llega luego a tratar de definir al «poeta» a quien encuentra debatiéndose consigo mismo en busca de su «yo» legítimo

Castillo de Martín, Amelia del
«La voz poética de Lucas Lamadrid»   XVII-49

Una visión poética de la voz lírica de otro poeta e indaga el ser esencial que éste clama en sus versos. Admite que su poesía «nos descubre contrastes sorprendentes y caminos muy opuestos». Así, va analizando en algunos de sus poemas, al hombre que hay detrás de ellos: al joven que proclama claramente lo que quiere; al que previene a un niño de lo que la vida le ha de ofrecer; al que ha sido despojado de sus raíces, al que tiene que vivir «la lepra del destierro»; y al que le clama a Dios como la última Gracia: «Sí, quítamelo todo, Señor...Más si es posible / ¡déjame mi palabra!...» Al final incluye un poema de la autora, titulado *Mensaje*, en que le da respuesta a su último clamor

Martínez, Luis
«Las dos alas de la poesía herediana»   XIX-9

Estudio de las dos vertientes de la poesía de José María Heredia: la neoclásica para la cual estaba intelectualmente preparado, ya que a los 6 años hablaba latín y leía a Horacio, y el romanticismo, que respondía a su carácter rebelde, apasionado y en franca comunión con la naturaleza y con la patria, cuyas palmas, luz y claridad recordaba en sus versos como en el «Himno del desterrado». Heredia fue uno de los primeros en cantarle a la Libertad

Fundora de Rodríguez Aragón, Raquel
«Tres momentos en la expresión poética de
José María Heredia y Heredia» XIX-31

La poesía de Heredia se desarrolla en tres formas de expresión: *la clásica*, evocación de civilizaciones desaparecidas pero que aún nos impresionan por su grandeza como el Teocalli de Cholula; *la lírica*, cuando nos describe las cataratas del Niágara y la del *destierro* en el que prima la poesía patriótica y le canta a Cuba, a su naturaleza deslumbrante con sus palmas. playas, mar y cielo, calor y color

Godoy, Gustavo J.
«Agustín Acosta, traductor del francés» XIX-93

Este ensayo se propone divulgar las traducciones hechas por Agustín Acosta de poetas franceses, que cubrieron todos los estilos del siglo XX en Francia: romanticismo, parnasianismo, simbolismo, decadentismo, primitivismo y musicismo, empresa ésta que sólo un poeta pudiera realizar. Los poetas traducidos son Lamartine, Soulary, Baudelaire, Banville, Mallarmé, José María Heredia y Girard, Verlaine, Augusto de Armas, Jammes y Armando Godoy

García Tudurí, Mercedes
«La obra literaria de la poetisa Raquel Fundora de
Rodríguez Aragón» XX-129

Después de una breve introducción sobre la trascendencia del mensaje en una voz poética, se enfrenta a la obra en verso de la poetisa. Su primer libro ya indica en el título su motivación: *Nostalgia inconsolable* y en el segundo, *El canto del viento*, se mantiene esta temática, que se hace constante, junto a otras dos: Dios y los seres amados. Se recoge a través del ensayo, la positiva valoración crítica que alcanzaron estos poemarios

Gutiérrez Laboy, Roberto
«Los poemas de amor de Pablo Le Riverend» XXI-99
En su libro *Ir tolerando el látigo del tiempo*, el poeta Pablo Le Riverend nos muestra otra faceta de su poesía, la del amor que lo «rejuvenece»: es el amor desde la vejez porque «el existir adquiere sentido cuando se ama»

Saa, Orlando
«Pablo Le Riverend: su hemisferio poético» XXI-107
Autor de un *Diccionario de poetas cubanos en el exilio contemporáneo*, Le Riverend nunca definió la poesía. La sintió como una «urgencia innata de poetizar» que redime el vacío existencial del poeta. Su avidez de libertad y su dolor por Cuba esclavizada es una presencia constante en su poesía

Álvarez Bravo, Armando
«Fijeza de Mariano Brull» XXII-47
Como poeta que es, el ensayista empieza por describir lo que es la inspiración de acuerdo a la interpretación que él hace de un poema de Mariano Brull, aparecido en su libro *Nada más que...* Lo que se busca, en definitiva, es asir «la poesía pura» que es «conjugación de oscuridad resplandeciente y oscura precisión». Sostiene que en su tercer libro, *Poemas en menguante*, es que Brull ha logrado reencontrarse a sí mismo.Lo que el poeta siente es «urgencia de plenitud» y busca incesantemente lo absoluto. Bravo sostiene que lo ha plasmado en su «Madrigal a la rosa», al ver en ella, en «la rosa dormida», la promesa universal que ésta sugiere cuando todavía no ha abierto sus pétalos y un mundo de posibilidades espera de ella que consuele una pena, que celebre una dicha, o que cierre un pacto de amor

Raggi, Ana H.
«Plácido. Poeta plástico» XXII-90
Subraya, con ejemplos, la bien trabajada plasticidad de los versos de Gabriel de la Concepción Valdés (Plácido). De cuna muy humilde, no tuvo oportunidad de lograr una formación educativa muy depurada, pues a las tres semanas de nacido fue

depositado en la Casa de Beneficencia, pero más tarde, su padre le llevó consigo y pudo aprender varios oficios entre ellos el de peinetero en el que se manifestó su sentido artístico. Tuvo entre sus amigos gente de letras que ya respondían a los aires románticos de la época, y no fue ajeno a las manifestaciones de la época en favor de la libertad, como su famoso soneto «El juramento»

Jiménez, Luis A.
«El retrato verbal de Juana Borrero en *Bustos* de
Julián del Casal» XXIII-79

Jiménez comenta con cierta amplitud la técnica del retrato verbal y explica que ha de tener como finalidad describir el aspecto físico, tanto como la imagen interna de la figura que lo anima. Compara a Juana con la poetisa rusa María Bashkirseff, por el gusto en ambas de la pintura y la literatura y «contrapone nominalmente la hija del trópico a la hija de la estepa»

Zaldívar, Gladys
«De la lírica a la *poiesis* en tres sonetos
de Julián del Casal» XXIII-85

Señala la predilección que Casal mostró por el soneto, en el cual la crítica le ha reconocido un extraordinario dominio en la composición de los mismos, mostrado desde los primeros. Eso explica que, según investigaciones que se han hecho, «los sonetos cubren casi el 40% de su producción poética». Según se explica, esta afición por el soneto hace a Casal crear el «primer soneto modernista documentado»

Hernández-Miyares, Julio E.
«*Bustos y Rimas* de Julián del Casal:
cien años después» XXIII-91

Se analiza cuidadosamente este libro de Casal que salió a la luz justamente dos meses después de su muerte repentina. Casal agrupa por primera vez en *Bustos y Rimas* trabajos en prosa y en verso. En él el poeta, con un acento místico y dolorido, va desnudando su alma y trasmite al lector sus más íntimas vibraciones y sus amarguras más profundas. El ensayista le reconoce que «mantiene todavía una actualidad fascinante, dada la íntima y genuina confesión que contiene»

Hiriart, Rosario

«El tema del tiempo en la poesía de Gastón Baquero»   XXIV-56
Estudio de la poesía de Gastón Baquero recogida en 1984 en *Magias e Invenciones*. Ésta correspondía a la de finales de los años treinta y los ochenta, pero en el mismo agrupó con el subtítulo de «Poemas de otro tiempo», los publicados en la década del 37 al 47. En la poesía de Baquero se destaca el tema recurrente de la fugacidad del tiempo y la presencia constante de la muerte. Su libro *Poemas invisibles* nos muestra ese estremecimiento de temporalidad

Torre, Rogelio de la

«La poesía metafísica de Mercedes García Tudurí»   XXVI-41
El Post-Vanguardismo se canaliza en cuatro corrientes: la folklórica, la poesía pura, la neorromántica y la metafísica. Después de hacer una revisión panorámica de la lírica hispanoamericana, determina que fue en esta última corriente, la metafísica, «por donde avanzó la lírica posmodernista» que es donde se sitúa a la profesora Tudurí por su fe cristiana, sentimientos místicos, patriotismo y sensibilidad intelectual y dentro de este grupo, distingue un subgrupo de poetas latinoamericanos que «se preocupan mayormente por los misterios de Dios y de la fe dentro del cauce de las creencias del catolicismo»

Romeu, Raquel

«Otra vez Juana: mujer y poeta»   XXVI-65
Señala la coincidencia de que a través de la historia ha habido mujeres con el nombre de Juana que han sobresalido por responder a una determinada pasión y así señala en el siglo XV, a Juana de Arco (pasión patriótica) y Juana la Loca (pasión amorosa); en poesía hispanoamericana: Juana de Asbaje, la Décima Musa, (s. XVII); Juana de Ibarbourou, Juana de América (s. XIX-XX) y Juana Borrero «la más apasionada» (s. XIX). Pasa de inmediato a señalar el aporte de Juana Borrero a la poesía

cubana finisecular, a través de sus apasionados versos de amor por los poetas Julián del Casal y Carlos Pío

Jiménez, Luis A.
«Dibujando el cuerpo ajeno en 'Siluetas femeninas' de Juana Borrero» XXVI-73
El otro aspecto de la sensibilidad artística de Juana Borrero fue la pintura, lo que se refleja en la colección de sus ocho poemas «Siluetas femeninas» que bien pudieran reflejar la influencia de la literatura francesa de fin de siglo, expresada en *Arte poética* de Verlaine, que establece «una conexión entre la música, el color y la rima». Una influencia directa de esta perspectiva pudiera ser la obra *Silhouettes* del seguidor de Verlaine, el inglés Arthur Symons

Zaldívar, Gladys
«Juana Borrero: paradigma de la vertiente femenina del modernismo» XXVI-80
La capacidad plástica y literaria de Juana Borrero da una clave de su estética. Usa motivos simbólicos, hay abundante presencia de la naturaleza y una desesperada búsqueda de vida que la colocan en el modernismo

Hiriart, Rosario
«Ángel Gaztelu y la meditación de la noche cubana» XXVII-11
Después de hacer un ilustrador recorrido por la vida de Monseñor Gaztelu, español de nacimiento y cubano por adopción, entra de plano en el tema de este ensayo, o sea, el estudio de la poesía de Ángel Gaztelu, «el mejor poeta de temática religiosa de Cuba». En su obra *Oración y Meditación de la noche* sus imágenes se convierten en símbolos y en su poesía se ha alejado de la búsqueda para poseer la paz porque ya la ha encontrado

Anhalt, Nedda G. de
«Gastón Baquero: dos musas para un poeta» XXVII-19
Ensayo sobre la poesía de Gastón Baquero, «el poeta insular más universal» cuyas musas, figuras mitológicas e históricas, y temas, mayormente de un erotismo transgresor, lo caracteriza-

ron. Se estudian dos poemas que lo prueban: «Manuela Sáenz baila con Giuseppe Garibaldi el rigodón final de la existencia»y «Madrigal para Nefertiti»

Castillo Martín, Amelia del
«Indignación, protesta y hallazgo en la voz esdrújula
de Lucas Lamadrid» XXVII-37

Ensayo sobre la poesía de Lucas Lamadrid y su más que generoso uso de palabras esdrújulas en sus poemas, para describir estados de ánimo, bailes, la era espacial, etc. La característica de su poesía es el prominente papel de las esdrújulas, pero explica que el acertado uso de ellas es «donde se apoya y se levanta la fuerza de sus versos más enconados» y que es intencionado, por sugerente, el abuso de ellas

Suarée. Octavio de la
«Compensación artística en la poesía de José Corrales» XXVII-96

La poesía de José Corrales refleja la condición existencial del desterrado que trata de hallarse a sí mismo en la nueva circunstancia y se da cuenta que es otro el que lo ha colocado fuera de su mundo y él está en un proceso evolutivo, tratando de comprender lo que no entiende

Barroso, Leopoldo
«*Virgen María*, de José Martí» XXVII-124

Comentarios sobre unos versos editados por Ramón Sopena en una antología que no tiene fecha de publicación. Posteriormente fueron reproducidos por Juan Marinello en una compilación de 1928, pero no hay prueba definitiva de que fueran de José Martí

Piña Rosales, Gerardo
«*Escurriduras de la soledad* y el *Libro de las interferencias*, últimos poemarios de Rafael Bordao» XXVII-135

Ensayo sobre la poesía de Rafael Bordao que muestra no sólo el dolor del destierro, sino también el existencial. Sus poemarios *Proyectura* y *Acrobacia del abandono* muestran esa soledad. Luego publicó *Escurriduras de la soledad*, donde el mar y las olas tienen el papel protagónico, como es de esperar del hijo de una isla, sin embargo, su *Libro de las interferencias* es un vuelo a una estrella de sueños y quimeras en donde encontramos el paraíso perdido

Jiménez, Luis A.
«Adelaida del Mármol, rescatando a la poeta
creadora del jardín cubano en el siglo XIX» XXVIII-155
Estudio sobre una joven poeta, emparentada con el General Donato Mármol, que murió muy joven, a los 16 años, y a pesar de ello, colaboró en revistas y periódicos y publicó su poemario *Ecos de mi arpa*

Álvarez Bravo, Armando
«Ana Rosa Núñez: la poesía como latido de presencia» XXIX-31
Analiza la poesía de Ana Rosa Núñez desde la perspectiva que el autor le ha dado a la misma, la de ser presencia —o quizás expresión— de Cuba, ya sea por la belleza de su naturaleza; por el rigor de su historia; por la lejanía de ella que se padece como castigo o por ser sueño inalcanzable de plenitud

Piña Rosales, Gerardo
«La poesía existencial y visionaria de José Corrales» XXIX-97
Una interpretación de la obra poética de Corrales en dirección temporal inversa para ir descubriendo las constantes que hicieron vibrar su estro poético: el amor; la verdad que implica el enfrentarse a su realidad y en definitiva la soledad, todo lo cual se resume en la circunstancia cruel del destierro o sea, que usa la expresión poética como instrumento de sobrevivencia

Casas, Luis Ángel
«Luis Mario: poeta en verso y poeta en prosa» XXX-51
El título queda perfectamente justificado con el profundo análisis que hace de la poesía como arte supremo que obedece a reglas exactas y que Luis Mario lo trató didácticamente en *Ciencia y arte del verso castellano*

Aldaya, Alicia G. R.

«¿Poesía en la obra de obra de Carlos Miguel
Suárez Radillo?»   XXXI-89
    Estudia su poesía en dos libros. En *Un niño* se describe ese mundo maravilloso, lleno de descubrimientos, de la niñez; entre ellos, el estremecedor de la muerte. En *La caracola y la campana*, como si fuera un juglar, narra el choque y la fusión de dos mundos y tres culturas y su tesis es que están unidos no sólo por la historia, sino por el idioma, que les pertenece a todos: blancos, mestizos o negros «que rezan y hablan en español»

Jiménez, Luis
«Espacios geográficos en la poesía de
Dulce María Loynaz»   XXXII-192
    Busca identificar en la poesía de la Loynaz, a través de referencias geográficas; mar, río, tierra, isla, etc. una interrelación telúrica con la poeta, que se hace evidente y diáfana en el poema al río «Almendares» del que admite: «yo no diré que él sea el más hermoso… / ¡Pero es mi río, mi país, mi sangre!»

Chen Sham, Jorge
«Comunicación epistolar y *ekphrasis* en 'Carta de
amor al rey Tut-ank-amen'»   XXXII-201
    Es una interpretación del poema en prosa que hizo Loynaz después de visitar la tumba del joven faraón. Oculta su faz tras una hermosa máscara, ella busca sus ojos, que quisiera ella poder ver, para descubrir por ellos el mundo milenario del que el faraón fue testigo, pero es imposible, la realidad los separa: él está preso tras un cristal y ella, sola en un cuarto de hotel

Villalobos, Dorothy
«Arminda Valdés Ginebra, su infinito y
profundo palpitar poético»   XXXIII-154
    Estudio de su poesía recogida en nueve libros y otros tantos sin publicar. Analiza su estilo y sentimiento. Cada libro trae un mensaje y todos muestran su gran humanidad y amor. Su poema «Sigo zurciendo las medias de mi hijo» está lleno de angustia, dolor y lágrimas que llegan al alma del lector

Zaldívar, Gladys
«Ética y prefiguración en *Bestiario* de
Dulce María Loynaz» XXXV-95
>   Repasa el poemario *Bestiarium* que la Loynaz escribió a los 18 años, cuando estudiaba el bachillerato, como una inocente represalia contra sus profesores de Historia Natural pues estos 20 poemas de motivos zoomórficos, no tienen una proyección científica sino más bien filosófica ante la indiferencia humana y falta de sensibilidad que llega a la crueldad, para seres del mundo animal, que sienten y padecen como seres vivos que son. Es un llamado al «sentimiento más noble que puede albergar el hombre, que es la compasión»

Chem Sham, Jorge
«El autorretrato poético de Mercedes Matamoros:
la *femme fatale* y lo demoníaco» XXXVI-135
>   La poeta, tras la máscara de Safo, revela su subjetividad, su propio autorretrato. La fragilidad de la mujer se vuelve feroz y agresiva; ya no es el papel de objeto que tenía asignado, sino que usa el mito para lograr esa transformación

Castillo de Martín, Amelia del
«La Isla en tres voces femeninas del siglo XX» XXXVI-144
>   La poesía de tres poetas cubanas cuyos temas son los recuerdos inolvidables de su patria. Tres poetas, tres estilos y un solo tema: Ana Rosa Núñez, cultivado y críptico; Marta Padilla, el «yo femenino» y Pura del Prado, exuberante y tierna.

Ibaceta, Herminia D.
«Acentos elegíacos en la poesía de Sara
Martínez Castro» XXXVI-152
>   Temas tan diversos: la religión, la familia, la patria, la soledad, la muerte, inspiran esta poesía elegíaca de larga tradición en la literatura cubana. Son temas que se han hecho presentes en su tránsito vital y que como no son ajenos en otras vidas, hallan honda repercusión en el lector

Pérez-Pérez, Jorge Antonio

«De Gladys Zaldívar, *La baranda de oro* en
su dominio estético» XXXVII-137
 Empieza por analizar las características esenciales de la literatura infantil, arte que, aunque pareciera fácil es en realidad difícil porque debe descubrir incógnitas con imágenes saturadas de color, de luz, de alegría, ante el descubrimiento. De ahí empieza a analizar las tres partes que componen *La baranda de oro*: «De la Tierra», «Del Aire», «Del Agua», y llega a la conclusión que este libro es una revelación más de la genialidad de Gladys Zaldívar

Hernández-Miyares, Julio
«Armando Álvarez Bravo y su poemario
A ras de mundo» XXXVII-144
 Trabajo de presentación en New York de este poemario que recoge una selección de la obra poética de Álvarez Bravo, desde 1964 a 2006, fecha de su publicación. En él se recoge un resumen de sus vivencias en ese período vital, que comprende el de sus raíces en Cuba y el de su desarraigo en 1981, para emprender un incierto exilio, primero en España y luego en Miami, donde fijó su residencia. El poemario es, se concluye, «un verdadero libro confesional» o sea, «un bello autorretrato poético de sus vivencias y fantasías»

Merino, Eloy E.
«*Si yo fuera una hermosa princesa*: la truncada esfera
de posibilidades en la poesía de Juana Borrero» XXXVIII-48
 Estudio sobre Juana Borrero y su poesía, que enfatiza las claves que hay en sus versos de un romanticismo tardío y su posible transición al modernismo. Su temática es amorosa y decadente, sus versos están llenos de subjetivismo romántico. La crítica se divide, unos la ven «subversiva y esquizofrénica», otros, como «etérea y soñadora adolescente»

Jiménez, Luis A.
«Duelo, melancolía y luto poético en la obra de
Luisa Pérez de Zambrana» XXXVIII-60

En este ensayo sobre la poesía elegíaca de Luisa Pérez de Zambrana, ante la muerte de su esposo y de sus seis hijos, se analizan la temática, los adjetivos que usa para expresar la honda pena que sufre, pero que no disminuye su fe en Dios, la mención de lugares, como el bosque, que están ligados a dulces recuerdos. De ella ha dicho Enrique José Varona que «es la más insigne elegíaca con que cuenta la poesía cubana»

Pérez-Pérez, Jorge Antonio
«Soledad renovadora, conciencia y desafío en
la poesía de Sara Martínez Castro»   XXXIX-107

Encuentra que la poesía de Sara Martínez Castro fluye fresca y lozana dentro de una amplia temática, con una perspectiva positiva de la vida, aunque no deja de ser reflexiva. Su poemario *La soledad detenida*, así lo prueba, pues es «una meditación sobre la vida» en la que se reflejan, como es natural, la luz y las sombras

Chen Sham, Jorge
«La elegía a Miguel Hernández: doble referencia
metapoética en Gladys Zaldívar»   XXXIX-117

Es un análisis del barroquismo atribuido por la crítica a la poesía de Gladys Zaldívar, tomando como punto de referencia su poema «Alimentando lluvias, caracolas» que aparece en su libro *Viene el asedio*, en el cual Zaldívar retoma uno de los versos del poema «Elegía» del poeta español Miguel Hernández. A partir de ahí el ensayo sigue buscando las claves referenciales entre el poema de Zaldívar y el de Hernández

Jiménez, Luis A.
«La cultura del niño en *La baranda de oro*
de Gladys Zaldívar»   XXXIX-125

Estudia el poemario de Gladys Zaldívar *La baranda de oro* concentrándose en ciertos elementos o componentes de la historia contada en cada poema, que pudiera impactar a un lector infantil bien fuera trasmitiéndole un conocimiento o dándole un mensaje aleccionador de conducta

Leeder, Ellen Lismore
«Rasgos existenciales en la poesía de Gladys Zaldívar»   XXXIX-135
Después de situar a Gladys Zaldívar dentro de la generación que le corresponde entre los poetas cubanos contemporáneos, hace un exhaustivo recuento de su obra poética en que se puede apreciar el efecto devastador que le produce a la poeta la presencia de la muerte, característica definidora del existencialismo

Cuadra, Ángel
«Utilidad de la poesía»   XL-99
Es un panorama histórico y crítico de la poesía, a la que define como «una noción» que existe antes de las palabras y el poeta, puesto que puede estar en cualquier parte del mundo que nos rodea; «la misión del poeta es detectar su presencia y anotarla para otros»

Chen Sham, Jorge
«La indagación temporal en *Escorzo de un instante* de Humberto López-Cruz: la búsqueda de un instante«   XL-106
En este ensayo sobre *Escorzo de un instante,* se advierte la constante preocupación del poeta por la conciencia del tiempo y el devenir del ser humano y se analiza esa óptica en varios poemas, para mostrar cómo López-Cruz presenta la problemática del sentido y la función del tiempo

Siemens, William
«La regeneración de Cuba en *Caminante sin lunas* de Julio Hernández Miyares»   XL-150
Estudio del tema central de *Caminante sin lunas* y otras poesías de Hernández Miyares, que lo inspira como un intento de reconstruir a Cuba, pero a través de la memoria de su pueblo. Voz poética que busca un camino para encontrarse por medio de la palabra y esa palabra clave tiene dos sílabas. El poeta insiste en encontrar esa palabra que lleva muy adentro porque nunca la ha olvidado y camina en busca de ella, camina «sin luna» porque no hay reposo, es búsqueda constante, «forjada

en los perfiles de la angustia» hasta que «del borde de un instante», surgirá para siempre, «para recrearse otra vez»

Ibaceta, Herminia D.
«El sentimiento: motor en los versos de *Las joyas del caminante* de Rogelio A. de la Torre»   XL-161
Estudio de la relación entre vida y obra de Rogelio A. de la Torre, quien tiene, por cierto, una extensa hoja de vida, antes y después del exilio, pues ejerció como abogado en la administración pública en su país y fue profesor en la Escuela de Derecho de la Universidad de La Habana y en el exilio continuó en la docencia en una Universidad de Indiana. Esa experiencia vital se volcó líricamente en su poesía en la que se destaca el contenido humano y religioso del poeta

Salazar –Quintero, Martha
«*Cuando queda el sueño:* poemas de Antonio A. Acosta»   XL-169
Primero se enfrenta al significado del título: «el poeta Acosta, con su poemario, *Cuando queda el sueño*, abre la puerta de su corazón al lector, de una manera tangible y pura» porque ha encerrado en él sus recuerdos más caros, aquellos que no queremos dejar marchar porque nos traen imágenes queridas que fueron escenarios de momentos vividos en un ayer que se hace presencia constante al que nos aferramos porque son eco de la patria adolorida e inalcanzable

Arango, Guillermo
«Tono y poesía en *El buen peligro* de Reinaldo García Ramos»   XL-177
Análisis del poemario *El buen peligro* de García Ramos desde la definición de lo que es el *tono* de un poema: «palabras… escogidas y dispuestas para que el lector se dé cuenta de todas las sutilezas expresivas que el poeta quiere comunicar»; es como una voz sutil, que caracteriza e individualiza al narrador y es considerada como un monólogo dramático, clave en su obra

Sánchez, Oneida
«Cuba, su intrahistoria en la poesía de Josefina Leyva»   XLI-60

Ensayo sobre la poesía de Josefina Leyva, caracterizada por estar enfocada en el ser humano, semblanzas de personajes típicos de la comunidad cubana que la definen como el heladero, el zapatero, el Caballero de París, Cecilia Valdés; o lugares como Cienfuegos, la Plaza de la Catedral, la Habana Vieja, Varadero, el Convento de Santa Clara, etc. Todos captan la cultura cubana y la nostalgia de lo que hemos perdido

Salazar Quintero, Martha
«El mundo poético de Sergio Galán Pino:
En las fronteras de la luz»   XLI-196

Análisis del mundo poético de Galán Pino buscando la luz y la verdad de la vida en este poemario. La obra está dividida en cinco partes, con un total de cien sonetos en los que el poeta nos muestra su «yo interno», el alma del hombre «en que se crea la fe» y lo que «ha vivido, sufrido y gozado», terminando con la visión de la patria, que es donde la luz nos lleva

Cuadra, Ángel
«José Corrales en su andar poético»   XLII-100

El autor examina rasgos literarios descubiertos en la poesía de Corrales. En realidad, el estudio se concentra en el poemario *Razones y Amarguras*. Hay, como es de esperar, enfrentamientos con la razón de la voz poética y, además, la presencia de la amargura como elemento complementario de una colección de versos que se afirma en ambos tópicos. No obstante, el autor señala que al final de uno de los poemas estudiados (quizás reflejo de su propia vida) el poeta concede un espacio a la esperanza como elemento esencial de su ser

Arango, Guillermo
«La poesía como valor humano y afectivo en
Fuera del juego, de Heberto Padilla»   XLII-115

Este trabajo se aproxima al mencionado poemario de Padilla deteniéndose, por momentos, a examinar el impacto que tuvo, en las letras cubanas, su publicación. A su vez, coteja este discurso poético con el de otros renombrados poetas, no tan sólo latinoamericanos, sino de otras culturas también. El estudioso, por medio de *Fuera del juego*, reconoce la relevancia del poeta, su testimonio y, muy importante, su autenticidad dentro de lo que se ve por medio de la escritura como una sociedad en crisis

Cuadra, Ángel
«Rogelio de la Torre: su incursión en la poesía» XLIII-14
Estudio del poemario *Gotas de presente*, donde sólo encontramos sonetos, pero se nos recuerda que «verso y prosa son formas exteriores» pero «la poesía es una perspectiva, una forma interior del espíritu». La poesía de Rogelio de la Torre es comunicativa; es la de quien anda «el camino de la vida» y como todos, sufre y se alegra ante el diario acontecer de la familia, de los amigos, de la patria, y a veces siente el agobio de la soledad, pero cuando eleva sus ojos a Dios comprende que «si te tengo a TI, nada me falta»

Leeder, Ellen
«Arte y versatilidad en la poesía de Gertrudis
Gómez de Avellaneda» XLIII-41
En este estudio se agrupan los versos de la Avellaneda por los tres temas que los inspiraron: el amor a la patria, el amor humano y el fervor religioso. Su amor a Cuba lo vemos en sus bellos y conocidos versos de «Al partir» y «Vuelta a la patria»; el amor humano se desborda en su poema «A él» y en sus elegías al perder a sus dos esposos y por último, el tema religioso se manifiesta en «Canto a la cruz», «Al dulce nombre de María» y «Dios» en los que demuestra su arte excepcional

Sánchez-Grey Alba, Esther
«La poesía de Ángel Cuadra: reflejo de una vida» XLV-72
El poeta —se nos explica— ha cumplido con su patria, con el compromiso del hombre civilizado de reclamar su derecho a ser libre, y a la vez hacer un aporte sustancial a la poesía del mundo hispano. En este ensayo se sigue la vida de Cuadra, que es prueba fehaciente de lo dicho y a la vez se deja constancia de como su voz poética reflejaba la firme decisión de su conducta de defender a la patria esclavizada, sin importarle pasar los sufrimientos del presidio, las angustias del perseguido, ni

los dolores del desterrado, pero a la vez era portadora de un alma sufriente que aceptaba que se le fuera «a veces, de las manos / las cosas esenciales:/ tú, yo, el amor...y hasta el designio»

El Salvador
Perricone, Catherine
«The Poetic Character of Claudia Lars»　　　　　　　　IX-47
Ensayo sobre los temas, símbolos y optimismo de los versos de esta poeta salvadoreña Claudia Lars, que se caracterizó por usar diversas técnicas poéticas, con una visión muy sincera y cándida, del mundo circundante. En su primer poemario *Estrella en el pozo*, a los 40 años, incluyó un soneto en el que definía su poética y proclamaba su concepto de la vida. Gabriela Mistral, con quien mantenía correspondencia, le dijo en una de sus cartas: «unas virtudes y una profundidad de la entraña espiritual que no tenemos ninguna de las mujeres poetas del continente»

España
Gutiérrez-Vega, Zenaida
«La experiencia poética de la guerra en Carmen Conde»　XV-135
Analiza a través de su libro *Mientras los hombres mueren*, la impresión que la Guerra Civil en su patria le produjo a Carmen Conde. Explica que su poemario no resultó en un testimonio realista de los horrores del conflicto, sino en uno lírico de lo que aquello dejó atrás. Sus versos traen la voz de «una mujer que ama la paz con la misma fuerza que odia y acusa a la guerra, a la muerte y a los que la provocan»

Marbán, Jorge
«Tres facetas en la obra poética de José Rubinos»　XXVII-128
El jesuita José Rubinos Ramos, escritor gallego y profesor en el Colegio de Belén en La Habana, fue autor de muchos libros en castellano y en gallego, entre ellos de fábulas, que contienen una gran dosis de enseñanza popular; cantigas sobre Dios y paisajes y ciudades de Galicia; poemas épicos como «Covadonga», que pueden compararse con los de la antigüedad.

Su mayor aporte fue restituir la lengua gallega a ser la lengua literaria que siempre fue durante la mayor parte de la Edad Media

Fernández Klohe, Carmen

«*Sonetos de la muerte*: una noche oscura del alma»   XXXI-37

Los *Sonetos de la muerte* de Odón Betanzos confrontan dos aspectos: la partida de un ser querido y la propia mortalidad. La presencia de Dios es constante en un diálogo en que se pide ayuda ….fuerte elemento religioso es la salvación del poeta, «sumido en una noche oscura de dolor….» de donde es finalmente rescatado por su fe

Piña Rosales, Gerardo

«Los *Sonetos de la muerte* (Trascendida), de
Odón Betanzos Palacios»   XXXI-45

Estudio de algunos aspectos de los sonetos de Betanzos como meditación metafísica sobre la «fragilidad de la vida» y como la angustia y la vida nos llevan a la resignación aunque ya no seamos lo que habíamos sido. Se siente en ellos la duda y desesperación de la soledad y como encuentra refugio en la poesía y su fe

Betanzos Palacios, Odón

«Palabras de agradecimiento»   XXXI-50

El poeta Betanzos Palacios, al agradecer al CCP el reconocimiento que le ha hecho, rememora sus años de estudiante, profesores a los que debe mucho de lo que es, sus terribles experiencias durante la Guerra Civil y su vida en los Estados Unidos donde se expandió su horizonte cultural para incluir al mundo latinoamericano con sus valiosos escritores y poetas

Landa, Marco Antonio

«El tema de la emigración en la poesía de
Rosalía de Castro»   XXXVIII-156

Estudio de la poesía de Rosalía de Castro que se refiere a la emigración y a la belleza de su querida Galicia, que describe con gran sentimiento y de cuya miseria culpa a Castilla y al gobierno central, por el abandono económico que es lo que fuerza la emigración de los hombres y la soledad de las mujeres, obligadas por las circunstancias a afrontar las durezas de la vida y crianza de los hijos sin recursos ni ayuda alguna

Arango, Guillermo
«De la poesía áurea a la poesía de Blas de Otero:
los préstamos verbales» XXXVIII-167
Estudio de los poemas del poeta bilbaíno Blas de Otero, donde se señala su uso frecuente de préstamos verbales, ya fueran versos o estrofas completas, tomados principalmente de Fray Luis de León y San Juan de la Cruz entre otros, como por ejemplo, Rubén Darío. Se dan varios ejemplos de estos préstamos

Italia
Alighieri, Dante XXXV-185
Traducción al español del Canto Inicial de *La Divina Comedia*, hecho por Leopoldo Barroso. Éste hizo una introducción al trabajo, en donde explica las circunstancias que le motivaron a hacerlo y las dificultades técnicas que afrontó

México
Anhalt, Nedda G. de
«México en la poesía de Justo Rodríguez Santos» XXXVII-129
Presenta la personalidad poética de Justo Rodríguez Santos desde sus inicios en Cuba, en donde publicó su primer poemario e infinidad de poemas suyos en revistas y periódicos importantes de La Habana, y lo analiza en su estilo surrealista. En 1967, tras la hecatombe del Castro-comunismo, sale al exilio, que se hace definitivo, en México y allí reinició su estro poético, ante el nuevo paisaje y el sentido de saberse libre

Puerto Rico
Clavijo, Uva A.
«Juan Ramón Jiménez: poesía y entrega» VII-97
Recorre la vida de Juan Ramón a través de su inagotable obra, tanto poética como en prosa, desde su primera juventud cuando

llega a Madrid de su nativo Moguer, a los 19 años, y publica sus primeros poemarios. En su poesía exploró distintas corrientes en busca de algo nuevo; amaba la belleza, la perfección, la pureza, o sea, metas inalcanzables y de ahí ese hálito de tristeza y melancolía que se percibe en su obra, tanto en poesía como en prosa, en la que se descubren esos mismos sentimientos. Prueba de ello es su famoso *Platero y yo*

Fernández –Marcané, Leonardo
«Un poeta nacional olvidado: Gautier Benítez»　　　　　　IX-39
Se hace necesaria una labor investigativa sobre este poeta puertorriqueño dentro del movimiento romántico, a pesar de ser muy querido en su Puerto Rico natal y sus versos ser referencia frecuente en el habla popular. En este ensayo se da amplia información, dentro de lo posible, de lo publicado por él o sobre él, clasificado según que sean libros, colecciones de sus poemas o artículos, ensayos o comentarios sobre su obra

República Dominicana
Sánchez, Oneida
«El vacío emocional en la poesía de Altagracia Saviñón»　　XL-43
Analiza el estilo de algunas de las composiciones líricas y el universo imaginario de la dominicana Altagracia Saviñón, que la ubican entre el Modernismo y el Simbolismo, pero sin embargo se la reconoce, como la «pionera del Modernismo en la República Dominicana»

Uruguay
Rela, Walter
«Herrera y Reissig: de la sencillez bucólica a la
alucinante hermética»　　　　　　　　　　　　　　　XVI-51
Rela le atribuye una personalidad impar, con variadas influencias europeo-occidentales, que se transforman en experiencias líricas, únicas y originales. Dentro de éstas es que se sitúa su serie pastoril que es objeto del presente estudio. La inicia en 1902 con el poema «Ciles alucinada» al que le siguen dos series de sonetos alejandrinos con el nombre «Los éxtasis

de la montaña» y concluye en 1907 con «La muerte del pastor»; en todos ellos se advierte la presencia de Virgilio y en la anécdota, prevalece el tema del amor frustrado, unas veces por la traición, otras, por la muerte. Como aporte interesante, se incluye el valioso juicio del dominicano Max Henríquez Ureña

POÉTICA

Fernández de la Vega, Oscar
«El prosaísmo en la lírica actual: ¿deficiencia o volición?»   V-97
Análisis objetivo de la influencia de los __ismos a principios del Siglo XX, que se hizo presente en todas las artes, pero especialmente en la poesía, que es el enfoque de este ensayo, aunque reconoce que la prosa no fue ajena a los mismos. De ahí pasa a estudiar la influencia del prosaísmo desde la épica medieval hasta finales del siglo XX

Raggi, Carlos M.
«Tendencias en la poesía de hoy: 1960-1975»   V-113
Se enfrenta a las discrepancias generacionales que se padece en el siglo XX debido a conflictos bélicos y sociales que las condicionan significativamente. A ese propósito, empieza por analizar las diversas tendencias literarias que influyeron en esa centuria, hasta el momento de este estudio, o sea, hasta mediados de la séptima década de la misma. A la vez, apunta las circunstancias que tiempo y espacio determinan en la evolución de todo ser pensante. Es un estudio muy comprensivo que se centra en la poesía, pero que es aplicable al devenir del pensamiento y la sensibilidad de una época

Jiménez, José Olivio
«Hacia una interpretación de la expresividad
literaria general: La *Teoría de la expresión poética*
de Carlos Bousoño en su versión definitiva»   VI-7
Ensayo sobre la teoría de Bousoño y su perfeccionamiento a través de cinco ediciones. En 1952 lanzó su *Teoría de la expresión poética,* seguida de dos ediciones en 1956 y 1962; en

la cuarta edición (1966) el número de páginas había aumentado porque su autor, convertido en su crítico, había perfeccionado y modificado la obra, pero en 1979 aparece la 5ª edición en dos volúmenes. En este ensayo se estudian las aportaciones inéditas «desde sus fundamentos estéticos hasta sus concreciones históricas»

Gómez Vidal, Oscar
«La poesía como experiencia vital» VII-111
Es un estudio sobre el proceso creativo de un poema. En primer lugar, es necesario admitir la diferencia que hay entre poesía y prosa. Ésta tiene multitud de formas, pero considerándola como forma literaria, se piensa más bien en la narrativa o la ensayística. Este ensayo sigue el proceso que lleva al resultado final de un poema, desde que responde al resorte inicial de la inspiración que, naturalmente, puede responder a múltiples causas y muchas veces se concreta en una imagen, hasta el resultado final de un poema, pero en definitiva lo describe como «una autobiografía espiritual» porque lo más común es que sea resultado de «una experiencia vital»

Pollin, Burton R.
«Illustrations for Poe's Works in Spanish Translations» VIII-91
Después de comentar sobre la influencia de Edgar Allan Poe en el movimiento Simbolista, pasa a hablar de las ediciones que se hicieron en lenguas extrajeras al inglés. Posterior a la muerte de Poe, Charles Baudelaire hizo traducciones de varios de los cuentos de Poe en la década de 1850 a 1860. A partir de entonces se propagaron las traducciones en distintos idiomas, en Europa, muchas de ellas con ilustraciones adecuadas a los textos incluidos. Se incluye al final del ensayo una lista de 75 ediciones de trabajos de Poe con datos sobre los artistas que contribuyeron a las ilustraciones y los datos editoriales correspondientes

Galván, Roberto A.
«*Realización*, un soneto inédito con
comentarios del poeta» XVI-133

Estudio estructural de un soneto, efectuado por el autor del mismo, con fines didácticos para los que se interesen en las reglas a seguir. Con ese propósito, señala sobre el texto, los recursos que se han usado según sea la motivación del poema como por ejemplo, el ritmo que se sigue, indicado por la acentuación y por el uso de ciertos vocablos que contribuyan a indicar el estado de ánimo que se quiere reflejar, etc.

Lasaga, José I.
«El análisis cuantitativo como un instrumento
al servicio de la historia de la literatura. La vida
y la obra de Rubén Darío»   XIX-137

Este ensayo propone usar en el estudio de la obra de un poeta, un método semejante al usado por los psicólogos, consistente en preguntas, para lograr un perfil del paciente. Al poeta se le puede aplicar algo similar para buscar la evolución de sus temas, métrica y lenguaje a través de su producción. Lo ilustra aplicándolo a Rubén Darío y así vemos cómo sus temas se repiten primero y luego se añaden otros; cómo sus versos se vuelven alejandrinos y las imágenes adquieren color y exotismo

Barroso, Leopoldo
«Soneto frustrado»   XXI-129

Especulaciones sobre un poema de Martí, basadas en el ritmo de los versos.

Pujalá, Grisel
«Pensamiento y estructura de *El prisma de la
razón* de Armando Álvarez Bravo»   XXII-127

Un análisis interpretativo de la poesía de Álvarez Bravo, figura representativa de la llamada en Cuba «generación de los 50», de los que sufrieron el desgaje del exilio y como resultado, el silencio y la palabra buscan encontrarse en la incógnita circundante

Matas, Julio
«Poesía y contingencia: Luis F. González-Cruz»   XXII-132

González-Cruz es otro poeta que deja su lar nativo a edad temprana, cuando aún no ha empezado a vivir, pero por ley natural, la madre tierra ha dejado su sello en lo más íntimo de su ser

Suarée, Octavio de la
«Transformación y continuidad en la creación
lingüística de Alina Galliano» XXVIII-176

Una interpretación de la poesía de Alina Galliano considerándola representativa de la juventud que salió de Cuba antes de adquirir conciencia de su raigambre, pero sin embargo padece el desarraigo de sus raíces

Gómez, Luis Marcelino
«Poética de la nostalgia en *Sugar Cane Blues*
de Nilda Cepero» XXXI-155

Aunque está escrito en inglés, Cuba está latente en cada poema. La estructura del libro es musical: La «Overtura» es el exilio, «que es como una muerte»; «Sonata» son recuerdos familiares y el temor a la sovietización del mundo; «Cuban bolero» es la evocación, «no importa donde estés, París, Milán, siempre estás en La Habana». Cierra el libro con un poema que le da nombre al libro. Es éste el poema del desgarramiento, de la adaptación; el azul trae la tristeza de la lejanía, el recuerdo del azul del mar y el cielo de la Isla inolvidable

Gutiérrez, Mariela A.
«La mulata del Nuevo Mundo:
Estereotipo paradigmático» XXXVII-17

Relaciona históricamente las características que ha adquirido la imagen de la mulata por ser resultado de la mezcla de dos razas contrastantes en dos aspectos básicos: el social (amo/esclavo) y el étnico (blanco/negro), referido específicamente a la mujer como objeto sexual. Este tema se estudia a través de las distintas corrientes literarias en el mundo hispánico, con mayor énfasis en Hispanoamérica

Zaldívar, Gladys

«La poesía de Nieves Xenes: el prosaísmo, lo
panfletario y el homoerotismo»   XXXVIII-70
   Ensayo sobre una poeta no muy conocida, cuya obra parece oscilar en su estilo. Nacida en Cuba, escribió varios libros de poesía. Su estilo oscila entre el prosaísmo, lo panfletario y el homoerotismo, según Rafael Esténger en su antología de poemas. El ensayo concluye en que «empleó fuerza erótica» pero le faltó rechazar el prosaísmo

Castillo Martín, Amelia del
«Sobre la belleza y lo sublime»   XXXVIII-182
   Comentario sobre un ensayo que examina los valores de la poesía, la emoción que despierta, el mensaje que lleva, la belleza de las palabras, el duende o inspiración que la ha creado y el estado emocional en que se escribe, sea dolor o placer, nunca indiferencia. Concluye que el poder de las palabras trasmite el sentimiento; esa es la finalidad de la poesía. La palabra describe la belleza, lo sublime, lo trascendente y el poeta busca con ella provocar la emoción del mensaje

Jiménez, Luis A.
«Una lectura metapoética y metalingüística de
Nunca de mí te vas de Matías Montes Huidobro»   XL-115
   Doble análisis del poemario *Nunca de mí te vas* desde el proceso metapoético y las operaciones metalingüísticas que se desprenden del mismo texto, puesto que «poeta y crítico comparten cimientos afines dentro de la esfera de la escritura, y en un diálogo complementario que los engloba y seduce»

Suarée, Octavio de la
«De cárceles y agonías en la poesía de Ángel Cuadra»   XL-125
   Estudio del proceso creador de Cuadra, de qué es la poesía para él; como una visión trascendente, o simbólica de la realidad en la que hay que buscar sugerencias a veces ocultas, hasta encontrarlas, para trasmitirle a otro ese mensaje. Lo que es sorprendente en Cuadra es que por quince años vivió encerrado en el límite estrecho de una celda y sin embargo se volcó en sus

recuerdos, aunque a veces él mismo no se reconozca, y encuentra a su otro yo, al que fue, que quizás sigue siendo

Chen Sham, Jorge
«Poesía oracular y las aguas "fluyentes" en Ángel
Cuadra: a propósito de *Antinomia del agua*» XLI-39

En este ensayo sobre algunos poemas de Ángel Cuadra que se encuentran en su libro *De los resúmenes y el tiempo* se busca qué es la poesía para él. La compara con el fluir del agua puesto que «poesía y agua fluyen» y así como el agua crea y modifica el medio físico donde vivimos, la poesía desarrolla actividad creadora de mundos poéticos

Castillo, Amelia del
«La otra voz de Orlando Rossardi» XLI-107

Se analiza la poesía del poeta cubano Orlando Rossardi señalando que comenzó como un juego con «la sintaxis, las ideas, los sustantivos, los verbos» pero esos juegos escondían al poeta. La voz poética de Rossardi cambió cuando reencontró la semilla, «la isla que lleva dentro el poeta»; su voz es distinta, pero la misma; le canta a la isla que no nombra y la Florida es la tierra donde está el futuro y el pasado de ella

Badajoz, Joaquín
«Identidad y estética de pertenencia en la poesía
de Orlando Rossardi» XLI-114

Ensayo sobre la poesía de Rossardi de quien se ha dicho que es «el poeta cubano más español», lo cual no es de extrañar porque inició su exilio en España, allí desarrolló su voz poética y publicó sus libros; pero su visión de Cuba es profunda, exploró el lenguaje coloquial y desarrolló su estética, por eso es reconocido en ambas orillas

Prats Sariol, José
«Diana en las dianas» XLI-126

Estudio de un poema de Rossardi *Fundación del centro* que se clasifica de existencial y como «un drama que funciona como representación escénica». El poeta trata de definir su poética identificándose con José Lezama Lima que dijo «lo importante es la flecha, no el blanco». Hay mucho camino hacia la ciudad interior de la poética

Pérez, Jorge Antonio
«Estilo, conceptos y creatividad en la poética
de Maricel Mayor Marsán»　　　　　　　　　　　XLI-153
Ensayo sobre la poesía de Mayor Marsán donde se combina la versificación castellana y la actual sensibilidad; la lírica de su poesía es moderna, pero muestra su voluntad de crear; es una poética del concepto y la razón, de lo enigmático y lo transparente, la razón y sentimiento, reflexión y entusiasmo, la búsqueda de la belleza y la eternidad

Castillo, Amelia del
«Jorge Valls: poeta iluminado»　　　　　　　　　XLII-107
Este trabajo es un recuento de experiencias personales junto a la visión de la ensayista, de algunos poemas de Valls. En los ejemplos poéticos presentados, la autora justifica el por qué del epíteto iluminado, con que ha definido al poeta. Hay que mencionar que los poemarios visitados son «Donde estoy no hay luz y está enrejado», «La paloma nocturna», «Hojarasca» y otros poemas. El estudio termina con ejemplos adicionales que apuntan a la voz lírica de Valls

Jiménez, Luis A.
«Dos retratos poéticos en *Rumores de suburbio*
de Maricel Mayor Marsán»　　　　　　　　　　　XLII-130
El ensayo se acerca, por medio del poemario en cuestión, a la voz de la poeta y cómo ésta reconoce los cambios experimentados por los personajes femeninos durante las últimas décadas. El estudio traza un bosquejo crítico de las miradas que la poeta dispensa a dos mujeres fundamentales de su vida, destacando que el retrato literario expuesto sigue pautas sugeridas por Julián del Casal: hay que representar no tan sólo la figura, sino el espíritu que la anima. Jiménez concibe el poemario como una discontinuidad de los espacios autónomos don-

de sobresalen las presencias de la madre y la abuela y que, a su vez, contiene importantes resonancias en su discurso

Castillo Martín, Amelia del
«La Isla, el mar y la poesía»　　　　　　　　　　　　XLIII-77

Este ensayo es sobre la ausencia del mar en los poemas de nuestros «poetas errantes», un mar abrazado a una isla «que está en cada uno de nosotros tal como lo trajimos». Como, según la ensayista, «no hay nada más parecido al mar que un poeta», decide buscarlo, y lo encuentra en poetas amigos como «un reproche» en Agustín Acosta; «grato y amigo» en Florit; «bautismal» en Ana Rosa Núñez, y así se asoma el mar a nuestra poesía, abrazado a nuestra isla inolvidable

Gómez Reinoso, Manuel
«La poética de Gastón Baquero o el festín de
la imaginación»　　　　　　　　　　　　　　　　　XLIV-140

Se evalúa la expresión artística de Baquero que, como Borges, muestra «un universo rico de cultura» y para ello parte de la definición etimológica de cultura: «la infinitud cósmica, la metafísica, la subjetividad y objetividad del ser, lo hermético, lo mítico y tantos otros elementos esenciales de la raíz del universo» y luego pasa a dar ejemplos de cómo la imaginación poética responde a cada una de aquellas manifestaciones culturales. Resumen de su obra pareciera ser *Memorial de un testigo* que recoge «experiencias diferentes en tiempos distantes y lejanos testificadas por la memoria»

Castillo Martín, Amelia del
«Entre la soledad y el silencio»　　　　　　　　　　　XLV-62

Breves pero bellos apuntes sobre el paso de la soledad y el silencio desde el punto de vista de la creación poética, indagando sobre una soledad amiga y un fraterno silencio que rodea a los creadores de la palabra, el color o la música

Cuadra Landrove, Ángel
«Poemas reveladores»　　　　　　　　　　　　　　XLVI-37

En este ensayo, un poeta, el autor, participa con sus lectores de la sorpresa que para él representó el descubrir en sus años de estudiante, leyendo versos de poetas en antologías, lo que él llamó «poemas reveladores» porque en ellos el poeta dice su íntimo sentir como si se confesara a sí mismo, haciendo el resumen de su vida, o cuestionando el rastro que dejó, o soñando con lo que le hubiera gustado alcanzar. El recorrido incluye a Santos Chocano, a Lorca, Darío, la Loynaz, Martínez Villena y Juan Ramón

PSICOLOGÍA

Gutiérrez de la Solana, Alberto
«Literatura y criminalidad: Yago y Celestina» VII-81
Estudio comparativo entre estos dos personajes de ficción, desde varias perspectivas. Una es la de sus motivaciones: en Yago son la envidia y el odio; en Celestina, es la necesidad económica para subsistir. Otra es la forma en que actúan: Yago escoge sus víctimas entre sus amigos, traza un plan en el que van a morir, y los usa como piezas de ajedrez; Celestina en cambio, presta sus servicios a los que van a su casa a solicitarlos, «su conducta es inmoral, pero más humana»

Davis, Michelle S.
«The Characters of José Cid and Their Psycological
Levels of Development» XVIII-141
El teatro de José Cid y sus personajes, especialmente los masculinos, es analizado desde un punto de vista psicológico según el tratado del eminente psicólogo Lawrence Kohlberg Ensayos sobre el desenvolvimiento moral que en el Vol. II establece distintos niveles de conducta según fueran los factores predominantes en la personalidad de cada cual. La Profesora Davis aplica ese estudio, pero como aclara que el mismo fue basado en un grupo piloto de 20 hombres, compara las diferencias encontradas en los personajes femeninos presentados por Cid y reconoce en el dramaturgo un hábil manejo de la cuestión

Gutiérrez Kann, Asela
«Toni Wolff y su definitiva clasificación de
la psiquis femenina» XVIII-231
Las formas estructurales de la psicología femenina son estudiadas y analizadas no antagónicamente sino como sucesivas etapas. Toni Wolff fue una eficaz colaboradora de Carl G. Jung en su Escuela de Psicología Analítica en Suiza. Jung había establecido cuatro funciones psicológicas básicas: dos racionales, *pensamiento* y *sentimiento*, y dos irracionales, *sensación* e *intuición*, pero la Wolf identificó en la mujer distintos tipos de personalidades que pasan a estudiarse detenidamente: MADRE/ESPOSA y HETAIRA O AMAZONA y MEDIADORA.

RAGGI Y AGEO, CARLOS M.

Hernández-Miyares, Julio
«Carlos M. Raggi y Ageo» V-15
El Dr. Raggi, fundador del Círculo de Cultura Panamericano, era abogado de profesión, se especializó en asuntos obreros y de seguridad social, en cuyo campo se desempeñó en posiciones importantes a nivel nacional e internacional. A la vez mostró vocación por la arqueología, en cuyo campo dejó escritos siete volúmenes de un total de veinte de una obra bajo el título *Historia de la cultura de Cuba* y también se mantuvo al tanto del desarrollo y evolución de las letras en su país. Fue profesor en la Escuela de Verano de la Universidad de La Habana y Decano de la Facultad de Ciencias Sociales de la Universidad Nacional José Martí. Se incluye una ficha Bio-bibliográfica preparada por su esposa, Ana Raggi

Autores varios
«Homenaje póstumo a Carlos M. Raggi y Ageo» V-29
Se recogen dos poesías con motivo del fallecimiento del Dr. Raggi: «Tres *strikes* para Carlos Raggi» de Fernán de la Vega y «Para Ana Raggi, tras la muerte de Carlos» de Pablo Le Riverend. También, bajo el título «Valoración en la prensa», se

incluyen tres notas dando cuenta de su desaparición: «Adiós a Carlos Raggi» de Rafael Esténger (*Diario Las Américas*. Abril 23 de 1975); «Carlos Raggi» de José Sánchez-Boudy (*Diario Las Américas*. Mayo 8 de 1975) y «En la muerte del profesor Dr. Carlos M. Raggi» de Isabel Carrasco Tomasetti (*Pedagogo*. Colegio de Pedagogos en el Exilio y Federación de Educadores Cubanos Democráticos. Abril-Junio, 1975)

Alba Buffill, Elio
«Carlos M. Raggi y Ageo y su legado» XIII -113
Trabajo en memoria del fundador del CCP al cumplirse la primera década de su fallecimiento, en el que se hace acopio de su labor intelectual como jurista, historiador, arqueólogo y, por último, educador. Es un sentido reconocimiento de la personalidad intelectual del Dr. Raggi; al cabo de diez años de haberlo reemplazado en sus funciones, Alba Buffill deja constancia de que ya se cuenta con dos publicaciones anuales impresas, *Círculo: Revista de Cultura* y *Círculo Poético* y que en la obra están participando, junto a sus compatriotas, muchos hermanos de las dos Américas y de España

SEMBLANZAS

Henríquez, Enrique C.
«Un recuerdo personal de César Vallejo» VIII-71
Memorias de la juventud de César Vallejo en París, escrita por un amigo que compartió su vida bohemia y que ahora lo recuerda no como poeta, sino como un gran ser humano que era «revolucionario con las ideas pero no comunista» y cuyos constantes reproches a Dios justificaba diciendo que, por creer en Él era que lo reprochaba

Soto Puig, Miguel
«Fue un encuentro santo» (Testimonio) XII-93
Amable recuerdo del Prof. Soto, de cómo conoció a Juan Ramón Jiménez en un encuentro casual, cabalgando a Platero, en Moguer, en 1934, el Domingo de Resurrección de aquel año. Cuenta cómo entablaron una hermosa amistad por in-

tereses afines. La guerra civil los separó hasta que se encontraron de nuevo en Puerto Rico pero otra guerra volvió a separarlos porque Soto tuvo que ir a servir a su país en la guerra de Corea.

Fundora de Rodríguez Aragón, Raquel
«María Gómez Carbonell, una noble vida al servicio de la cultura, de la educación y de la República»　　　XVIII-165
Palabras de recordación de la ejemplar vida de la Dra. Gómez Carbonell que en Cuba fue educadora, periodista, Representante a la Cámara y Senadora de la República y en el exilio mantuvo en alto su protesta a la dictadura que sojuzga a la patria, con la añoranza de un regreso que nunca pudo cumplir

Martí de Cid, Dolores
«Semblanza de Roberto D. Agramonte»　　　XIX-35
Con motivo de la presentación de una placa del CCP al Dr. Roberto Agramonte, la Dra. Cid leyó una brevísima semblanza del distinguido profesor de las Universidades de La Habana y Puerto Rico y en muchas otras como Profesor Invitado y sus muchos libros y conferencias en su área de especialización. Además se señala que como profesor y hombre de letras, ha sabido «hacer almas»

Remos, Ariel
«Juan J. Remos: perspectiva filial»　　　XX-33
Retrato, desde la perspectiva filial, de una relevante personalidad intelectual de los años republicanos de Cuba, que mostró aristas tan relevantes como la de escritor, educador, ensayista, historiador y en lugar privilegiado, patriota, pero al hacerlo, el hijo se ha dejado llevar con mesura, pero con sincera espontaneidad, de la admiración que le inspiró su padre por su calidad humana en el trascurrir de la vida, que le hizo ser maestro excepcional para los que lo conocieron en la cátedra y para él, mentor de conducta en los valores espirituales y patrióticos

Rela, Walter

«Semblanza de Juan Carlos Gómez por Martí» XX-51
Estudio sobre un hombre íntegro que sirvió y luchó por su patria en el campo político y el intelectual. Fue estadista, periodista, poeta y político. Su obra literaria se encuentra dispersa en antologías, pero su lugar entre los notables hijos de Nuestra América es reconocido por todos, incluyendo otro de los grandes pensadores de nuestro continente, José Martí que, cuando falleció Gómez, se unió al duelo de Uruguay con una semblanza luminosa, típica del estilo martiano: fuego y luz, ternura y fidelidad a los principios puros

Fernández, Jesse
«José Olivio Jiménez: maestro y mentor» XX-63
Palabras de homenaje del eminente ensayista y crítico literario, altamente reconocido en la poesía, hecha por uno de sus alumnos recordando sus admirables cualidades como maestro y mentor. Sus condiciones magisteriales las mostró muy temprano en sus estudios y las desarrolló a todos los niveles, desde el primario, el secundario y el universitario, en el cual se inició en Cuba en la Universidad de Villanueva y continuó en el exilio brillantemente. El ensayista resume su experiencia como alumno diciendo que si Varela nos enseñó a pensar, J.O. Jiménez nos enseñó a «sentir» la poesía

Florit, Eugenio
«Recordando a Mariano Brull» XXII-45
Breve reseña personal de Florit recordando a su amigo Mariano Brull al que los unía una entrañable amistad presidida por el gusto de los dos a la poesía, y mantenida en el intercambio de poemarios y encuentros

Brull Zimmermann, Silvia
«Recuerdos de mi padre» XXII-54
Resumen biográfico hecho por la hija de Mariano Brull, quien fue toda su vida diplomático de profesión y poeta por vocación. En virtud de sus servicios en el exterior, recorrió intensamente Europa y también Canadá y los Estados Unidos, pero

nunca abandonó su gusto por la poesía y en virtud de ello se relacionó con grandes figuras del mundo intelectual.

Baralt Mederos, Luis A.

«Baralt. Una cubanía ribeteada de exilio» XXIII-54

Siendo la familia Baralt, de alta raigambre cubana y fecunda participación tanto en el campo patriótico, como en el cultural, se da una visión panorámica desde tres generaciones anteriores, de las actividades y los logros de la misma. Los padres de Luis Alejandro Baralt y Zacharie, que es de quien trata esta ponencia, tuvieron ocasión de ser amigos de Martí en New York y que éste fuera el padrino de su boda; la novia de entonces, Blanche Zacharie, fue la autora de esa joya bibliográfica, *El Martí que yo conocí*. El autor del ensayo da cuenta detallada de cómo surgió el interés de su padre, por el teatro, de su afición a aprender nuevos idiomas, de sus amplios estudios en diversas universidades y de su desempeño profesional y cívico en los convulsos años iniciales de la nueva República

«Palabras de homenaje a Dolores Martí de Cid»

a) Castellanos del Corral, Andrés XXIII-68

Un sentido repaso de su amistad con los esposos Cid estimulado por el saber que se hacía evidente en ambos, con una sencillez y una cordialidad ejemplarizante. Cuenta cómo tuvo oportunidad de visitar la amplia y bien organizada biblioteca. «Era Lolita —concluye— un ejemplo de lo mejor de nuestra mujer cubana intelectual refinada, sin afectación»

b) Gómez Reinoso, Manuel XXIII-70

Su primer conocimiento de Dolores Martí de Cid fue como estudiante de la Escuela de Filosofía y Letras de la Universidad de La Habana y recuerda su habilidad para darle vida a las circunstancias del tema, ayudando a los alumnos a interpretar mejor lo estudiado. Afirma sin reparos que «Hispanoamérica constituyó el universo de sus preferencias» y así quedó probado en los profundos estudios que hizo sobre el tema

c) Campa, Antonio R. de la XXIII-72

La recuerda en dos ocasiones de encuentro personal: la primera, como profesora suya de Literatura Hispanoamericana, cuando tuvo que hacer un reporte sobre un libro que no le llegó a interesar y le criticó el título que le había puesto: «Un libro fuerte», porque, le dijo, no decía nada ni indicaba de qué se trataba. La segunda fue dándole él transporte para asistir a un Congreso del CCP en New Jersey: le dijo que quizás fuera la última vez que asistiera a otra de esas reuniones porque su esposo estaba enfermo y la necesitaba, y así fue, pero el recuerdo de su ternura, afecto y comprensión siempre estuvo presente

Wellington, Marie A.
«Dolores Martí de Cid, A Woman for All Seasons»　　　XXIII-74
Es el testimonio de una colega de la Dra. Cid de más de veinte años y como tal confirma su conocimiento en al menos cuatro idiomas extranjeros, en la cooperación intelectual entre ella y su esposo, abiertamente franca y sin intención de competencia, porque ella era capaz de «admirar lo admirable» en otros, sin reserva alguna.

Gutiérrez Kann, Asela
«Formación, carácter y legado de un gran maestro:
Juan Fonseca»　　　XXIII-98
Hermoso recuerdo anecdótico de Juan Fonseca, como profesor, como padre, como amigo y como un desterrado más entre tantos que comparten su dolor profundo. Muestra a Fonseca como ejemplo vivo de la humildad en la sabiduría

Fonseca Pichardo, Juan E.
«Evocaciones filiales de un gran humanista
y maestro: Juan Fonseca»　　　XXIII-103
El hijo de este gran educador pone en evidencia, con fundamentos, la amplia cultura de éste, que se volcaba de manera natural en sus inolvidables clases para deleite y admiración de sus alumnos

Piñera, Estela

«En torno a la vida y la obra dramática, de mi padre,
Ramón Sánchez Varona» XXIII-114
>   Reseña biográfica del dramaturgo Ramón Sánchez Varona, hecha por su hija Estela, esposa de Humberto Piñera. Relaciona la participación de Sánchez Varona en la etapa inicial en que se estimulaba el cultivo de un teatro nacional

Alba Buffill, Elio
«Roberto Agramonte, ensayista» XXIII-120
>   Hace notar el interés de Agramonte por los fundadores de la nacionalidad cubana: José Agustín Caballero, Varela, José de la Luz, Varona y, desde luego, Martí. Con visión hispanoamericana son notables sus estudios sobre Montalvo. Todo esto sin abandonar los trabajos en su especialización docente de Sociología, Psicología y Filosofía Moral.

Rexach, Rosario
«Agramonte: maestro y ejemplo» XXIV-27
>   En este estudio se destacan las cualidades profesionales e intelectuales de Agramonte, el patriota, el profesor, el ensayista, cuyos libros didácticos y obra intelectual está afianzada en su ética, seriedad y sólida cultura

Agramonte, Roberto L.
«Notas anecdóticas sobre mi padre» XXIV-36
>   Semblanza filial de un patriarca que como padre fue un maestro, no un disciplinario y cuya vida familiar fue también ejemplo de ética, sobriedad, elegancia y culto a la patria

Alba Buffill, Elio
«Cuba: ausencia presente en el destierro de
Alberto Gutiérrez de la Solana» XXVII-81
>   Esta semblanza destaca las diferentes actividades en las que sobresalió Alberto Gutiérrez de la Solana. En Cuba como exitoso abogado, muy activo en el Colegio de Abogados de La Habana, representando la justicia y libertad más tarde, cuando se vio amenazado por el comunismo; en los Estados Unidos, fue periodista de la revista *Bohemia Libre* en NY y luego pro-

fesor de NYU en la Escuela de Estudios Graduados, conferenciante y autor de varios libros. Fue uno de los miembros fundadores del CCP en donde sirvió por muchos años como Tesorero. Cuba fue siempre la ausencia presente en su vida

Yannuzzi, Alberto
«Carlos Márquez Sterling: mentor y amigo» XXVIII-9
Recuerdo personal de quien siendo un joven exiliado, tuvo oportunidad de participar activamente en las gestiones y proyectos del Dr. Carlos Márquez Sterling, por rescatar a Cuba del horror castrista

Torre, Rogelio A. de la
«Fernando Arsenio Roa: una vida dedicada al Derecho» XXIX-9
Empieza por reseñar los títulos alcanzados por el Dr. Roa y sus estudios posgraduados en Madrid, París y Alemania. Entró por oposición en la carrera judicial varias veces hasta llegar a la posición de Magistrado de la Audiencia de La Habana y Presidente de una Sala de lo Civil, a la que renuncia por no aceptar las transgresiones de la ley que hacía el nuevo régimen, y marcha al exilio, en donde se desempeñó como consultor legal de dos grandes corporaciones. Termina la semblanza refiriéndose a una anécdota ejemplificadora de lo que es la ética del Derecho

Rasco, José Ignacio
«José Ignacio Lasaga: un personaje singular» XXIX-22
Después de presentar su extraordinaria preparación en el campo de la psicología y la filosofía, lo muestra en su proyección cívica tanto en la patria como en el exilio y finalmente, en su proyección vital como un verdadero cristiano, sirviendo sin interés alguno a los desposeídos

Perera, Ana María
«Simón Bolívar, el estadista» XXIX-135
Evaluación meticulosa de las características intrínsecas que conforman los atributos necesarios en el liderazgo del poder legislativo, ejecutivo y judicial que hacen de Bolívar un ejem-

plo de hombre de estado responsable y paladín del desarrollo político y social. De él se puede decir que «Su itinerario comienza en la libertad, se concreta en la independencia, se construye en el orden y se eleva hacia la unidad»

Castellanos del Corral, Andrés
«Guillermo Martínez Márquez: Periodista
continental ilustre» XXX-30
Destaca la genuina vocación periodística de Martínez Márquez y su participación en la fundación de la SIP en 1943 y de la Escuela Nacional de Periodismo «Manuel Márquez Sterling», de la cual fue profesor. Salió al exilio en 1960, donde ejerció el periodismo intensamente.

Ibaceta, Herminia.
«Luis Mario, poeta del amor» XXX-38
Fue periodista, profesor, pero esencialmente, poeta de íntimas vibraciones. Su musa inspiradora fue su amada esposa y el puro e intenso amor que compartieron, lo que justifica el título de este ensayo

Rexach, Rosario
«Jesús Castellanos: un heterodoxo-ortodoxo» XXX-105
Sigue la vida de Jesús Castellanos que, como pertenecía a la generación que inauguraba la república, mantuvo gran interés en promover la cultura en su patria, a pesar de que murió muy joven. Escribió *La conjura (*novela) e infinidad de cuentos y conferencias

Campa, Radamés de la
«Ernesto Lecuona: Cuba en su música» XXX-134
Muy bien documentada biografía de Lecuona desde que sorprendió a su madre, a los 3 años, tocando al piano un bolero que su hermana ejecutaba a menudo. De ahí sigue sus pasos desde sus inicios hasta sus triunfos llevando la voz musical de Cuba por Europa y toda América

Castell, Ricardo

«Juan Ramón Jiménez en Miami (1939-1942): en
El otro costado» (Testimonio)   XXX-208
Poco tiempo después de comenzar la guerra civil española, Juan Ramón y Zenobia se trasladan a América con una primera parada en New York y luego van a Puerto Rico, a Cuba y por último Miami donde cambian de residencia a menudo por causas diferentes. Finalmente, regresan a Puerto Rico donde Juan Ramón recibe su Premio Nobel en 1956, Zenobia muere ese mismo año y Juan Ramón en mayo de 1958

Luis Mario
«Arístides Sosa de Quesada, el poeta cordial»   XXXI-95
Esta semblanza del militar de carrera, poeta de sensibilidad, abogado en ejercicio por más de 30 años, Doctor en Pedagogía, que ha escrito libros didácticos que sirvieron de texto en las escuelas públicas, acentúa dos aspectos: su personalidad y su poesía. Es siempre el amigo cordial, partícipe en actividades culturales, interesado en la educación rural y en bibliotecas ambulantes. Como poeta, no copió estilos, su poesía es sencilla, cordial, bohemia, que habla al sentimiento y al patriotismo, como su poema «Biografía de un limonero inadaptado que creció en Nebraska»: Semilla tropical también desterrada «a quien le basta su orgullo de verde limonero»

Varona, Esperanza B. de
«Perfil de Beatriz Varela»   XXXI-118
Esta semblanza de Beatriz Varela Zequeira destaca su vinculación a nuestra historia porque es la nieta de una gran figura de las letras cubanas, José Varela Zequeira, poeta, ensayista y gran orador. Cuando se exilió fue a New Orleans donde obtuvo un Master in Arts en la Universidad de Tulane. Fue profesora en la Universidad de New Orleans. Se especializó en Lingüística, en la que se la considera una autoridad. Ha escrito libros sobre el chino en el habla cubana, el español cubano-americano, un libro de texto, con su manual y uno que recoge su tesis doctoral en la Universidad de la Habana, sobre su abue-

lo, *José Varela-Zequeira (1854-1939): su obra científico-literaria*

Fernández, Ofelia M.

«Nostalgia de Oscar: mi primo casi hermano»   XXXII-156

Recuerdos de una prima que compartió su niñez con Oscar Fernández de la Vega por ser él el mayor del grupo de los primos, hijos todos de dos hermanas casadas con dos hermanos, y trae a su memoria incidentes y anécdotas que reflejan la excepcional personalidad de alguien que supo vivir intensamente, las cosas pasajeras de la vida

Gómez Reinoso, Manuel

«Oscar Fernández de la Vega: In Memoriam»   XXXII-160

Ofrece otra visión de Fernández de la Vega, la del maestro que prodiga su saber en otros, con la generosidad del verdadero educador que ofrece estímulo, que señala senderos, que investiga incógnitas para revelar verdades, que incita, en fin, el afán de saber

Gutiérrez Vega, Zenaida

«Palabras en memoria de Oscar Fernández de la Vega»   XXXII-164

La excepcionalidad de Fernández de la Vega como propagador de cultura se muestra plenamente en su ejercicio profesional como maestro del colegio Baldor, en Cuba, y profesor de Hunter College, en New York. Aquí, siguiendo su norma de conducta, prodigó sus conocimientos y estimuló en sus alumnos el investigar lo que no sabe

López-Isa, José

«El educador en Walter Rela»   XXXIII-54

Semblanza del distinguido ensayista y bibliógrafo uruguayo Dr. Walter Rela. Se graduó en la Facultad de Humanidades de la Universidad del Uruguay y luego cursó estudios de postgraduado en las universidades de Brasil, Chile y Argentina. Su vida docente es intensa: cursos en universidades sudamericanas, congresos nacionales e internacionales, publicaciones y colaboraciones

Hernández-Miyares, Julio
«Walter Rela: amigo del exilio»　　　　　　　　　XXXIII-55
Recuerdos personales de la amistad con el profesor y ensayista Walter Rela surgida en una de las frecuentes visitas que hiciera a universidades norteamericanas como Profesor Invitado a dar una conferencia, amistad que luego se cimentó cuando ambos fueron colaboradores en la *Antología del cuento modernista hispanoamericano* (1987)

Whitmarsh, Rosa L.
«Florinda Álzaga: la paz en acción»　　　　　　　XXXIII-70
Semblanza de Florinda Álzaga, educadora y crítica literaria cubana con raíces mambisas pues era nieta del Coronel Enrique Loret de Mola, ayudante del General Agramonte. Su personalidad se puede sintetizar en fuerte religiosidad, patriotismo, responsabilidad profesional, gran interés filosófico y carácter firme

Varona, Esperanza B. de
«Florinda Álzaga y Loret de Mola: veinte años
de amistad sincera»　　　　　　　　　　　　　　XXXIII-75
Recuerdos de una buena amiga en la vida profesional en Cuba y luego en el destierro por sus publicaciones y actividades culturales. Se la considera una especialista en el estudio de la Avellaneda (ha escrito cinco libros sobre ella). Apoyó la Colección Cubana de la Universidad de Miami, desde sus comienzos y donó a ella sus papeles personales

Armas, José R. de
«Rosario Rexach: profesora y amiga»　　　　　　XXXIII-89
Recuerdos universitarios sobre una profesora que, por su saber, personalidad y vocación por la enseñanza, cautivaba a los alumnos; luego, el reencuentro como colegas en congresos nacionales e internacionales, fortaleció la amistad hasta hoy

Rovirosa, Dolores

«Rosario Rexach: una mujer cubana de su tiempo
y mucho más» XXXIII-91
> Se estudia el papel representado por la mujer cubana y por la Dra. Rexach, maestra y profesora muy activa en actividades culturales del Lyceum de La Habana, sociedad femenina creadora de la Primera Biblioteca Pública Ambulante y de la Escuela Nocturna para Adultos. En el destierro continuó la labor cultural, escribiendo ensayos y conferencias

Ramos, Marcos Antonio
«Rosario Rexach, una cubana extraordinaria» XXXIII-95
> Palabras de recordación de una excepcional mujer de letras que, con sus ensayos, conferencias y elocuente participación en actividades académicas y culturales en Cuba y en el destierro, nos ha dejado imborrable recuerdo

Yannuzzi, Alberto
«Alberto Guigou, hombre público, escritor y amigo» XXXIII-98
> Apuntes sobre un ideólogo, poeta, novelista, político, viajero y amigo y desde esa múltiple perspectiva es que lo describe. Su agnosticismo, sus ideas radicales en la juventud temprana, sus actividades políticas, la pérdida de poemas y obras teatrales que quedaron inéditas al salir de Cuba y luego, en el destierro, hizo un valioso aporte cultural: en la narrativa, con dos novelas: *Días ácratas* y *Burdeles* (sin terminar); en teatro, *Bruno* y *Huida* y con poemas como *Madre inmigrante*, el más impactante, que fue traducido a varios idiomas. Ése es el Guigou que el autor conoció

Rumbaut, Carucha
«Mi hermano, mi personaje inolvidable» (Testimonio) XXXIII-111
> Muy sentidas palabras de amor fraterno y patriótico, de recuerdos de Cienfuegos y el mar cubano, pronunciadas en la sesión en memoria de Rubén Darío Rumbaut, «escritor, poeta y médico»

Bosque, Vivian

«Mi amigo y maestro Rubén
Darío Rumbaut» (Testimonio) XXXIII-114
> Sus amigos lo recuerdan por su patriotismo, humor y concepto familiar. Se alistó como médico en la Brigada 2506, fue uno de los fundadores del Capítulo del CCP de Houston, TX y miembro del Club de Historia de Cuba. Su humor criollo era proverbial así como su amor por sus hijos y su esposa

Puello, Andrés D.
«Recordando a Rubén Darío Rumbaut» XXXIII-116
> En el campo de la psiquiatría alcanzó merecidos reconocimientos de instituciones médicas de los Estados Unidos y enseñó en la Escuela de Medicina del Baylor College, TX, por más de veinticinco años, de donde se retiró como Profesor Emérito. Como escritor Rumbaut colaboró en revistas con artículos, ensayos y monografías, así como en publicaciones médicas. Escribió también poesía y llegó a publicar un poemario que tituló *Esa palabra* en el que demostró gran sensibilidad para cantarle al amor y a Cuba

Torre, Rogelio de la
«La obra literaria de Octavio Costa» XXXIII-124
> Ensayo sobre Octavio Costa, un notable historiador cubano, con un estilo propio y claro y más de 24 volúmenes publicados de historia, biografías y ensayos. Además de su carrera profesoral de más de 30 años, sostuvo una intensa labor periodística en Cuba y en el destierro en importantes periódicos de California y Miami, recibiendo numerosos premios y condecoraciones en ese campo

Beato, Virgilio I.
«Octavio Costa, una vida dedicada a la cultura» XXXIII-131
> Recuerdos y apuntes biográficos de un eminente hombre de letras cuya curiosidad y afán de lectura lo preparó para el importante papel que hoy ocupa en la literatura cubana, como historiador, periodista y conferenciante

Hernández-Miyares, Julio

«Oscar J. Fernández de la Vega: Adiós al
amigo y al maestro»   XXXIII-146
    Graduado de las Escuelas de Pedagogía y Filosofía y Letras de la Universidad de La Habana y profesor en Cuba y en el destierro, Oscar Fernández de la Vega fue siempre un maestro por vocación, Ayudaba y daba aliento a sus amigos y tenía un conocimiento excepcional de la gramática, una memoria fotográfica y afán de perfección del idioma, de manera que «cuando se hablaba con él siempre se aprendía algo»

Ahumada, Alfredo
«José Olivio Jiménez: puente entre dos mundos»   XXXIV-27
    Testimonio, sobre el deslumbramiento intelectual de un alumno, ante la sapiencia de un profesor que abría mundos poéticos con la aproximación cordial de un amigo. En sus análisis críticos, su perspectiva era la de «abrir mundos» y «tender puentes», para «unir mundos». Esa contribución la dejó plasmada en su obra crítica en la que estudia en el primer libro cinco poetas españoles; luego, lógicamente, va a sus raíces con un libro fundamental sobre Martí: *La raíz y el ala* y posteriormente, dos de consulta obligada: *Antología de la poesía hispanoamericana contemporánea* y *Antología crítica de la poesía modernista hispanoamericana*

Fernández, Jesse
«José Olivio Jiménez: breve semblanza de su
magisterio integral»   XXXIV-30
    Presenta desde la perspectiva de un estudiante, el reconocimiento académico que alcanzó José Olivio Jiménez dado sus importantes estudios críticos y el interés que tenían los estudiantes por tomar sus clases, hizo que ascendiera rápidamente en la City University of New York, desde Profesor Asociado a «Full Professor» y más tarde a «Profesor Distinguido»

Torre, Rogelio A. de la
«Adalberto Alvarado, un cubano ejemplar»   XXXIV-62
    Con motivo del fallecimiento en Miami de Adalberto Alvarado, se procede a hacer una síntesis biográfica para destacar la

devoción patriótica que lo animó a ponerse al servicio de la República que se iniciaba, primero, promoviendo la educación básica como maestro rural, luego contra los desmanes de poder que se presentaron y finalmente, contra lo que pronto advirtió que era un régimen comunista lo que se estaba imponiendo

Rasco, José Ignacio
«Luis Botifoll: retrato de un caballero cubano» XXXIV-70
Un retrato comprensivo de la personalidad multifacética del Dr. Botifoll tanto en su manera de ser en lo social, como en lo político, alentado siempre por su cubanía, que usó como guía y norte de su proceder en la vida. Tuvo participación en muchos aspectos de la cultura cubana, pero quizás el más fecundo y trascendente ha sido la fundación de la Editorial Cubana, con la misión básica de reeditar obras fundamentales de la cultura nacional, para salvarlas del olvido

Armas, José R. de
«Lydia Cabrera en el recuerdo» XXXVI-46
Trabajo original, con aspectos personales de la etnógrafa cubana, especializada en la cultura africana. La presenta primero como investigadora, indagando sobre ciertas costumbres de esa raza y características del lenguaje, y después, en un plano más íntimo, con anécdotas que muestran su alegre personalidad

Marbán, Jorge
«Los Loynaz, vida, carácter y orientación
poética en una familia original» XXXVIII-84
Estudio de una familia singular: los Loynaz, con profundo abolengo patriótico y merecido reconocimiento intelectual. El patriarca, el General Enrique Loynaz del Castillo, autor de la letra y música del Himno Invasor de Cuba, y sus cuatro hijos, poetas con méritos propios y muy diferentes personalidades: Dulce María, la mayor, de firme carácter; Enrique, cuyos poemas son «oníricos, oscuros y difíciles de descifrar»; Flor, algo excéntrica, amaba tanto a los animales, que por ella, la madre fundó la «Casa de Piedad de Cuba»; y Carlos Manuel, cuyo interés fue la composición musical

Román, Monseñor Agustín A.
«La personalidad de Amalia V. de la Torre»   XXXIX-38
Sentidas palabras de Monseñor Román recordando con admiración y hermandad cristiana al matrimonio de Rogelio de la Torre y Amalia Varela, destacando que fue ella, con su religiosidad y ejemplo de conducta, quien indujo al esposo a unirse como miembro de la Acción Católica. Monseñor cuenta que por referencias es que supo de ellos primero, pero cuando los conoció personalmente en el proyecto evangelizador de CRECED, comprobó «la capacidad humana, intelectual, así como religiosa», de Amalia

Abislaimán, Rafael
«La influencia del Padre Félix Varela en la
labor de Amalia V. de la Torre»   XXXIX-42
Es un testimonio de lo que determinaron en el desarrollo intelectual de la Dra. Amalia V. de la Torre, las tempranas lecturas de los libros del Padre Félix Varela, así como sobre su vida y su magisterio en el Seminario de San Carlos y San Ambrosio, en la Habana. Como resultado, ya jubilada como Profesora Emérita de St. Mary's College de Indiana, dedica todo su esfuerzo y capacidad a despertar conciencia en el exilio, de la significación del Padre Félix Varela en la formación de la nacionalidad cubana

Ramos, Marco Antonio
«Luis J. Botifoll: pasión por la cultura cubana» (Testimonio)   XL-7
Cálido recuerdo de la multifacética personalidad del Dr. Luis J. Botifoll, distinguida personalidad de la comunidad cubana, puesto que en Cuba fue abogado, director del diario *El Mundo*, y en el exilio estuvo al frente de una importante empresa bancaria, pero entre sus prioridades siempre estuvo el preservar para el futuro, los valores de nuestra cultura y el planear el desarrollo económico de la recuperación nacional

Salvat, Juan Manuel
«José Ignacio Rasco, un apóstol de las letras»   XL-10

Se presenta panorámicamente, pero con rasgos muy precisos, la figura intelectual del Dr. José Ignacio Rasco. Estudioso de la historia de Cuba, ha sido profesor en los Estados Unidos y conferenciante en Latinoamérica, Fundador del Instituto Jacques Maritain, fuente de información política y de estudios sobre el pasado, presente y futuro de Cuba. Se unió con entusiasmo al proyecto de la Editorial Cubana y al morir su fundador, el Dr. Botifoll, Rasco es elegido presidente

Alba Buffill, Elio
«Rogelio de la Torre: educador y patriota» XLIII-7
Estudio de una vida dedicada a la patria que, aunque esclavizada por el comunismo, aún sigue viviendo en el corazón de sus hijos. El Dr. De la Torre fue un alumno brillante de Derecho en la Universidad de La Habana, luego fue profesor muy respetado de la misma y, en el exilio, fue también profesor universitario, pero de literatura. En Cuba siempre estuvo envuelto en problemas educativos. Su trabajo «La educación en Cuba durante la República», lo acredita como educador y «La patria de Martí: el sueño de un poeta», como patriota. Ambos fueron recogidos en *Círculo: Revista de Cultura*

Hernández-Miyares, Julio
«Juan Manuel Salvat: su intenso amor a la patria» XLIII-19
Recordando a un amigo que siempre fue fiel a su formación cristiana, a su amor por la libertad, a la institución familiar y a la patria. Su actitud en contra del comunismo, sus actividades revolucionarias, lo forzaron al exilio, donde ayudó a muchos amigos y aun desconocidos, desde su librería «La Universal», centro cultural del exilio cubano

Gutiérrez, Mariela A.
«Semblanza de la Avellaneda: voz del romanticismo
hispano y precursora del feminismo literario moderno» XLIII-29
Estudio de la Avellaneda como mujer y desde un punto de vista literario. Su lírica es romántica, se basa mayormente en el amor y sus dramas y novelas presentaban temas peligrosos en esa época: la esclavitud y el derecho de la mujer como ser hu-

mano que es, aunque fueron bien recibidos por el público. Como mujer fue bastante desdichada porque perdió dos esposos, una hija ilegítima y sus dos primeros amores no fueron correspondidos

Leyva, Josefina

«El destino de Tula» XLIII-66

Estudio de la personalidad intelectual y física de la Avellaneda. Belleza y talento fue una dualidad que presidió su vida; además era una mujer auténtica, independiente y con una gran pasión por aprender. En este ensayo se plantea una serie de preguntas difíciles de contestar; su regreso a Cuba ¿fue sólo por nostalgia o por la envidia que le mostraban en España? ¿Por qué no escribió más versos en Cuba? ¿Fue por la estrechez provinciana o porque se sentía extranjera en su patria?; española en Cuba e indiana en España

Castellanos, Andrés

«Rosario Rexah: una vida irradiando luz» XLIII-106

Ensayo sobre el aporte cultural de la Dra. Rexach a la difusión del pensamiento del Padre Varela, que fue su tesis de grado, y del de Martí y Mañach. Su vida profesional fue muy activa: conferencias en congresos, colaboraciones en revistas literarias, siempre irradiando luz sobre nuestra cultura

Gutiérrez, Mariela A.

«La labor del Dr. Elio Alba Buffill como exégeta del
pensamiento cubano e hispanoamericano» XLV-25

Describe ampliamente la trayectoria del Dr. Alba Buffill tanto en su formación educativa como en su desempeño profesional en Cuba y en el exilio. Hace luego una relación de su obra ensayística destacando en cada uno su proyección, bien sea de interés cubano como *Enrique José Varona: Crítica y creación literaria; Índice de El Pensamiento: Cuba, 1879-80; Cuba: agonía y deber. De letras e historia; Enrique Labrador Ruiz. Precursor marginado,* sobre este novelista cubano que hizo historia en el cuento, y *Cubanos de dos siglos. Ensayistas y críticos;* con visión hispanoamericana en otros, como *El en-*

sayo en Hispanoamérica; Vigencia y trascendencia de Ariel *de José Enrique Rodó;* Conciencia y quimera, que analiza ensayo, novela, cuento, drama y poesía de nuestra América, y otros que vuelven a las raíces españolas, como *Los estudios cervantinos de Enrique José Varona y Estudios sobre letras hispánicas*, con una selección de autores hispanoamericanos y españoles que incluyen entre sus obras casi todos los géneros literarios.

TEATRO
Hispanoamérica
Villaverde, Luis G.
«Panorámica del teatro hispanoamericano contemporáneo» V-77
Análisis, en el teatro hispanoamericano de las influencias recibidas del teatro universal. Señala muy bien, que en los albores del siglo XX el teatro regionalista rioplatense cobró impulso con Florencio Sánchez porque dentro del marco criollo de lo gauchesco, abrió nuevos horizontes al mostrar influencias de autores europeos en el manejo, por ejemplo, de personajes como Don Zoilo. La realidad americana se hizo presente en la región del Plata, en La Habana y en México, donde surgieron grupos experimentales y de ahí evolucionó la escena hispanoamericana con fuerza propia, respondiendo a las circunstancias del mundo en transformación

Martí de Cid, Dolores
«El teatro hispanoamericano: prehistoria, historia
y vislumbre de futuro» XVII-71
Recorre la expresión dramática en el Nuevo Mundo desde los tiempos prehistóricos, inspirados en el folklore. Se refiere a algunas piezas de la cultura nahualt, de la mayense y la quéchua, señalando características que a veces pueden semejarse a las tragedias griegas, antes de hacer sumaria revisión del teatro en la época colonial, señalando indicios muy interesantes. Así, llega al presente, que lo nutre una múltiple variedad de escenarios y de raíces culturales y, por último, da las razones para

predecir que el arte teatral en Hispanoamérica puede alcanzar un alto desarrollo

Martí de Cid, Dolores

«El teatro hispanoamericano: raíz india y
tronco polifacético					XXI-151

Las raíces del teatro hispanoamericano son muy profundas porque las grandes civilizaciones indígenas tenían gran aprecio de las representaciones, que eran muy frecuentes. Al crecer con la influencia europea y africana, el teatro adquirió su propia personalidad. En el siglo XX, como resultado de las dos guerras mundiales, los refugiados de Europa y de Asia inclusive, dejaron sentir su influencia. El ensayo pasa luego a estudiar distintos aspectos del teatro como género: los filológicos, los literarios y las influencias del teatro universal

Argentina

Mc Nair, Nora de M. de

«El sainete porteño y el teatro menor de
Florencio Sánchez»					V-67

Presenta primero al sainete como lo que es: teatro menor que busca divertir, pero no resolver las realidades que presenta, pero no significa que sea teatro inferior. Llegó de España, naturalmente, pero con el tiempo se adaptó a la realidad argentina, ya fuera rural o citadina. Florencio Sánchez, si no fue el único, sí fue de los iniciadores en darle el tono trágico con lo cual, «logró darle al género una nueva dignidad»: ya no buscaba divertir, sino presentar «la vida misma como experiencia agónica, individual y plural al mismo tiempo»

Sánchez-Grey Alba, Esther

«Las farsas pirotécnicas de Alfonsina Storni»		XVIII-205

En el libro de la Storni *Dos farsas pirotécnicas* se estudian dos obras suyas basadas en dos clásicos. Una, *Cimbelina en el 1900 y pico* está basada en *Cymbeline*, de Shakespeare y *Polixena y la cocinerita*, toma el personaje principal del drama *Hécuba* de Eurípides, pero ambas fueron transformadas en farsas para, a través de la sátira, analizar aspectos de la naturaleza humana que pueden justificar la incomprensión de sus contemporáneos

Cuba

Sánchez-Grey Alba, Esther
«Clasicismo e historicidad de *La recurva* de
José Antonio Ramos» IX-63
Estudio de los elementos históricos y clásicos en esta obra teatral. Está construida de manera metafórica con el momento de crisis política que se vivía en Cuba en 1936, año en que se sitúa la acción y debido a ello la crítica ha dado distintas interpretaciones al simbolismo de los personajes. Los indicios clásicos que se le han encontrado son varios: la trilogía de un padre y sus dos hijos, caracterizados por sus cualidades psicológicas y éticas y la acción centrada en un solo lugar

Johnson, Harvey L.
«Dedicación de Cid Pérez al teatro» XII-67
Empieza por hacer un resumen crítico-temático de algunas de las obras de José Cid para mostrar que ellas reflejan una amplia variedad de temas, con situaciones reales reconocibles en el mundo en que vivimos, la mayoría de las veces, como, por ejemplo, *Y quiso más la vida, Hombres de dos mundos* y *La última conquista*; y otras en las que la fantasía nos lleva a otros mundos, ya sean soñados o imaginarios, como *La comedia de los muertos* o *La rebelión de los títeres*. En vista de esto, ha apelado a distintos __ismos y «por eso, los pocos elementos no convencionales» no pueden sorprendernos. Luego nos presenta al autor en el que descubrimos a un hombre de amplias perspectivas y de vasta cultura, conocedor profundo de otros mundos

Davis, Michele S.
«José Cid y su caracterización del hijo único» XII-73
Estudia el modo en que José Cid presenta en varias de sus obras a personajes en las que concurre la circunstancia de ser unigénitos, y analiza como éstos reaccionan en determinadas situaciones. Se basa para esto en investigaciones científicas

que creen encontrar ciertos patrones de conducta en esos casos. El estudio hace las observaciones pertinentes en varias obras de Cid en las que concurren las circunstancias adecuadas para el análisis

Sánchez-Grey Alba, Esther
«El sentido poético de *La luna en el pantano*
y *La luna en el río* de Luis A. Baralt» XIV-61

Se estudia a Luis Alejandro Baralt en una faceta en la que no se ha profundizado como merece, como autor teatral. En las dos piezas estudiadas aquí es de admirar el manejo de los personajes que se pueden identificar en dos polos opuestos: los sublimados por la poesía y los materialistas y pragmáticos. En el ensayo se presenta la relación temática que pudiera haber entre ambas piezas, a pesar de ser aparentemente independientes como juego teatral

Sánchez-Grey Alba, Esther
«Función de títeres y espíritus en el teatro de
ideas de José Cid Pérez» XV-85

Se enfrenta primero a la dualidad autor / personaje: hasta qué punto tiene uno Independencia del otro. Aquí se estudia el problema en dos piezas: *La comedia de los muertos* y *La rebelión de los títeres*. En la primera conviven dos realidades en una misma sala teatral: la real, la de los espectadores que vinieron a ver la obra y la del más allá, que es la de los espíritus, que reclaman su espacio para discutir las dos circunstancias. La segunda pieza tiene una estructura más vanguardista, pues pasa el límite de lo real al darle vida y capacidad de razonar a un muñeco de trapo y cartón, en un papel protagónico. Cid presenta una realidad dentro de otras posibles realidades, o sea, un mundo donde las ideas son las protagonistas y el dramaturgo el interlocutor

Escarpanter, José A.
«La burguesía provinciana cubana en el teatro
de Manuel Reguera Saumell» XV-91

Analiza la evolución que va tomando la dramaturgia cubana ante los acontecimientos políticos a partir de 1952. Este ensayo se centra en la temática que se refiere a la vida de las provincias en la República, con visión de crítica social y con la orientación neorrealista del momento. Reguera Saumell sale al exilio en España donde tuvo una amplia producción, pero mantiene la vista fija en el patriarcado cubano, aunque ejercido por una figura femenina dentro de la familia, con estricta visión de los valores religiosos. Termina con un acucioso análisis de las obras seleccionadas dentro del tema que anuncia el título, señalando características de estilo y de enfoque. Responde a las características del teatro cubano de los 60, que evoca un mundo de valores a punto de desaparecer

Jiménez, Onilda A.
«Texto y contexto de *Los perros jíbaros* de Jorge Valls»   XV-99
El ensayo admite desde el comienzo que el contexto socio histórico se hace evidente de inmediato, con la situación política que asoló a Cuba cuando las hordas comunistas usurparon la finalidad liberadora de la revolución a la que respondía el pueblo cubano para rescatar su democracia mancillada. Las señales son evidentes ya en el título que anuncia la presencia de «perros jíbaros» que se hacen presentes de inmediato, bajando de la sierra y se imponen por la violencia, provocando la huida como único medio de sobrevivir. La estructura de la tragedia griega facilita establecer las coordenadas necesarias e inclusive, el nombre del personaje que representa el espíritu de lucha del pueblo, deja la esperanza de una luz redentora, al ser VÍCTOR

Sánchez-Grey Alba, Esther
«El teatro de José Cid Pérez: convergencias
de corrientes literarias»   XVII-63
A través del análisis de cinco piezas de Cid se advierte la influencia del teatro de ideas, prevaleciente en la dramaturgia universal de la época, confluyendo en la preocupación ética que se muestra como característica central de su teatro. En este trabajo se estudian: *Hombres de dos mundos, Y quiso más la*

vida…, La comedia de los muertos, La rebelión de los títeres y *La última conquista*

Bloch, Peter
«Sobre *Huida* de Alberto Guigou» XVIII-17
Explicación de esta pieza teatral, presentada en el XXVI Congreso Anual del CCP. Trata de dos jóvenes comunistas que acaban de cometer un acto de sabotaje. Uno muere convencido del ideal de la causa; el otro vive para saber más tarde del engaño y la maldad del Partido. *Huida* es una pieza que da qué pensar

Wellington, Marie A.
«Three Women, One Circunstance and a Trio of Plays
by José Cid Pérez» XVIII-147
Estudia los personajes femeninos en tres piezas de Cid que se centran en la relación entre un hombre y una mujer en las cuales el conflicto surge por la actitud egoísta del hombre: *Cadenas de amor*, *Y quiso más la vida* y *La última conquista*. Las tres tienen en común que las mujeres tienen caracteres fuertes, pero es justo reconocer la comprensión humana que muestra el dramaturgo al tratar las circunstancias y motivaciones que condicionan a cada personaje

Álzaga, Florinda
«Las ideas en el teatro de José Cid» XVIII-155
Es obvio que el teatro de José Cid se propone básicamente, hacernos pensar. Lanza proposiciones o temas en situaciones que no se resuelven muchas veces, pues son de fondo metafísico, psicológico, filosófico, etc. pero que dejan la inquietud de una respuesta que cada cual debe encontrar

Sánchez-Grey Alba, Esther
«*Tiempo muerto* de Jorge Mañach: una cala en
la agonía cubana» XIX-83
En esta obra se pone de relieve la conexión, en cuanto a la técnica, con el teatro de Ibsen y su famosa pieza *Casa de muñecas* aunque su interés primordial es referirse al momento histórico y económico del país y presentar el conflicto de lo intelectual y

lo cotidiano. Todo se agudiza al ser una mujer su personaje principal, a quien le gusta la poesía y la literatura y su primer esposo, aunque era hombre de talento, no tenía tiempo para ella y al quedar viuda, se casa con un hombre de negocio que la ama, pero no comparte sus gustos. La obra también presenta la vida mecanizada de un central azucarero en contraste con la diversidad agrícola que es más beneficiosa para el país

Matas, Julio
«Teatro cubano del exilio» XX-73
Es la impresión directa de un escritor sobre un caso de perspectiva literaria que, desafortunadamente, se ha hecho muy común en el mundo actual: el exilio. Lo analiza según las circunstancias prevalecientes, o sea, si llevan mucho tiempo en el país de adopción, o todavía no han asimilado el idioma o las costumbres. Otro factor a considerar es la edad en que se padece el trauma del cambio, pues siempre implica un desgarramiento emocional

Sánchez-Grey Alba, Esther
«La 'realidad' en el teatro de Julio Matas» XX-77
Se estudian aquí cuatro piezas de teatro de Julio Matas en las que entran en juego una o más realidades escénicas que interfieren con la realidad «real» (valga la redundancia) autorizada desde la perspectiva teatral del metateatro. Las piezas analizadas son: *Juego de damas* y *Tonos*, de 1 acto; y *La crónica y el suceso* y *Cruza el ciervo,* de 3 actos. En esta última Matas profundiza en el experimento porque deja abierta la incógnita sobre la «realidad real»

García Osuna, Alfonso
«*El chino* y la crisis del lenguaje en el teatro
de Carlos Felipe» XXII-119
Interpretación de esta pieza en cuanto a su rompimiento con la representación objetiva de una realidad que se hace imposible exponer cuando los personajes se vuelcan en su subjetividad y se desdoblan en otra realidad

Sánchez-Grey Alba, Esther

«Luis A. Baralt y la búsqueda del 'arte nuevo'» XXIII-44
   Sánchez-Grey se centra en el proceso teatral cubano en sus inicios, en que se busca establecer una dramaturgia con características nacionales que la identifiquen, puesto que con el siglo XX había nacido la soñada república y todo llamaba a comienzos con nuevas visiones. Ese innovador espíritu nacionalista se evidenciaba —y se buscaba— en todas las artes. Baralt lo buscó en dos dimensiones: como director, en La Cueva, y como dramaturgo en sus piezas, en las que se analizan las raíces del modernismo

Sánchez-Grey Alba, Esther
«El tema del desarraigo en el teatro de Iván Acosta» XXIV-118
   Presenta la realidad del que ha dejado su lar nativo, por la razón que fuere, y siente esa pena común en dicha circunstancia, que responde a la falta de pertenencia, sin que implique rechazo, sino añoranza de lo que ha quedado atrás, y que se llama desarraigo. Ese sentimiento llega a hacerse doloroso cuando la razón es el destierro, porque la posibilidad de un regreso, aunque sea transitorio, está vedado. Este tema, con todas las circunstancias posibles, se ha hecho presente, muy justificadamente, en otras piezas de Acosta,

Barroso, Leopoldo
«Amor con amor se paga» XXIV-152
   Parte de una suposición muy personal de que Martí se hubiera inspirado en la temática del autor español Tamayo y Baus para escribir con premura esta pieza que su amigo mexicano Enrique Guasp, le pidió. Deja abierta la posibilidad de un análisis más profundo de esta pieza

González Cruz, Luis
«Lo cubano y lo universal en el teatro de Julio Matas» XXVI-87
   El teatro de Julio Matas se desarrolla en el exilio principalmente, aunque ya en Cuba había sentido el interés por el arte dramático, sin embargo, el desgarramiento del trasplante no impactó su teatro en forma determinante, sino que busca lo universal en lo cotidiano y para ello usa frecuentemente el mito. En este trabajo se rastrea a través de los diálogos y las circuns-

tancias y acciones de sus personajes, el mensaje que el dramaturgo desea trasmitir en cada pieza

Sánchez-Grey Alba, Esther
«José Cid Pérez. Trazos y rasgos de su
personalidad literaria» XXVI-133
El teatro de José Cid se afilia definitivamente al teatro de tesis, para lo cual hace uso frecuente de la superposición de planos, de darle a los actos cierta independencia y como estética dramática, se aprecia una actitud razonadora entre *el ser, el deber ser* y *la cuestión existencial*

Monge Rafuls, Pedro R.
«José Corrales: un buen ejemplo de la
dramaturgia cubana en el exilio» XXVII-89
Análisis del teatro de José Corrales como puramente existencial. Sus personajes tienen una vida interior traumatizada, nunca conocen sus sentimientos a fondo. Corrales sorprende a veces con otra posible explicación, cuando ya hemos hecho un juicio sobre lo que está pasando. El suyo es un teatro conceptual, distinto, que ofrece como reto, descifrar muchas incógnitas

Sánchez-Grey, Esther
«Universalidad y cubanía en el teatro de
Leopoldo Hernández» XXVII-115
Estudio de algunas obras en el exilio de Leopoldo Hernández. En *La consagración del miedo* describe la caída de un régimen de terror; y por medio del uso de personajes representativos, le da un carácter universal a la obra. En *El mudo*, plantea un concepto ideológico: la consecuencia de todas las guerras son los muertos, para apelar con ello a la conciencia cívica de todos los pueblos. En *El infinito es negro* presenta un problema ético: la alternativa entre perdonar o vengarse y en *Infierno y Duda* se plantea una alternativa moral que implica vida o muerte, remordimiento y duda y, finalmente, en *Todos tuvimos miedo*, trata el tema del reencuentro. Es decir, que el drama cubano se reflejó en toda su obra a pesar de su visión universal.

Sánchez-Grey Alba, Esther
«La obra de Virgilio Piñera, un hito en la
dramaturgia cubana»   XXVIII-50
   Se analiza el teatro de Virgilio Piñera dentro de la evolución que mostraba la escena cubana respondiendo a la necesidad de encontrar voz propia en la dramaturgia. Piñera incursionó en la tendencia clasicista que se iba haciendo evidente y le dio ciertas características propias que resultaron en la cubanización del mito griego

Sánchez-Grey Alba, Esther
«La voz del silencio en el teatro de José Corrales»   XXIX-105
   Se analiza la importancia del silencio y su simbolismo tácito, crítico y artístico que lo universaliza a través del diálogo y la confesión. Algunas piezas de Corrales responden a la tendencia del teatro contemporáneo de situar el conflicto en el mundo interior de los personajes, en vez de en la situación en que se encuentran y que deben resolver. Esto se analiza en *Bulto postal* y *Las hetairas habaneras*, hechas en Cuba, y en *Temporal* y *El palacio de los gritos* en las que es posible la influencia de algunas piezas norteamericanas

Corrales, José
«*Los acosados*, Tabo, Tota, Montes Huidobro y Piñera»   XXIX-114
   Contrastes, comparaciones y consistencias entre dos piezas cubanas y de temática similar, *Los acosados* y *Dos viejos pánicos*, de diferentes autores y escritas con una distancia de 9 años pero que tienen en común el elemento exterior de miedo que crea una situación amenazante para los personajes que, en cada caso, es una pareja común de vida cotidiana

Sánchez-Grey Alba, Esther
«Variaciones del personaje idealista en el teatro
de José Antonio Ramos»   XXX-95
   Se atisba cierta influencia del dramaturgo español Jacinto Grau en dos aspectos: a) hacer crítica social con cierto sentido de ejemplaridad ética y b) crear un personaje de convicciones firmes con fortaleza para mantenerlas. En las obras de Ramos prima la supremacía de un ideal, unas veces es el amor verda-

dero; otras, el sentido patriótico con responsabilidad cívica o con apego telúrico a la tierra en que se nace

Sánchez-Grey, Esther
«El teatro de títeres de Concepción Alzola» XXXI-62
Después de discurrir sobre el origen de los títeres como portadores del mundo de la fantasía, y su recorrido en otros tiempos y latitudes, se concentra en su presencia en Cuba en donde surgió el «Grupo Guiñol Nacional». Concepción Alzola era la asesora literaria del grupo y escribió algunas piezas que se presentaron en La Habana y luego en Madrid y en Miami. Algunos títulos son: *Lunes y martes y miércoles, tres*; *Mariquita la Linda* y *Mariquita la Fea*, con un bello sentido didáctico; *La estrellita de Belén*, con el fondo musical del Parsifal de Wagner y *Martina Rock*, basada en la conocida historia del Ratoncito Pérez

Jiménez, Onilda A.
«José Corrales: abajo el telón» XXXII-172
Se recuerda a José Corrales con la perspectiva total de la distancia que da la ausencia física de un amigo que, como era poeta y dramaturgo, veía la vida con sus avatares, desde su íntima soledad como ser humano y como parte de un pueblo desplazado de su entorno natural y propio

Sánchez-Grey Alba, Esther
«El teatro de la revolución castrista ¿novedad
o imitación servil?» XXXIII-162
Revisión del teatro en Cuba, que estaba muy desarrollado en los 50 porque se había tomado directamente de Europa el proceso de evolución que allí ocurría; ya se experimentaba con el «teatro de arte» y había infinidad de salas y grupos teatrales pero con la llegada del comunismo, se lo tomó como medio de adoctrinamiento y arma política y se creó un Consejo de Cultura para controlarlo todo. El teatro campesino y el proletario fue un fracaso porque no logró llevar un mensaje didáctico

Sánchez-Grey Alba, Esther
«Permanencia del mensaje del *Baltasar*
de la Avellaneda» XXXIV-36

Se destaca el hecho de que esta pieza de la Avellaneda es una interpretación literaria del hecho bíblico que Rembrant recogió en lienzo; Calderón en uno de sus autos sacramentales, *La cena de Baltasar* y Moreto en su comedia *La cena del rey Baltasar*. A partir de ahí se analiza la pieza teatral de la Avellaneda dándole la interpretación de que ésta «le dio una dimensión más humana al presentar la soberbia del poder, vencida por la fuerza espiritual del amor»

Jiménez, Onilda A.
«La ambigüedad y lo demás en una obra de
José Corrales» XXXIV-46

La autora participó en la lectura dramática de *El vestido rojo* de Corrales, presentada en uno de los congresos del CCP y por ello pudo comprobar el propósito buscado por el autor de crear una ambigüedad en la trama que no permita localizar o identificar el tradicional «nudo dramático» que conduce a la identificación del conflicto. Tal propósito requiere una maestría en el dramaturgo de la que Corrales hizo gala

Monge Rafuls, Pedro R.
«El teatro cubano en el exilio a través de tres siglos» XXXIV-55

Analiza las características que se pueden advertir en la literatura dramática escrita fuera de Cuba por razones de exilios. En definitiva, son dos los casos en que esa situación se ha prolongado por largo tiempo: la de finales del siglo XIX, cuando se buscaba la independencia y la actual que data de mediados del siglo XX y continúa en el XXI

Sánchez-Grey Alba, Esther
Raúl de Cárdenas y su monólogo martiano» XXXV-80

Trata de una pieza muy interesante de Raúl de Cárdenas que ganó el «Premio Letras de Oro» (1988-89), pues es un monólogo que tiene como único personaje a Martí haciendo el recuento de su vida precisamente el día de su muerte, cuando ya ésta ha terminado pero su nombre nace para la Historia. Se analiza en detalle su composición y los recursos técnicos usados para lograr presentar el recuento de una vida y la dimensión histórica que la figura adquiere para la posteridad

Sánchez-Grey Alba, Esther
«Sustrato ideológico del drama *Adúltera*
de José Martí» XXXVI-71
Un planteamiento del drama amoroso por Martí, diferente al concepto dramático calderoniano. Crea una situación paralela a la del adulterio, pero diferente porque no hay la traición a un amor conyugal. Además, se subrayan otros factores en la pieza que responden a la preocupación del autor de salvar ciertos valores morales

González-Cruz, Luis F.
«Lo afrocubano en tres obras dramáticas:
La navaja de Olofé, El hijo de Tadeo Rey y
Rapsodia en rojo y blanco» XXXVII-9
Como el título del ensayo indica, va a analizar lo africano en tres obras dramáticas de tres diferentes autores: Matías Montes Huidobro, Julio Matas y el propio ensayista. En las dos primeras, se enfrenta al tema explicando las coordenadas que se pueden establecer entre la cultura afrocubana y las acciones dramáticas, pero la tercera, resulta que está intercalada al final de una novela suya, e intencionadamente deja sin aclarar el desenlace en ninguna de las obras relacionadas

Pérez Rivera, Marcia
«Los retos del pánico en Virgilio Piñera» XXXVII-102
Se analiza aquí como Piñera —tras la máscara del miedo que hizo público, de forma valiente, al reprocharle al dictador en su cara, el régimen de terror que estaba imponiendo— hizo pública denuncia de esto a través de la paranoia de sus personajes que «sin una motivación aparente, están dispuestos a confesar crímenes no cometidos, errores inconscientes, culpas perversas de las cuales no se tiene memoria», etc

Sánchez-Grey Alba, Esther
«*La Peregrina* de Raúl de Cárdenas, un
enfrentamiento ante la historia» XXXVII-110

Se reconoce aquí la habilidad dramática de Cárdenas para acometer la difícil empresa de usar el tema biográfico, dentro del teatro histórico. Introduce en la pieza tres personajes de la vida real, representativos de los tres temas determinantes en la vida de la Avellaneda: la fe, la literatura y Cuba, que van a dar su juicio, según corresponda, en el episodio de la vida de Tula que se representa y al final, deja que sea ella misma quien dé sus razones para haber sido como fue

Sánchez-Grey Alba, Esther
«Aporte del exilio cubano al teatro en
los Estados Unidos»   XXXVIII-74

Estudio de la evolución del teatro cubano en el exilio a través de los años. Como Cuba tenía «una dramaturgia con características propias» cuando se inició la tragedia cubana, el exilio contó con dramaturgos muy experimentados. Hay diferencias de estilo y temas de acuerdo con las generaciones de exiliados; los primeros esperaban un pronto regreso por lo tanto, fue «un teatro de adaptación, no de asimilación»; los posteriores dieron testimonio de la tragedia cubana, de las cárceles y abusos. El teatro del exilio es «un fenómeno cultural» que alcanzó gran desarrollo en los Estados Unidos porque fue el pueblo que le dio acogida y ayuda y que por eso lo podía entender mejor

González-Cruz, Luis
«*Mi vida en el teatro*: realidad y quimera
en las memorias de María Julia Casanova»   XXXIX-75

En este trabajo se reseña la autobiografía de María Julia Casanova, que ésta escribió cuatro años previos a su fallecimiento, en que ella relata desde su temprana vocación por las artes. Se asomó a todas, la literatura, la música, la escenografía, la luminotecnia, elementos todos esenciales para que orientara su vida en las artes dramáticas, hasta llegar a abrir como propio, su Teatro Casanova. Vida ejemplar de verdadera vocación que muestra que no hay restricciones sociales que impidan un desarrollo si la voluntad es firme.

Sánchez-Grey Alba, Esther

«*Éxodo sin Moisés* de Alberto Baeza Flores, denuncia
de la tragedia cubana en un contexto universal»   XXXIX-83
    Es una bella y sentida alegoría de la tragedia que vive Cuba. Está concebida en nueve cuadros. Cada uno representa una realidad histórica, desde el primero, cuyo título ya anuncia la temática, «Un pueblo solo y cautivo», va pasando por el proceso inicial de la usurpación violenta, de las constantes sentencias de muerte, de las prisiones; sigue con el dolor del desterrado soñando un regreso que nunca llega y que, por el contrario, se nutre sin esperanza; de la vida de esclavitud de los que quedan; de la repetición de otros horrores que han quedado indelebles en la Historia, hasta que termina con un mensaje de esperanza de que algún día llegue la libertad. Baeza Flores, chileno de nacimiento, cubano por adopción, «ha elevado una plegaria de amor a Cuba y su pueblo y ha volcado en ella su exquisita sensibilidad de poeta»

Sánchez-Grey Alba, Esther
«El teatro en Cuba, desde la República al
socialismo presente»   XLI-81
    Examen de la libertad teatral en Cuba antes del comunismo, que era notable, no sólo por haber alcanzado identidad propia, sino porque florecían publicaciones, grupos teatrales y salas de teatro. Baste mencionar La Cueva, A.D.A.D., Teatro Universitario, o Patronato del Teatro. Con la llegada de Castro todo cambió: se centralizó y se lo convirtió en un medio de adoctrinamiento dirigido específicamente a niños, obreros, campesinos y, por último, se le quitó toda ayuda económica. La pauta señalada por el «máximo líder» en 1961 era concluyente: «Dentro de la Revolución todo; fuera de la Revolución, nada»

Paz, Luis de la
«El teatro de Raúl de Cárdenas en cuatro
obras escogidas»   XLI-92
    Análisis de cuatro piezas teatrales contenidas en su libro *Cuatro obras escogidas*, que muestran la doble cara de la realidad cubana de hoy: el castrismo, destructor del pasado y el des-

arraigo en que se vive en el exilio. En «Sucedió en La Habana» y «Nuestra Señora de Mazorra», hay tensión, recelo, división familiar y rechazo ideológico; se vive en una tragedia; «Las Carbonell de la calle Obispo», recoge «vitalidad y el ritmo de la ciudad de La Habana» y en «El pasatiempo nacional» se muestra una realidad regimentada sin libertad ni esperanzas o incentivos para vivir. Las cuatro piezas muestran el rostro de una sociedad que sufre, pero espera renacer

Leeder, Ellen Lismore
«Universalidad y estilo en el teatro de
Maricel Mayor Marsán» XLI-145
Se estudian cuatro obras de teatro que aparecen en el libro *Gravitaciones teatrales* de esta autora. Son obras de un solo acto basadas en problemas que son comúnmente confrontados. «Análisis de madurez» es una sátira a la burocracia; «El plan de las aguas circa 2152» es una alegoría del peligro que corremos por nuestra indiferencia a las alertas que la ciencia nos hace sobre el medio ambiente; «La roca» pone en evidencia como el individualismo exagerado puede llevar a la aniquilación común y por último «Lazos que atan y desatan las almas» que sigue con el tema de la incomprensión humana. Los dos monólogos son «Las muchachas decentes no viven solas» y «Testimonio de mis días»

González-Cruz, Luis F.
«Virgilio Piñera en el ojo de la tempestad» XLII-85
El autor hace un recuento de su experiencia personal con Virgilio Piñera centrándose en vivencias relacionadas con éste como dramaturgo. En el ensayo comenta, además de la difícil vida de Piñera en la Cuba totalitaria, por la censura a que se vio sometida su obra, incidencias sobre dos de sus dramas, «Una caja de zapatos» y «Los siervos». El autor concluye que, en su opinión, Piñera es uno de los dos escritores cubanos que han contribuido a cambiar el curso de las letras cubanas

Sánchez-Grey Alba, Esther

«El eco del 'otro yo' en el teatro de José Corrales» XLII-93

La autora rastrea la vida cultural de Corrales desde sus inicios en las letras hasta arribar a sus logros en el teatro. Tras comentar aspectos en sus dramas, la estudiosa observa como la ausencia, ya sea entre dos o más personajes —quizás también con el entorno—, se adueña del discurso literario. La presencia del «otro yo» del dramaturgo podría arrojar nuevas interpretaciones y esto es precisamente lo que la autora sugiere al final del trabajo. Corrales acepta el hallazgo; ahora resta al lector a sumarse a tan significativa observación

Arango, Guillermo
«La Avellaneda en Cienfuegos. Una representación
de *Munio Alfonso*, 1860» XLIII-48

La Avellaneda había regresado a Cuba, casada con el Coronel Verdugo y con amplio reconocimiento de su talento literario. Toda la sociedad de Cienfuegos, ciudad marítima al sur de la Isla, estaba presente en el teatro, para ver este drama romántico de ambiente medieval donde el honor castellano tiene que ser vengado, como en el teatro del Siglo de Oro, y el público, de pie, aclamó a la hija pródiga y llenó de flores el escenario. Fue apoteósico

Suarée, Octavio de la
«Saúl y Tula: dos héroes trágicos en el drama cubano» XLIII-56

Ensayo sobre el drama *Saúl* de la Avellaneda y sus antecedentes: el del italiano Vittorio Alfieri y el francés Alexandre Soumet, ambos del siglo XVIII, que tratan del primer rey israelita y la Avellaneda reconoce haber leído ambos. Tula le reconoce al primero, haber seguido la verdad histórica y en atención a las reglas clásicas, limitó su pieza al final de la vida de su personaje; y el segundo, por no ignorarlas, optó por incurrir en anacronismos. La Avellaneda, sin alterar la historia abiertamente, introduce ciertos elementos románticos y se mantiene fiel a las unidades clásicas aristotélicas y se reconoce haber hecho «un drama real, severo, religioso…sin alteración considerable de la verdad histórica»

Sánchez-Grey, Esther

«Aspectos míticos en el teatro de Julio Matas» XLVI-79
>   Análisis de tres piezas de Julio Matas en las que se pone de manifiesto en cada una, las circunstancias concurrentes con una obra clásica, o con un mito. Las piezas de Matas relacionadas son: *El extravío*, con la leyenda del Minotauro de Creta; *El hijo de Tadeo Rey* con la obra clásica *Hipólito* de Eurípides y por último, *Ifigenia en Gran Caimán*, basada en dos piezas de Eurípides. Se señalan en cada caso las coincidencias entre las piezas de Matas y las referencias clásicas mediante el uso del metateatro

España

Simón, José G.
«Desarrollo del arte dramático en España hasta
la creación del teatro nacional» IX-71
>   Análisis de la lenta evolución del teatro en España desde el Auto de los Reyes Magos, a fines del siglo XII. A partir de entonces siguieron dos siglos de silencio dado que los temas mundanos estaban prohibidos. Es a finales del siglo XV, bajo la influencia del Renacimiento italiano, cuando apareció la Tragicomedia de Calixto y Melibea y el teatro de Lope de Rueda, escrito en prosa y usando lenguaje coloquial. También a él se deben los *Pasos*, de carácter popular y satírico, antecedente de los Entremeses de Cervantes

Febles, Jorge
«Don Luis Mejía, a la luz de la teoría maranoniana
sobre el tipo donjuanesco» XIII-55
>   Estudia la pieza teatral *Don Luis Mejía* de Eduardo Marquina y Alfonso Hernández Catá que pone en primer plano a la contrafigura del Tenorio, atribuyéndole características señaladas por Gregorio Marañón en el tipo donjuanesco.

Torres, Sixto E.
«Martín Recuerda's *Carteles rotos*. A Possible
Vision of Recent Spain» XVIII-223
>   El drama que permea a una sociedad que ha sido esclavizada y sacudida hasta sus raíces, cuando ocurre un cambio repentino,

es el tema de la obra teatral *Carteles Rotos,* sobre el drama español de la Guerra Civil

Torres, Sixto E.
«Martín Recuerda's drama of reconciliation»   XXIV-194
Analiza el teatro de Martín Recuerda, especialmente *La Trotski*, que refleja el estado de desconcierto de una sociedad que, tras cruenta guerra civil, tiene que buscar su camino. Esto sugiere la yuxtaposición del café oscuro en un sótano (franquismo) y la calle bien iluminada (post Franco) y el encuentro amoroso de la joven aventurera Trotski (la nueva España) y Cristobalito (de antecedentes aristocráticos). El baile de ambos al final, indica fe en el futuro

Campa, Radamés de la
«La frustración de la mujer y sus consecuencias
en el teatro de Federico García Lorca»   XXVIII-61
Un análisis profundo del teatro de Lorca en el que se señala a la mujer como figura central de las pasiones que dominan la acción y lo ejemplifica en *Mariana Pineda, Bodas de sangre, Yerma, Doña Rosita la soltera* y *La casa de Bernarda Alba,* lo cual requiere una maestría en el dramaturgo de la que Corrales hace gala

Puerto Rico
Betanzos, Lourdes
«La dramaturgia de estética e identidad nacional
puertorriqueña en Francisco Arriví»   XXXII-240
Se analiza en tres piezas teatrales de Arriví la problemática de la identidad nacional de Puerto Rico según se la trate de identificar socialmente de acuerdo a la raza prevaleciente entre las tres que componen la sociedad puertorriqueña: la negra, la blanca y la mulata que es la mezcla de las dos anteriores. Cuestión que todavía no se ha llegado a dilucidar

VARELA, PADRE FÉLIX
Monseñor Agustín Román
«El Padre Félix Varela, siervo de Dios»   XVIII-25

Resumen de las palabras que improvisó Monseñor Agustín Román en la Sesión de Apertura del VIII Congreso Cultural de Verano del CCP en que se recordaba el centenario del nacimiento del Padre Félix Varela. Monseñor hizo una semblanza del mismo, señalando su dimensión humana y cristiana como siervo de Dios y como un hombre que «caminando por caminos ajenos (puesto que es un desterrado) sirve a todos los que encuentra a su paso, sin olvidar la patria en que nació»

García Tudurí, Mercedes
«Vigencia del pensamiento del Padre Félix Varela»　　　XVIII-27
Como Varela sentó las bases de la conciencia nacional, para preservarnos como nación hay que mantenerlas vigentes tanto en el exterior como en la isla en momentos críticos. Su ideario político está volcado en el periódico *El Habanero* que editó en EEUU y su pensamiento moral está vertido en *Cartas a Elpidio*

García, Sixto J.
«Félix Varela: teólogo de la *Mirabilia Dei*»　　　XVIII-35
En este ensayo se ha unido la capacidad de síntesis con un profundo conocimiento teológico, para presentar en forma accesible, los conceptos básicos de la filosofía de Varela, expuestas, según propia definición, en sus famosas *Cartas a Elpidio* cuando escribió «contienen mis ideas, mi carácter y puedo decir que toda mi alma». Así, pasa luego a estudiar las fuentes filosóficas que nutren su método filosófico y luego, las fuentes y las características de su teología

Torre, Rogelio A. de la
«El Padre Varela: un humanista moderno»　　　XVIII-49
Se recorre la actividad humanística del Padre Varela más allá de los campos que le son reconocidos, tales como, la poesía, la música, la física y la química y hasta la invención para solucionar problemas de la vida diaria. Varela trabajó siempre en busca de la verdad sin pretender alcanzar notoriedad

Gómez Domínguez, Luis A.
«Las ideas constitucionales del Padre Varela»　　　XVIII-57

Estudio analítico de las ideas de Varela sobre la nación, basadas intrínsecamente en el concepto de «libertad» que reside en cada individuo, como parte de un ente social que es la «nación». Llama la atención a los conceptos básicos de filosofía política que deja expuestos en sus *Observaciones sobre la Constitución política de la monarquía española* que preparó para su cátedra sobre esta materia en 1821, en una época en que los principios del Derecho Constitucional resultaban muy novedosos, especialmente en Cuba

Torre, Amalia V. de la
«La prosa ensayística del Padre Varela»　　　　　　XVIII-67
En términos históricos sostiene que se pudiera decir que Varela fue un pionero en este género dentro de la literatura española, con sus *Lecciones de Filosofía* en el siglo XIX, pues al analizar las características del ensayo como género literario, encuentra que quedan cumplidas en dicho libro y en *Cartas a Elpidio,* así como también en sus artículos periodísticos en *El Habanero*

Rexach de León, Rosario
«Nostalgia, vocación y obra en el Padre Varela»　　　　XVIII–75
Empieza por hacer una relación biográfica de Varela señalando su evolución personal en cuanto a su vocación religiosa al negarse a seguir la carrera militar de su padre y abuelo, como le fue propuesta. Como sacerdote, se desenvolvió en una cátedra en su Alma Máter, el Seminario San Carlos, en la que se destacó por sus ideas. Después del episodio de las Cortes españolas es desterrado y llega a New York a los 35 años donde se hace mentor de la juventud cubana a través del periódico *El Habanero* y de los libros que escribió. El último en esa dirección fue sus *Cartas a Elpidio* que proyectó en tres tomos, pero sólo llegó a hacer dos.

Lara, Dionisio de
«En torno a 'El pensamiento filosófico de
Varela' del Dr. José I. Lasaga»　　　　　　　　　　XVIII-91
Es un comentario sobre esta conferencia del Dr. Lasaga en el Instituto Jacques Maritain, en 1988 en la que le acredita el ha-

ber precisado muy bien el lugar que le corresponde a Varela en el ámbito de las ideas. Recorre la influencia que pudo recibir Varela en su formación filosófica no sólo de sus contemporáneos, sino de los que le antecedieron, profundizando para ello en el panorama de las ideas filosóficas, especialmente, en las del sensualismo de Condillac y el materialismo de Destutt de Tracy

A manera de despedida:
Albertini, J. A.
«Elio Alba Buffill: Trascendencia humana,
intelectual e histórica» XLVI-175
Breve retrato integral de quien fuera por 40 años, alma y guía de los objetivos culturales del Círculo de Cultura Panamericano. Partiendo de las características individuales que como persona identificaron al Dr. Elio Alba Buffill, resume su quehacer intelectual, movido íntimamente por el profundo amor a la Cuba que soñaron y forjaron los precursores del siglo XIX; que en la vida republicana se cultivó como meta del ideal trazado, y que perdura en el exilio como propósito a seguir para el futuro. Para ello es imprescindible mantener vigente la «memoria histórica y cultural del pueblo cubano» y se le reconoce al Dr. Alba Buffill haber hecho cumplidamente, su parte a ese propósito, no sólo con los libros y ensayos que muestra su amplia bibliografía, sino con la labor de difusión cultural, a nivel continental, que desarrolló en el Círculo de Cultura Panamericano

NOTA FINAL
Se anuncia para general conocimiento, que con el volumen XLVI correspondiente al año 2017 se pone fin a las publicaciones del Círculo de Cultura Panamericano, que desde ese momento cierra sus actividades.

LIBROS RESEÑADOS
(Se agrupan en orden alfabético, por el nombre del autor del libro)

Abislaimán, Rafael B.
___ *Félix Varela. Frases de sabiduría, «ideario».* 2000   XXXI-226
    Amalia Varela de la Torre
___ *Peregrinando a San Agustín, al encuentro
del Siervo de Dios Padre Félix Varela,* 2008   XXXVII-208
    Rogelio de la Torre

Abreu Felippe, José.
___ *Amar así* 1988   XX-198
    Luis Villaverde

Acosta, Antonio A.
___ *Imágenes* 1985   XV-156
    Mercedes García Tudurí
___ *La inquietud del ala. Poemas.* 1986   XVIII-259
    José Raúl Goldarás
Raíz de flor y café 1988   XXIX-252
    Sara Martínez Castro
___ *Dimensión del alba* 1992   XXIV-260
    Luis Villaverde
___ *Cuando queda el sueño* 2009   XXXIX-204
    Alberto Yannuzzi Cisneros

Agosín, Marjorie
___ *Conchalí* 1980   X-127
    Eugenio Florit
___ *Las desterradas del paraíso. Protagonistas
en la narrativa de María Luisa Bombal* 1985   XIV-122
    Emma Sepúlveda-Nolan

Agramonte, Roberto
___ *Martí y su concepción de la sociedad.* Vol. 2 1984   XIV-134
    Gastón Fernández de la Torriente

Alarcón, Jorge A.
___ *A través de la rendija* 1992   XXII-190
    Adela Oliva Olivera
___ *A través de la reja* 1992   XXIV-244

Rowland Bosch
Alea Paz, Carmen
___*El caracol y el tiempo. Poemas* 1992   XXII-193
Antonio A. Acosta
___*El veranito de Marisabel y cuentos
para insomnes* 1997   XXVII-230
Hannelore Hahn
Albertini, J.A.
___*Cuando la sangre mancha* 1997   XXVIII-215
Néstor Molina
___*El entierro del enterrador* 2002   XXXII-250
Orlando Rossardi
___*Cuba y castrismo: huelgas de hambre en
el presidio político cubano* 2007   XXXVI-193
Armando de Armas
___*Un día de viento* 2014   XLIII-174
Manuel C. Díaz
___*Siempre en el entonces. Dos noveletas
y ocho cuentos* 2017   XLVI-164
Luis de la Paz
Alcira Arancibia, Juana y Jiménez, Luis A. Eds.
___*Protestas, interrogantes y agonías en la
obra de Rima de Vallbona* 1997   XXIX-250
Leonora Acuña de Marmolejo
Alvarado, Adalberto
___*El pensamiento martiano* 1994   XXIV-236
Omar Pérez Remond
Álvarez, Nicolás Emilio
___*Agua de fuego* 1991   XXI-192
Yara González Montes
___*Discurso e historia en la obra narrativa de Jorge
Luis Borges: examen de «Ficciones» y el «Aleph»* 1998   XXX-249
Esther Mocega González
Álvarez Bravo, Armando
___*Al curioso lector* 1996   XXVIII-211
Luis Aguilar León
Álzaga, Florinda
___*La Avellaneda, intensidad y vanguardia* 1997 XXVII-223
José A. Escarpanter
Andino López, Mario

___ *Ángel del más allá.* 2003   XXXIV-267
     Liliana Soto Fernández
___ *Actos de misterio.* 2000   XXX-263
     Rowland Bosch

Ardavín, Carlos X.
___ *La pasión meditabunda: Ensayos de
crítica literaria.* 2002   XXXIV-255
     Octavio de la Suarée

Armengol, Inés; Blanco, Marta; Piñera, Elvira y otras
___ *Siete maneras de contar.* 2003   XXXIII-271
     Rosa Martínez Cabrera

Autores varios
___ *2004. Bicentenario de Calixto Bernal.* 2004   XXXIII-278
     Guillermo Cabrera Leyva

Ballón, José C.
___ *Autonomía cultural americana: Emerson
y Martí.* 1986   XIX-204
     Luis Villaverde

Baquero, Gastón
___ *La fuente inagotable* 1995   XXVI-242
     Carlos Rodríguez Morales

Barna, Tomás
___ *Voces interiores, reminiscencias (Ensayos)* 2015   XLV-175
     Bertha Bilbao Richter

Barroso, Leopoldo
___ *Ensayos sencillos. En torno a la poesía
de José Martí* 1992   XXIII-191
     José Ignacio Lasaga

Bastos, G. Amado
___*El ídolo* 1988   XXI-202
     Antonio A. Acosta

Bilbao Richter, Bertha. comp.
___*El mundo ficcional de Josefina Leyva, metáfora
de la libertad* 2011   XLI-227
     Manuel A. Ossers

Birmingham-Pokorny, Elba. Ed.
___ *Critical Perspective in Enrique Jaramillo-Levy's
Works. A collection of Critical Essays* 1996.   XXVII-229
     Elena M. Martínez

___ *The Demythologization of Language, Gender
and Culture and the Re-Mapping of Latin American
Identity in Luis Rafael Sánchez's Works* 1999   XXIX-257
    Jerry Hoeg

Bordao, Rafael
___ *Los descosidos labios del silencio.* 2000   XXXI-233
    José Corrales

Bosch, Rowland
___ *Destellos y elucubraciones. (Artículos, crónicas,
charlas y ensayos)* 1998   XXIX-255
    Manuel J. Aparicio Paneque

Bucci, Graciela
___ *Abrir las puertas de par en par* 2011   XLI-237
    Bertha Bilbao Richter

Caamaño de Fernández, Vicenta
___ *El negro en la poesía dominicana* 1989   XIX-199
    Roberto Gutiérrez Laboy

Cabrera Infante, Guillermo
___ *Vista del amanecer en el trópico.* 1974   VI-132
    Julio E. Hernández-Miyares

Caíñas Ponzoa, Ángeles
___ *Últimos tiempos.* 1971   VII-150
    Lucas Lamadrid

Carbonell Cortina, Néstor
___ *La Cuba Eterna. Ayer, Hoy y Mañana.* 2004   XXXIV-251
    Marbán, Jorge

Carmenate, Ernesto
___ *Entre las islas del silencio* 1984   XIV-117
    Antonio A. Acosta

Casas, Luis Ángel
___ *Los músicos de la muerte* 1989   XX-202
    Alberto Martínez Herrera
___ *Trece cuentos nerviosos* 1990   XXI-204
    Enrique J. Pujals
___ *Cuentos para la medianoche* 1992   XXIV-258
    Rubén D. Rumbaut

Casas, Walter de las
___ *La niñez que dilata,* 1986   XVII-168
    Antonio Acosta

Casaccia, Gabriel
___ *Los Huertas* 1981   XII-125
    Onilda A. Jiménez

Castilla, Julia Mercedes
___ *Aventuras de un niño de la calle* 1994   XXIX-259
    Martha García

Castillo, Amelia del
___ *Voces de silencio.* 1978   X-132
    Lucas Lamadrid
___ *Cauces de tiempo* 1981   XII-129
    Julio E. Hernández-Miyares
___ *Las aristas desnudas* 1991   XXII-173
    Luis F. González-Cruz
___ *Géminis deshabitado* 1994   XXVI-252
    Julio Hernández-Miyares
___ *El hambre de la espiga* 2000   XXX-259
    Luis A. Jiménez
___ *Un pedazo de azul para el naufragio.* 2005   XXXV-217
    Luis de la Paz

Castillo, Inés del
___ *Hierba azul.* 1989   XX-200
    Arminda Valdés Ginebra

Caturla de la Maza, Olga
___ *Todo el mar para mis sueños / All the Sea
for my Dreams* 2001   XXXIII-293
    Antonio A. Acosta

Cavallo, Susana, Jiménez, Luis A. y Preble-Niemi, Oralia. Eds.
___*Estudios en honor a Janet Pérez: el sujeto
femenino en escritoras hispánicas* 1998   XXVIII-217
    Mariela A. Gutiérrez

Colinas, Antonio
___ *Un año en el sur* 1985   XVII-170
    Kay Pritchett

Corbalán, Rafael, Piña, Gerardo, Toscano, Nicolás, Eds.
___ *De la catedral al rascacielos.* 1998   XXX-252
    René León

Cortázar, Julio
___ *Octaedro.* 1974   VI-137
    Rose S. Minc

Corzo, Pedro
___ *Cuba: perfiles del poder* 2007   XXXVI-197
    Álvaro Alba
    Silvio Mancha   XLV-179

Costa, Octavio R.
___ *Antonio Maceo. El héroe.* 1984   XIV-131
    Alberto Gutiérrez de la Solana
___ *Juan Gualberto Gómez, una vida sin sombra* 1984   XVI-159
    Uva A. Clavijo
___ *Variaciones en torno a Dios, el Tiempo, la Muerte y otros temas* 1987   XVII-156
    Asela Gutiérrez Kahnn
___ *Perfil y aventura del hombre en la historia* 1988   XIX-183
    G. Alberto Yannuzzi
___ *Imagen y trayectoria del cubano en la historia. II La República (1902-1959)* 1998   XXIX-235
    G. Alberto Yannuzzi

Cueto-Roig, Juan
___ *Verycuetos* 2007   XXXVII-215
    J.A. Albertini
___ *Lo que se ha salvado del olvido* 2013   XLII-219
    J.A. Albertini

D'Aquino, Hernando
___ *Romancero de la Invasión* 1980   XIII-132
    Alberto Yannuzzi

Davis, Michelle S.
___ *A Dramatist and His Characters* 1983   XIII-127
    Esther Sánchez-Grey Alba

Díaz Ayala, Cristóbal
___ *Música cubana del Areíto a la nueva Trova*   XIII-138
    José Simón
___ *Cuba canta y baila.* 1994   XXXVI-249
    Rowland Bosch

Diez Serrano, Isabel
___ *La llamaban loca.* 2015   XLIV-181
    Leonora Acuña de Marmolejo

Edwards, Jorge
___ *Persona non grata.* 1973   VI-129
    Alberto Gutiérrez de la Solana

Emmerich, Fernando
___Los lobos y las magnolias_ 1982   XIII-134
　　Marjorie Agosín
Escarpanter, José A. y Madrigal, José A.
___Carlos Felipe. Teatro_ 1988   XVIII-262
　　Daniel Zalacaín
Espina, Eduardo
___Valores personales._ 1982   XIV-120
　　Roberto Gutiérrez Laboy
Falcón, Rafael
___La emigración puertorriqueña a Nueva York
en los cuentos de José Luis González, Pedro Juan Soto
y José Luis Vivas Maldonado_ 1984   XV-153
　　Ada Ortúzar-Young
Febles, Jorge M. y González Pérez, Armando, Eds.
___Matías Montes Huidobro. Acercamientos
a su obra literaria_ 1997   XXVIII-213
　　José Corrales
Feito, Francisco E.
___El Paraguay en la obra de Gabriel Casaccia_ 1977   VII-137
　　Elio Alba-Buffill
___Barataria querida._ 2005   XXXV-219
　　Julio E. Hernández-Miyares
___Habanece un sonetario al otro lado del mar_ 2009   XXXIX-202
　　Daniel Zalacaín
Fernández, Magaly
___El discurso narrativo en la obra de
María Luisa Bombal_ 1988   XIX-197
　　Onilda A. Jiménez
___Un desamparado y otros cuentos_ 1998   XXVIII-220
　　Martha García
Fernández, Roberto G.
___La vida es un 'special'_ 1981   XIII-136
　　José A. Escarpanter
Fernández León, Julio
___José Antonio Echevarría. Vigencia y presencia_ 2007   XXXVI-196
　　Leonel Rodríguez de la Torre
Fernández Vázquez, Antonio A.
___La novelística cubana de la revolución_ 1980   XI-128

Ada Ortúzar-Young
___ *Historia, ficción y exilo en las novelas
de Hilda Perera* 2005   XXXV-215
   Martha García
Ferrer Luque, Rafael
___ *El vuelo de la golondrina* 1983   XV-148
   Orlando Saa
Ferreyra, Clemente, Paulina, Lida, Juanita y Pedro
___ *Invitación a la ronda. El libro de los cinco
hermanos* 1992   XXIII-207
   Carlos A. Mullins
Figueroa, Esperanza
___ *Julián del Casal: poesías completas y pequeños
poemas en prosa en orden cronológico* 1993   XXIV-229
   Julio E. Hernández-Miyares
Florit, Eugenio
___ *Lo que queda* 1995   XXVI-245
   Ángel Cuadra
___ *Doble acento (1930-1992). Antología poética.*
Edición y prólogo de J. O. Jiménez 2002   XXXIII-276
   Oneida M. Sánchez
Fores, Aldo
___ *La poesía mística de Fernando Rielo* 1985   XVI-157
   Pilar Martín
Fundación Andrés Valdespino
___ *Valdespino: Cuba como pasión* s.f.   XVI-163
   Rogelio A. de la Torre
Fundora de Rodríguez Aragón, Raquel
___ *Canto del viento.* 1983   XIII-140
   Eugenio Florit
Galbis, Ignacio
___ *Como el eco de un silencio* 1984   XV-149
   Warren Hampton
Galiano, Alina
___ *Hasta el presente (Poesía casi completa)* 1989   XXI-197
   Orlirio Fuentes
Garcerán de Vall, Julio
___ *Heredia y la libertad* 1978   IX-142
   José Sánchez-Boudy

García, Enildo A.
___ *Plácido, poeta mulato de la emancipación*
(1809-1844) 1986   XVIII-254
    Silvia Martínez Dacosta
___ *Bibliografía de Félix Varela Morales.* 1991   XXIII-197
    Luis Villaverde

García, Martha
___ *La función de los personajes femeninos en* Don
Quijote de la Mancha *y su relevancia en*
la narrativa 2008   XXXVIII-210
    Alberto Rodríguez

García Cabot, Emil
___ *En el rigor del silencio* 2013   XLIV-176
    Graciela Bucci

García Cisneros, Florencio
___ *José Martí y la pintura española* 1987   XVII-161
    Manuel Gómez Reinoso

García Rodríguez, José María
___ *Brasil. Historia, xente e samba-canción* 1971   VIII-169
    Matílde Albert Robatto

García Tudurí, Mercedes
___ *Andariega de Dios: tiempo de exilio* 1983   XIV-114
    Gloria Santamaría
___ *La bandera cubana. Historia y poesía* 1992   XXIII-202
    Rafael Ferrer Luque

Gariano, Carmelo
___ *Oro verde.* 2002   XXXII-256
    Brian Castronovo

Geada, Rita
___ *Espejo de la tierra,* 2001   XXXIII-273
    Manuel Gómez Reinoso

Gómez Reinoso, Manuel
___ *Aproximaciones a la literatura*
hispanoamericana 1993   XXIII-199
    Raquel Romeu

Gómez Vidal, Oscar
___ *Diez cuentos de ciudad amarga.* 1975   VII-145
    Esther Sánchez-Grey Alba
___ *¿Sabes la noticia....? ¡Dios llega mañana!* 1978   VIII-155

Alberto Gutiérrez de la Solana
González Concepción, Felipe
___ *Siempre la poesía, poeta siempre* 1987　　　　XX-196
Carmen Valladares
González-Cruz, Luis F.
___ *Fervor del método. El universo creador
de Eugenio D'Ors* 1987　　　　XX-193
Silvia Martínez Dacosta
___ *Olorún's Rainbow. Anatomy of a
Cuban Dreamer.* 2001　　　　XXXIII-280
Carlos X. Ardavín Trabanco
___ *El arco iris de Olorún. Anatomía de un
cubano soñador.* 2005　　　　XXXV-227
Juan Cueto-Roig
González-Cruz, Luis y Colecchia, Francesca M. Eds. Traductores
___ *Cuban Theatre in the United States:
A Critical Anthology* 1992　　　　XXIII-200
Charles D. Moore
González-Cruz, Luis F. y Ann Waggoner Aken. Traductores.
___ *Three Masterpieces of Cuban Drama,* 2000　　XXX-257
Ernesto A. Boudet
González Llorente, José M.
___ *Voces tras las rejas Testimonios del presidio
político en Cuba.* 2004　　　　XXXIV-258
Luis Mario
González del Valle Ríos, Antolín
___ *Cuba: su ayer perdido. Páginas escogidas.* 2004　XXXIV-264
J.A. Albertini
Guevara, Miguel y Santiago Díaz, eds.
___ *La muerte se viste de verde,* 1982　　　　XII-138
Julio Garcerán de Vall
Guigou, Alberto
___ *Bruno.* (Teatro) 1985　　　　XV-147
Peter Bloch
Guirao Moreno, Aurelio
___ *Creación de la culpa* 1980　　　　XII-135
Lucas Lamadrid
Gutiérrez, Mariela
___ *El monte y las aguas. Ensayos afrocubanos.* 2003　XXXIII-269

Luis A. Jiménez
___ *An Ethnological of the Afro-Cuban World of*
Lydia Cabrera 2008 XXXVIII-215
Mbare Ngom

Gutiérrez González, Heliodoro
___ *Estudio comparativo del español puertorriqueño*
hablado en Chicago y Nueva York. 2002 XXXII-258
Beatriz Varela

Gutiérrez Laboy, Roberto
___ *Puerto Rico: tema y motivo en la poesía*
hispánica 1980 XI-130
Luis A. Aguayo
___ *Hostos y su filosofía moral: un acercamiento a*
Moral social. 1992 XXII-185
Félix-Lugo Nazario

Gutiérrez de la Solana, Alberto
___ *Maneras de narrar: contraste de Lino Novas*
Calvo y Alfonso Hernández Catá 1972 VII-133
Roberto Herrera
___ *Rubén Darío: prosa y poesía* 1979 IX-131
Robert Clemens
___ *Apuntes documentados de la lucha por*
la libertad de Cuba 1997 XXVIII-205
Julio Hernández-Miyares

Gutiérrez de la Solana, Alberto y Alba-Buffill, Elio
___ *Festschrift: José Cid Pérez* 1981 XI-123
Harvey L. Johnson

Gutiérrez-Vega, Zenaida
___ *Fernando Ortiz en sus cartas a José M. Chacón* 1982 XIII-125
Octavio R. Costa
___ *Corresponsales españoles de José M. Chacón* 1986 XVII-153
Eugenio Florit
___ *Victoria Kent: una vida al servicio del*
humanismo liberal. 2001 XXXI-222
Raquel Romeu

Hernández-Miyares, Julio E.
___ *Antillana rotunda.* 1974 VI-139
Rosa M. Cabrera
___ *Narradores cubanos de hoy* 1975 VI-127
Oscar Fernández de la Vega

Caminante sin lunas. 2007   XXXVI-188
Jesse Fernández

Hernández-Miyares, Julio. Ed.
N*arrativa y libertad* 1991   XXVI-247
Eduardo Lolo

Hernández_Miyares, Julio y Rela, Walter, Eds.
Antología del cuento modernista hispanoamericano 1987   XVIII-251
Myron I. Lichtblau

Hernández-Miyares, Julio y Rozencvaig, Perla. Eds.
Arenas: alucinaciones, fantasías y realidad 1990   XIX-188
Jesse Fernández

Hernández Viveros, Raúl
Una mujer canta amorosamente. 1984   XV-151
Sixto E. Torres

Hiriart, Rosario
Último sueño 1997   XXVIII-210
Alicia G. Recio Aldaya
La mirada poética de José García Nieto 1990   XX-189
Antonio R. de la Campa
Albahaca 1993   XXIV-232
Isabel Castellanos
El patio de mi casa 2000   XXX-251
Oneida M. Sánchez

Ibaceta, Herminia D.
En pos del rumbo. 1998   XXXI-230
Rogelio A. de la Torre
La incertidumbre de las hojas. 2003   XXXIV-253
Martha García
Mármoles sin retoño. Poemas 2008   XXXVIII-212
Julio Hernández-Miyares

Iglesias, Rúber
Esencias de mariposa 2009   XXXVIII-217
Matías Montes Huidobro

Inclán, Josefina
Carmen Conde y el mar. Carmen Conde and the Sea. (Traducción) 1980   X-127
Alberto Gutiérrez de la Solana

Iturralde, Iraida

___ *Tropel de espejos* 1989 XXI-194
    Octavio de la Suarée
Izquierdo-Tejido, Pedro
___ *El cuento cubano* 1983 XVI-155
    Orlando Saa
Johnson, Carlos
___ *¿Adivina quién es?* 1976 VI-145
    Jesse Fernández
Jiménez, José Olivio
___ *José Martí, poesía y existencia* 1983 XIV-109
    José Raúl Goldarás
___ *La raíz y el ala. Aproximaciones críticas
a la obra literaria de José Martí* 1993 XXIV-226
    Gustavo J. Godoy
___ *Poetas contemporáneos de España y América* 1998 XXIX-237
    Jesse Fernández
___ *La poesía de Francisco Brines.* 2001 XXXI-216
    Octavio de la Suarée
Jiménez, José y Morales, Carlos Javier
___ *La prosa modernista hispanoamericana.
Introducción crítica y antología* 1998 XXVIII-208
    Eduardo Lolo
Jiménez, Luis A.
___ *Rafael Catalá: del Círculo cuadrado a la cienciapoesía.
Hacia una nueva poética latinoamericana* 1994 XXIV-251
    William Rosa
___ *El arte autobiográfico en Cuba en el
siglo XIX* 1995 XXVII-221
    Zenaida Gutiérrez-Vega
___ *La voz de la mujer en la literatura
hispanoamericana fin (de) siglo* 1999 XXX-255
    Orlirio Fuentes
Jiménez, Luis A. y Ellen L. Leeder, Eds.
___ *El arte narrativo de Hilda Perera* 1996 XXVI-254
    Octavio de la Suarée
Jiménez, Onilda A.
___ *La crítica literaria en la obra de
Gabriela Mistral* 1982 XIV-125
    Luis F. González-Cruz

___*La mujer en Martí. En su pensamiento,*
obra y vida. 1999   XXIX-240
    Eduardo Lolo
___ *El último alzado e Itinerario de un destino.*
Ficciohistorias del Escambray. 2000   XXXI-228
    Julio E. Hernández-Miyares
___ *Vuelta al Génesis,* 2002   XXXII-253
    Mario Andino López
___ *Indagaciones en la literatura y la cultura*
hispanoamericana. 2005   XXXV-224
    Alberto Yannuzzi

Jurado Morales, José
___ *Desde el alba carnal a la agonía* s.f.   XV-145
    Luis Martínez

Labrador Ruiz, Enrique
___ *El laberinto de sí mismo* 1983   XIV-105
    Perla Rozencvaig

Lamadrid, Lucas
___ *Canto de dos caminos. Antología mínima* 1977   IX-133
    Eugenio Florit

Lammoglia, María Teresa. Editora y Coordinadora.
___ *Pastor González. Sacerdote y pastor.* 2001   XXXI-224
    Rosario Rexach

Landa Triolet, René
___ *Entre el todo y la nada.* 1976   VI-142
    Hortensia Ruiz el Viso

Larcada, Luis Ignacio.
___ *La península y la isla* 1986   XVII-167
    Ángeles Serrano

Larraga, Ricardo
___ *Mariano Brull y la poesía pura en Cuba* 1994   XXVI-256
    Alicia Portuondo

Lasaga, José Ignacio
___ *Vidas cubanas. Páginas de la historia de*
Cuba / Cuban Lives. Pages of Cuban History. 1988   XIX-181
    Adalberto Alvarado

Lázaro, Felipe
___ *Indómitas al sol. Cinco poetas cubanas de*
Nueva York. Antología crítica 2011   XLI-230

Octavio de la Suarée
Le Riverend, Pablo.
___ *Un aliento de poros*, 1977   VII-148
Ana H. Raggi
___ *Diccionario biográfico de poetas cubanos en el exilio (Contemporáneos)* 1988   XVIII-252
Orlando Saa
___ *Diccionario biográfico de escritores cubanos en el exilio* 1990   XX-183
Alberto G. Yannuzzi
Leyva, Josefina.
___ *Los balseros de la libertad.* 1992   XXIV-256
Zenaida Gutiérrez-Vega
Leyva, Josefina / Graciela Bucci.
___ *El presidiario de la Tierra del Fuego* 2014   XLIII-182
Berta Bilbao Richter
Lolo, Eduardo.
___ *Las trampas del tiempo y sus memorias* 1991   XXII-197
Julio Hernández-Miyares
___ *Mar de espuma. Martí y la literatura infantil* 1995   XXVI-259
Luis Villaverde
___ *José Martí. La Edad de Oro. Edición crítica.* 2001   XXXI-215
José R. de Armas
___ *Después del rayo y del fuego: Acerca de José Martí.* 2002   XXXII-262
Nicolás Emilio Álvarez
___ *Platero y nosotros (Estudio crítico)* 2007   XXXVII-211
Oneida M. Sánchez
López-Cruz, Humberto y Jiménez, Luis A.
___ *Dulce María Loynaz. Cien años después.* 2004   XXXV-213
Eloy E. Merino
López Ramírez, Agustín.
___ *Soneto del amor, de la vida y la muerte* 1984   XVI-167
Luis Martínez
López Valdés, Mario
___ *El garrote en Cuba* 2000   XXX-264
Marco Antonio Landa
Lorié Bertot, Francisco
___ *La inmóvil carrera.* 1988   XIX-202
Antonio A. Acosta

Lugo Nazario, Félix
___ *La alucinación y los recursos literarios
en las novelas de Reinaldo Arenas* 1995   XXVII-215
    Esther Mocega González

Machover, Jacobo.
___ *El Heraldo de las malas noticias. Guillermo
Cabrera Infante (Ensayo a dos voces)* 1996   XXVII-213
    Miriam M. González Hernández

Madrigal, José A.
___ *El salvaje y la mitología, el arte y la religión*. 1975   VIII-157
    Esther Sánchez-Grey Alba
___ *Bibliografía sobre el pundonor: teatro
del Siglo de Oro* 1977   XII-131
    Amado M. Lay

Malta, Víctor Guillermo
___ *Espejos negros / Los caminos del silencio* 1996   XXIII-203
    Roberto Gutiérrez Laboy

Marbán, Jorge
___ *José Agustín Quintero. Un enigma histórico
en el exilio cubano del ochocientos*. 2001   XXXIII-284
    Gastón Fernández de Cárdenas

Mario, Luis
___ *70 poetas* 1986   XVI-152
    Alberto Yannuzzi
___ *La misma* 1989   XX-191
    Rogelio A. de la Torre
___ *Ciencia y arte del verso castellano* 1992   XXIII-193
    Julio Duarte
___ *Colón cantado. Descubrimiento de América
como tema poético a través de los tiempos*. 1999   XXXI-218
    Luis Villaverde
___ *Antología sin tierra*. 2001   XXXIII-266
    Martha García
___ *Inspiradores* 2006   XXXVI-187
    Onilda A. Jiménez

Martí, Jorge L.
___ *El periodismo literario de Jorge Mañach* 1977   VIII-159
    Roberto Herrera Rodríguez

Martí, José.

___ *Los zapaticos de rosa.* Versión al inglés
de Leopoldo Barroso 1990   XXI-183
    Mercedes García Tudurí
___ *La Edad de Oro.* Edición crítica de
Eduardo Lolo. 2001   XXXI-215
    José R. de Armas

Martínez, Elena
___*El discurso dialógico de la era imaginaria
de René Vázquez Díaz* 1991   XXIV-246
    Luis A. Jiménez

Martínez, Pilar
___ *La muerte en la vida y libros de México* s.f.   XIV-128
    Antonio A. Fernández Vázquez

Martínez Dacosta, Silvia
___ *Los personajes en la obra de Eduardo Barrios* 1988   XVIII-260
    Amado M. Lay

Martínez Castro, Sara
___ *La soledad detenida* 1986   XVI-161
    Antonio A. Acosta

Martínez Fernández, Luis
___ *Historia de un oscuro amor y otros cuentos* 1987   XVIII-256
    Alberto Yannuzzi

Martínez Obregón
___ *Realismo, representación y realidad.* 2009   XXXIX-192
    Humberto López Cruz

Martínez Paula, Emilio
___ *El drama de México ¿Cuauhtémoc o Cortés?* 2001   XXXIV-260
    René León
___ *Momentos estelares en la historia de Cuba* 2007   XXXVIII-222
    Antonio Acosta

Marval de Mc.Nair, Nora de
___ *Los sainetes de Florencio Sánchez: su originalidad,
su trascendencia* 1982   XIII-128
    Eduardo Espina
___ *Selected Proceedings of «Singularidad y
Trascendencia Conference». A Semicentennial
Tribute to Miguel de Unamuno, Ramón del Valle
Inclán and Federico García Lorca.* 1990   XX-185
    Alfonso J. García Osuna

Matas, Julio
___ *El extravío, La crónica y el suceso,*
Aquí cruza el ciervo 1990   XXI-190
   Matías Montes Huidobro
___ *Juegos y rejuegos* (Teatro) 1992   XXII-178
   Wilfredo Angueira e Iván Acosta
___ *Transiciones, migraciones* 1993   XXIV-234
   Antonio Benítez Rojo
___ *Entre dos luces (modelo de un*
destino antillano). 2003   XXXIII-262
   Francisco E. Feito
___ *El mundo elástico.* Relatos 2013   XLIII-176
   Julio E. Hernández-Miyares

Mayor Marsán, Maricel
___ *Crónicas hispanounidenses: ensayos, notas*
y reseñas literarias 2014   XLIV-173
   Mayra Medina
___ *Miami, poemas de la ciudad* 2015   XLVI-167
   Guillermo Arango

Menchaca Bernárdez, Edelmiro
___ *Teatro. Infierno de bolsillo. Los perros de*
mi memoria 2000   XXX-261
   José Corrales

Mocega González, Esther
___ *Alejo Carpentier, estudios sobre su narrativa* 1980   XI-126
   José Sánchez-Boudy
___ *Hispanoamérica: el círculo perfecto* 1988   XIX-191
   Rosario Rexach

Mohes, Teta E. tr.
___ *Gospel of Jesus Christ According to*
Mistress Ava 1986   XV-147
   James D. Ryan

Moix, Ana María
A imagen y semejanza 1983   XV-154
   Kay Prichett

Montes Huidobro, Matías
___ *Funeral en Teruel* 1990   XXI-186
   José Corrales
___ *Persona, vida y máscara en el teatro*
puertorriqueño 1984   XVII-163

Ada Ortúzar Young
___ *Concierto para sordos*. 2001   XXXII-247
     Luis F. González-Cruz

Montoya de Pérez Reinaldo, Élida
___ *Como hojas al viento* 1993   XXIV-254
     Clara A. García

Morelli, Rolando.
___ *Algo está pasando* 1992   XXIII-194
     Antonio Benítez Rojo

Morín, Francisco
___ *Por amor al arte. Memorias de un
teatrista cubano* 1998   XXIX-246
     Peter Bloch

Mosto, Patricia
___ *Senderos de añoranzas* 2007   XXXVIII-224
     Jerry Hoeg

Natella, Arthur
___ *The New Theater of Perú* 1981   XII-132
     Marjorie Agosín

Navales, Ana María
___ *Tres mujeres* 1995   XXVII-218
     Raquel Romeu

Navia, Juan M.
___ *An Apostle for the Immigrants. The Exile Years of
Padre Félix Varela y Morales (1823-1853).* 2002   XXXIII-283
     Enildo García

Nelson, Ardis L.
___ *Cabrera Infante in the Menippean Tradition* 1983   XIV-124
     Leonard T. Perry

Robert Nugent y María José de la Cámara. Traductores
___ *La Trampa / The Trap d*e Ana Mará Matute. 1996   XXVII-233
     Ernesto A. Boudet

Obrador, Gina
___ *Cuadrángulos* 1978   VIII-162
     Ana H. Raggi

Osan, Ana M.
___ *Poesía Hispana en los Estados Unidos.*
Monografías de ALDEEU, 2011   XLI-234
     Álister Ramírez Márquez

Palacios, Patricio E.
___ *Historias del país lápiz* 2013   XLIII-179
    Álister Ramírez

Palmer, Eduardo
___ *Mis seis guerras* 2015   XLIV-170
    José A. Albertini

Pentón, Evelio
___ *Educación y economía. El capital humano* 1979   IX-134
    Roberto E. Hernández Morales

Peña, Humberto J.
___*El hijo del Hijo*. 1991   XXII-187
    Amado M. Lay

Perdigó, Luisa M.
___ *La estética de Octavio Paz* 1975   VII-141
    Hortensia Ruiz del Vizo
___ *Desde el Hudson; From the Hudson* 1993   XXIV-253
    Raquel Romeu

Perera Villalón, Célida
___ *Pro-Arte Musical y su divulgación de
cultura en Cuba* 1990   XXI-201
    Gustavo Cabarrouy

Pérez, Orestes A.
___ *El arte de escribir cuentos* 2011   XLI-241
    Rogelio A. de la Torre

Pernett y Morales, Rafael
___ *Estas manos son para caminar* 1977   VIII-168
    Edna Whalen

Pessagno, Nélida
___*Esta mujer que habla* 2013   XLII-223
    Graciela Bucci

Piña Rosales, Gerardo
___*Desde esta cámara oscura*. 2006   XXXVII-206
    Rafael Corbalán Torres

Piñera, Estela y Gutiérrez de la Solana, Alberto.
___ *Humberto Piñera Llera: pensador, escritor.
Crítico y educador* 1991   XXI-184
    Alfonso J. García Osuna

Piñera Llera, Humberto
___ *Idea, sentimiento y sensibilidad de José Martí* 1981   XII-123

Elio Alba Buffill

Piñera, Virgilio
___ *Una caja de zapatos vacía.* Edición crítica
de Luis González Cruz 1986   XVI-149
     Matías Montes Huidobro

Pujals, Enrique
___ *Vida y memorias de Carlos Montenegro* 1988   XVIII-266
     Gastón J. Fernández

Ramírez Márquez, Álister.
___*Andrés Bello: crítico.* 2005   XXXV-230
     Rafael Corbalán Torres
___ *Mi vestido verde esmeralda* 2003   XXXVII-218
     Ellen Lismore Leeder

Rela, Walter
___ *El teatro uruguayo (1807-1979)* 1980   X-129
     Esther Sánchez-Grey Alba

Rexach, Rosario
___ *Estudios sobre Martí* 1985   XVII-154
     José Olivio Jiménez
___*Dos figuras cubanas y una sola actitud. Félix
Varela 1788-1853, Jorge Mañach 1898-1961* 1991   XXII-179
     Zenaida Gutiérrez-Vega

Ripoll, Carlos
___ *José Martí, the United States and the Marxist
Interpretation of Cuban History* 1984   XIV-110
     Gastón J. Fernández
___ *Cubanos en los Estados Unidos* 1987   XVII-158
     Alberto Yannuzzi

Robb, Anthony J.
___*Eunice Odio y su sensual mundo poético* 2010   XXXIX-200
     Jerry Hoeg

Rodríguez, Alberto
___*Cervantes y Cuba: aspectos de una
tradición literaria* 2010   XXXIX-193
     Gastón Fernández de Cárdenas

Rodríguez, Norman
___*Crayolas* 1980   XVIII-268
     Antonio A. Acosta

Rodríguez Florido, Jorge J.

___ *Visiones de ventana* 1985   XVII-173
    Matías Montes Huidobro

Romero, Héctor
___ *La evolución literaria de Juan Goytisolo* 1979   X-131
    José Sánchez Boudy

Rossardi, Orlando
___ *Los pies en la tierra* 2006   XXXVII-213
    Herminia D. Ibaceta
___ *Casi la voz. Antología personal*: 1960-2008 2009   XXXIX-198
    Julio E. Hernández-Miyares

Rosell, Rosendo
___ *La vida y milagros de la farándula de Cuba* 1993   XXIII-205
    María Elena Saavedra

Rossi, Osvaldo
___ *Un viaje por la cinta de Moebius* 2011   XLII-227
    Berta Bilbao Richter

Rovirosa, Dolores F.
___ *Jorge Mañach. Bibliografía* 1985   XVI-145
    Rosario Rexach

Rozencvaic, Perla
___ *Reinaldo Arenas: narrativa de transgresión* 1986   XVI-170
    Rolando D. H. Morelli

Sánchez, Oneida M.
___ *Vivancos, Rosales y Gil: libro de familia* 2006   XXXVI-191
    Rafael Corbalán Torres

Sánchez, Reinaldo
___ *Labrador Ruiz...tal cual* 1989   XVI-171
    Octavio de la Suarée

Sánchez-Boudy, José
___ *La soledad de la Playa Larga (Mañana
mariposa)* 1975   VI-135
    Esther Sánchez-Grey Alba
___ *Aché, Babalú, Ayé* 1975   VI-143
    Julio A. León
___ *El Picúo, El Fisto, El Barrio y otras
estampas cubanas* 1977   VIII-165
    Gastón Fernández de la Torriente
___ *Diccionario de cubanismos más usuales
(Como habla el cubano)* 1978   IX-136

Alberto Gutiérrez de la Solana
Sánchez-Grey Alba, Esther
___ *Teatro cubano. Dos obras de vanguardia
de José Cid Pérez* 1989   XIX-185
    Luis F. González-Cruz
___ *La mujer en el teatro hispanoamericano
y otros ensayos* 1992   XXII-176
    Asela Gutiérrez-Kahn
Sanguily y Arizti, Manuel
___*Nobles memorias.* (Nueva edición con
prólogo de Luis Valdespino) 1982   XIV-107
    Zenaida Gutiérrez-Vega
Santamaría, Gloria
___ *Alguien va a nacer* 1980   XVI-165
    Gina Obrador
Schartz, Ronald
___*Great Spanish Films (1950-1990)* 1991   XXIII-206
    Alfonso J. García Osuna
___ *Latinoamerican Films 1932, 1994. A Critical
Filmography* 1997   XXVII-225
    Arístides Falcón Paradí
Silva-Vázquez, Caridad I. y Erro-Orthman, Noira
___*Puerta abierta: la nueva escritora
latinoamericana* 1986   XVIII-258
    Lina L. Cofresí
Simón, José G.
___ *Estudios antológicos: Literatura e Historia,
Argentina, Cuba, Uruguay y Venezuela* 1991   XXII-195
    Gastón J. Fernández
Solner, G. L.
___*Poesía española hoy* 1982   XII-133
    Kay Pritchet
Soper, Cherrie L.
___*Spain. Through the Eyes of American Writers* 1991   XXI-199
    José I. Suárez
Sosa de Quesada, Arístides
___*Zumos y sueños* 1988   XX-186
    Alberto J. Varona
___ *Cuarenta y más cuasi-sonetos* 1993   XXIV-241

José Raúl Goldarás
Suarée, Octavio de la
___ *La obra literaria de Regino E. Boti* 1977   VII-140
Zenaida Gutiérrez-Vega
Suárez Coalla. Paquita
___ *Para que no se me olvide* 2007   XXXVIII-221
Rafael Corbalán Torres
Tápanes Estrella, Raúl
___*Traición a la sangre* 1991   XXI-188
Asela Gutiérrez Kann
___ *La escapada* 1992   XXIV-248
Antonio A. Acosta
___ *Nivel interior... y otros cuentos* 1996   XXVII-227
Luis G. Villaverde
Torre, Rogelio de la
___ *Ausencias* 1978   XIII-131
Amado M. Lay Capestany
___ *Las joyas del caminante* 2008   XXXVIII-207
Sara Martínez Castro
Urpí, Javier
___*Instantes violados* 1978   IX-138
Octavio de la Suarée
Urrutia Iturbe, Ángel
___ *Homenaje a la madre. Antología poética
española del siglo XX* 1984   XIV-115
Lucas Lamadrid
Valerio, Juan Francisco
___ *Perro huevero aunque le quemen el hocico.*
(José A. Escarpanter y José A. Madrigal Eds) 1986   XVII-165
José Corrales
Vallbona, Rima de. Ed.
___ *Vida y sucesos de la monja Alférez. Autobiografía
atribuida a Doña Catalina de Erauso* 1992   XXIV-239
Niza Fabre
Valle-Killeen, Suzanne Dolores
___ *The Sariric Perspective: A Structural Analysis
of Late Medieval, Early Renaissance Satiric
Treatises* 1980   X-136
José Antonio Madrigal

Varela, Beatriz
___ *Lo chino en el habla cubana* 1980   XI-132
    Alberto Gutiérrez de la Solana
___ *El español cubano-americano* 1992   XXIII-188
    Mercedes García Tudurí
___ *José Varela Zequeira (1854-1939):*
Su obra científico-literaria. 1997   XXVII-219
    Humberto López-Cruz

Verduzco, O.F.M. Juan Jerónimo
___ *Río de sed.* 1993   XXVI-243
    Mercedes García Tudurí

Vergara, Pedro y Onetti, Eliana
___ *Vergara. Óleos al viso de la poesía* 1998   XXIX-261
    Rowland J. Bosch

Villar, Arturo de, Ed.
___ *Cuadernos de Zenobia y Juan Ramón* 1987   XVIII-264
    Cherrie I. Soper

Villaverde Alcalá Galiano, Luis G.
___ *Pensamiento y versos de José Martí.*
(Edición bilingüe / Bilingual Edition) 1991   XXII-189
    Octavio de la Suarée

Watson Espener, Maida y Reyes, Carlos José
___ *Materiales para una historia del teatro*
colombiano 1978   X-134
    Hortensia Ruiz del Vizo

Wellington, Marie A.
___ *Marianela: Esencia y espejo* 1984   XIV-129
    José Cid Pérez

Yannuzzi, G. Alberto
___ *Un cuarto de siglo de República* 1992   XXII-182
    Luis Martínez
___ *La Habana virtual. De Lord Albernarle a*
Matías Pérez 1998   XXIX-248
    Rosa M. Cabrera

Zaldívar, Gladys
___ *Viene el asedio* 1987   XIX-195
    Luis A. Jiménez Estrada

Zaldívar, Gladys y Jiménez, Luis A.

___ *De la trova provenzal al barroco hispánico.*
La poesía de Gladys Zaldívar 2005   XXXVII-221
   Eloy E. Merino

Zeleny, Mayra, ed.
___ *El cuerpo y la letra. La poética de Luis*
Alberto Ambroggio 2008   XXXVIII-205
   Oneida M. Sánchez

Zuleta Álvarez, Enrique
___ *Pedro Henríquez Ureña y su tiempo* 1997   XXIX-243
   Aldo Fores

COLABORADORES

Abislaimán, Rafael
_____ «La influencia del Padre Félix Varela en
labor de Amalia V. de la Torre»   XXXIX-42

Acosta, Antonio A.
_____ Testimonio sobre el Dr. Guillermo Martínez
Márquez (Carta)   XXX-9
_____ «El 'Martianismo' en la Constitución cubana
de 1940»   XLV-164

Agosín, Marjorie
_____ «Mysticism and Anti-mysticism in María
Luisa Bombal's *La última niebla*»   XI-57

Agramonte, Roberto D.
_____ «Martí y su concepción de la sociedad»   VIII-47
_____ «Recordando a Jorge Mañach»   X-41
_____ «Martí y el libro»   XV-47
_____ «Preámbulo a los *Siete tratados* de Montalvo»   XIX-39

Agramonte, Roberto L.
_____ «Notas anecdóticas sobre mi padre»   XXIV-36

Aguirre, Ángela M.
_____ «Enrique Piñeyro, primer crítico del
romanticismo español»   XII-59
_____ «Visión de Enrique José Varona; educación
y excelencia»   XIV-23

Aguirre, Horacio
_____ «Importancia universal e histórica del
Descubrimiento de América»   XXII-17

Ahumada, Alfredo
_____ «Una página olvidada sobre José María
Chacón y Calvo»   XXIV-127
_____ «La lectura de José Martí por Gabriela Mistral»   XXV-226
_____ «La difusión de la literatura cubana en el
Mercure de France (1911-1933)»   XXVIII-170
_____ «José Olivio Jiménez: puente entre dos mundos»   XXXIV-27

Alarcón. Jorge A.
_____ «El perro cuando es viejo» (Cuento)   XIX-179

Alba Buffill, Elio

_____ «La conferencia sobre Cervantes de
Enrique José Varona» VI-73
_____ «Lenguaje y cultura en Hispanoamérica según
Pedro Henríquez Ureña y Jorge Luis Borges» VIII-79
_____ «Impresionismo y positivismo en la crítica
literaria de Manuel Sanguily» X-47
_____ «Mercedes García Tuduri: pensamiento
y sensibilidad» XI-99
_____ «Carlos M. Raggi y Ageo y su legado» XIII-113
_____ «Apertura del IV Congreso Cultural de
Verano del CCP» XIV-31
_____ «La ensayística de Humberto Piñera:
filosofía y literatura» XV-65
_____ «Apertura del XXIV Congreso Anual del CCP,
en recordación del Dr. José Utrera» XVI-49
_____ «Humberto Piñera, Cubano» XVII-7
_____ «El mundo literario de Chacón y Calvo a la
luz de la crítica de Gutiérrez-Vega» XVIII-191
_____ «La Avellaneda y la literatura antiesclavista» XIX-123
_____ «Francisco Ichaso y la problemática de su tiempo» XX-25
_____ «Un acercamiento a Eugenio Florit como crítico» XXI-115
_____ «Significación de Labrador Ruiz en las
letras de Hispanoamérica» XXII-29
_____ «Roberto Agramonte, ensayista» XXIII-120
_____ «Octavio R. Costa. La biografía y el
ensayo histórico» XXIV-15
_____ «Martí a través de su ensayo político» XXV-264
_____ «Diversidad y unidad en la ensayística de
Mercedes García Tudurí» XXVI-50
_____ «Cuba: ausencia presente en el destierro de
Alberto Gutiérrez de la Solana» XXVII-81
_____ «Un merecido reconocimiento al Profesor
Adalberto Alvarado» XXVIII-91
_____ «Carlos Márquez Sterling: el historiador,
el maestro y el ciudadano» XXIX-49
_____ «Ortega y Gasset y la convivencia humana» XXX-76
_____ «La perplejidad metafísica, sustrato
temático de la poesía borgiana» XXXI-139
_____ «El ensayo en la República» XXXII-17
_____ «Walter Rela y su fecunda labor cultural» XXXIII-58

_____ «El Círculo de Cultura Panamericano: cuarenta
años de lucha por la libertad de pensar» XXXIV-9
_____ «La gran tradición de crítica cervantina en Cuba» XXXV-20
_____ «Levi Marrero y su mensaje de fe en el
futuro de Cuba» XXXVI-94
_____ «Zenaida Gutiérrez-Vega y su obra sobre
José María Chacón y Calvo» XXXVII-74
_____ «*La sangre* de Tulio María Cestero, aporte
fundamental a la narrativa naturalista dominicana» XXXVIII-125
_____ «Amalia V. de la Torre y su valioso libro
Jorge Mañach, maestro del ensayo» XXXIX-48
_____ «Pablo Chao y su extraordinaria labor de
promoción de la cultura hispánica» XL-52
_____ «En torno a *Zona sagrada* de Carlos Fuentes» XLI-220
_____ «José de la Luz y Caballero, maestro y fundador» XLII-51
_____ «Rogelio de la Torre: educador y patriota» XLIII-7
_____ «El amor como fuerza inspiradora en las
Novelas Ejemplares» XLIV-7
_____ «El Círculo de Cultura Panamericano:
cuarenta años de lucha por la libertad de pensar» XLV-9
_____ «Eduardo Facciolo Alba, destacado iniciador
de la lucha en Cuba por la libertad» XLV-48
_____ «Análisis de cuatro íconos de la ensayística
de Martí que perfilan su visión político-social» XLVI-23

Aldaya, Alicia G.R.
_____ «Consideraciones sobre *Memorial de
un testigo* de Gastón Baquero» XI-79
_____ «¿Es *La noche de Ina* la típica novela
feminista contemporánea?» XXI-115
_____ «La intrahistoria en la narrativa *pereriana*» XXVI-112
_____ «¿Poesía en la obra de Carlos Miguel
Suárez Radillo?» XXXI-89

Aldestein, Miriam
_____ «El amor en la vida y en la obra de
Gertrudis Gómez de Avellaneda» IX-57

Alea Paz, Carmen
_____ «La eclosión del geranio» (Cuento) XXIII-174
_____ «Aurelio de la Vega: poesía y color
en pentagrama» XXIV-50

Alpendre, Herminia T.

  _____ «A grandes trazos» (Cuento)   XXXIV-243
Alvarado, Adalberto
  _____ «La conferencia de Guayaquil»   XXIV-180
  _____ «Del santo cubano al apóstol de nuestra
  independencia»   XXV-102
  _____ Apertura del XXVII Congreso Cultural de
  Verano del CCP   XXVII-9
Álvarez, Nicolás Emilio
  _____ «El asombro de la literatura borgiana»   XVI-93
  _____ «Jorge Mañach y José Martí»   XVIII-183
  _____ «Borges: autor implícito, narrador, protagonista
  y lector en *Funes el Memorioso*»   XIX-147
  _____ «El discurso narrativo y la historia de
  'El milagro secreto' de Jorge Luis Borges»   XXIV -74
  _____ «Construcción y desconstrucción en *La muerte
  y la brújula* de Borges»   XXVII-147
  _____ «*Res publica* y *res artis*: el legado histórico
  Jorge Mañach Robato»   XXVIII-108
  _____ «Jorge Luis Borges y el tercer milenio»   XXIX-37
  _____ «Gabriel García Márquez y Jorge Luis Borges:
  intertextualidad y texto en *Cien años de soledad*»   XXX-171
  _____ «*Los balseros de la libertad* de Josefina Leyva
  y la narrativa hispanoamericana de la
  modernidad y de la postmodernidad»   XXXV-122
  _____ «La física cuántica y la ficción literaria»   XXXIX-180
  _____ «Parodia»   XLI-169
  _____ «Querellas y rescoldos imperiales: la
  conquista de América»   XLII-25
  _____ «Escolios y aporías alrededor del
  Libro del buen amor»   XLIII-139
  _____ «El género narrativo: Cervantes y Borges»   XLIV-34
Álvarez Bravo, Armando
  _____ «Asedios a Labrador Ruiz»   XIX-47
  _____ «Fijeza de Mariano Brull»   XXII-47
  _____ «Los diarios martianos como cristalización
  áurea»   XXV-20
  _____ «Ana Rosa Núñez: la poesía como
  latido de presencia»   XXIX-31
  _____ «En torno a Octavio R. Costa»   XXXVI-17

    «Presencia, misión y continuidad del
    PEN Club de Escritores Cubanos en el Exilio»   XXXVIII-30

Álzaga, Florinda.
    «Las ideas en el teatro de José Cid»   XVIII-155
    «El pensamiento filosófico de Mercedes
    García Tudurí»   XXIX-165
    «La literatura más allá de la estética»   XXX-65
    «La colección de la Herencia Cubana, The
    Cuban Heritage Collection, de la Universidad
    de Miami»   XXXI-100

Alzola, Concepción T.
    «Los americanismos de *Nuestra América*»   XXV-89

Amor y Vázquez, José
    «Intelectuales españoles ante la figura de
    Martí: Ángel Lázaro, galleguidad y cubanía»   XXV-274
    «Repercusiones: Baroja y Chacón y Calvo»   XXVI-177
    «Recuperaciones: un *Episodio nacional*
    de la guerra de Cuba»   XXVII-187

Anhalt, Nedda G. de
    «Coloquio en la 'sauesera' con Enrique
    Labrador Ruiz, el 'grimpolero' literario»   XIX-53
    «Moisés en Martí»   XXV-43
    «Gastón Baquero: dos musas para un poeta»   XXVII-19
    «México en la poesía de Justo
    Rodríguez Santos»   XXXVII-129

Anreus, Alejandro
    «Daniel Serra Badué en el contexto de
    la pintura cubana»   XXVII-112

Aponte de Zacklin, Lyda
    «El sujeto errante en *La noche llama a la
    noche* de Victoria de Stéfano»   XIX-153

Arango, Guillermo
    «Tono y poesía en *El buen peligro* de
    Reinaldo García Ramos»   XL-177
    «La poesía como valor humano y afectivo
    en *Fuera del fuego* de Heberto Padilla»   XLII-115
    «La Avellaneda en Cienfuegos. Una
    representación de *Munio Alfonso*, 1860»   XLIII-48
    «Voces en conflicto en *A Roosevelt*
    de Rubén Darío»   XLVI-63

Ardavín, Carlos X.
　　　«*Magín* o la teoría de la épica dorsiana»　　　XXVII-14
　　　«Indagación de la nada» (Cuento)　　　XXVIII-194
　　　«El regreso de Eugenio D'Ors»　　　XXXV-176

Armas, José R. de
　　　«Rosario Rexach: profesora y amiga»
　　　(Testimonio)　　　XXXIII-89
　　　«Lydia Cabrera en el recuerdo»　　　XXXVII-46

Badajoz, Joaquín
　　　«Identidad y estética de pertenencia en la
　　　poesía de Orlando Rossardi»　　　XLI-114

Baeza Flores, Alberto
　　　«La profunda sencillez de los *Versos sencillos*
　　　de José Martí»　　　XXI-7

Baralt Mederos, Luis A.
　　　«Baralt. Una cubanía ribeteada de exilio»　　　XXIII-54

Barba, Jaime
　　　«La bestia» (Cuento)　　　XXVI-208

Barbaro, Andrés
　　　«La luz mala» (Cuento)　　　XXXIII-250
　　　«Las palabras imprescindibles» (Cuento)　　　XXXV-191

Barroso, Leopoldo
　　　«El prólogo de los *Versos sencillos*: qué
　　　quiso decir Martí»　　　XVIII-179
　　　«Las puertas de Dite: huellas de Dante en
　　　los *Versos Sencillos*»　　　XX-109
　　　«Soneto frustrado»　　　XXI-129
　　　«El abuelo de *La rosa blanca*»　　　XXII-99
　　　«Amor con amor se paga»　　　XXIV-152
　　　«Idilio en un campo florido»　　　XXV-231
　　　«*Virgen María*, de José Martí»　　　XXVII-124
　　　«Canto inicial de la *Divina Comedia* de
　　　Dante Alighieri» (Traducción al español)　　　XXXV-185

Beato, Virgilio I.
　　　«La medicina en la República de Cuba
　　　(1902-1959)»　　　XXXII-149
　　　«Octavio Costa, una vida dedicada a la cultura»　　　XXXIII-131

Bernal Labrada, Emilio
　　　«Visión de Calixto Bernal en su bicentenario»　　　XXXIV-104

Beruvides, Mario G.
_____ «Aspectos de lo grotesco e interlocución
en el cuento *El amante de teatro* de
Carlos Fuentes» XXXVII-171
Betances de Pujadas.
_____ «Destino inflexible» (Cuento) XXXI-201
Betanzos, Lourdes
_____ «La dramaturgia de estética e identidad
nacional puertorriqueña en Francisco Arriví» XXXII-240
Betanzos Palacios, Odón
_____ «Memorias de un rebelde». Palabras
de agradecimiento XXXI-50
_____ «Acercamiento a Cervantes y visión
del *Quijote*» XXXV-9
Bilbao Richter, Bertha
_____ «*La Hora* de Emil García Cabot: esperas,
distracciones y el veredicto del tiempo» XLIV-149
_____ «*Como los pájaros* de Rubén Balseiro. Una
mágica aventura entre el sol y el abismo» XLVI-121
Blanco, Ray
_____ «Homage to a Friend…Daniel Serra Badué»
(Testimonio) XXVII-106
Bloch, Peter
_____ «Sobre *Huida* de Alberto Guigou» XVIII-17 E
Bosque, Vivian
_____ «Mi amigo y maestro Rubén Darío Rumbaut»
(Testimonio) XXXIII-114
Boudet, Ernesto A.
_____ «La versatilidad de la obra de Carlos Miguel
Suárez Radillo» XXXI-80
Bralove Ramírez, Alicia
_____ La concesión del voto femenino en la España
de 1931 en *Victoria Kent, una vida al
servicio del humanismo liberal* de Zenaida
Gutiérrez-Vega» XXXVII-81
_____ «La caracterización de Natalia en *La plaza del
diamante* de Mercé Rodoreda» XL-201

_____ «Rebelión y conformidad en el personaje
protagonista de *Mi vestido verde* de Álister
Ramírez Márquez» XLII-212
_____ «José Ortega y Gasset: análisis de la estética
de la vocación de dos pintores de la corte
española» XLIII-159

Brull Zimmermann, Silvia
_____ «Recuerdos de mi padre» (Testimonio) XXII-54

Bustamante, Alberto S.
_____ «Orígenes de Herencia Cultural Cubana» XXXIX-25

Caballero, María del Carmen
_____ «Canción de despedida» (Cuento) XXVI-215

Cabarrocas, David J.
_____ «¿Por qué Herencia?» XXXIX-30

Cabrera, Rosa M.
_____ «Los huecos en el aire» (Cuento) XXIII-178

Campa, Antonio R. de la
_____ «En los cien años de los *Versos sencillos*
de José Martí» XXI-13
_____ «Palabras de homenaje a Dolores Martí
de Cid» (Testimonio) XXIII-72
_____ «La frustración de la mujer y sus consecuencias
en el teatro de Federico García Lorca» XXVIII-61
_____ «Ernesto Lecuona: Cuba en su música» XXX-134

Canonge, Héctor A.
_____ «La *femme fatale* como símbolo en los
Versos Sencillos de José Martí» XXV-211
_____ «La presencia de *El otro* en la novela
de Cirilo Villaverde» XXVIII-137

Carbonell Cortina, Néstor
_____ «Alberto Gutiérrez de la Solana: perfil
patriótico de un intelectual» (Testimonio) XXVII-76
_____ «La República en perspectiva» XXXII-9

Carrasco Urgoiti, María Soledad
_____ «La vocación intelectual de José
Olivio Jiménez» XX-59
_____ «Exilio y dualidad cultural en la experiencia
de los moriscos españoles» XXIX-89

_____ «Una adhesión desde España»
(Testimonio – Rexach)   XXXI-21
_____ «La España del siglo XX en la obra de
Zenaida Gutiérrez-Vega»   XXXVII-69

Carreras González, Olga
_____ «La venganza» (Cuento)   XIII-121

Casadevall, Armando J.
_____ «La muerte cierta de León Macuá» (Cuento)   XXVI-228
_____ «El destino asignado de León Borrel» (Cuento)   XXIX-225

Casas, Luis Ángel
_____ «Luis Mario poeta en verso y poeta en prosa»   XXX-51

Casas, Walter de las
_____ «El genio del lugar: un estudio comparado
de *El Greco y Toledo* de Gregorio Marañón
y *El Greco o el secreto de Toledo* de
Maurice Barres»   XXIII-168

Case, Thomas E.
_____«Visión de la mujer paraguaya en las novelas
de Gabriel Casaccia»   VIII-133

Castell, Ricardo
_____ «Juan Ramón Jiménez en Miami (1939-1942):
en *El otro costado*»   XXX-208

Castellanos del Corral, Andrés
_____ «Palabras de homenaje a Dolores Martí
de Cid» (Testimonio)   XXIII-68
_____ «Guillermo Martínez Márquez: periodista
continental ilustre»   XXX-30
_____ «Sesquicentenario de la fundación de la
primera Escuela Normal de Maestros de Cuba
en los Escolapios de Guanabacoa»   XXXVII-58
_____ «Rosario Rexach: una vida irradiando luz»   XLIII-106
_____ «Miguel Castellanos, el olvidado pianista
clásico cubano, alabado por José Martí»   XLVI-13

Castillo Victores, E.J.
_____ «Atrapado en sí mismo» (Cuento)   XXII-162

Castillo de Martín, Amelia del
_____ «Regreso a la luz» (Cuento)   XII–113
_____ «La voz poética de Lucas Lamadrid»   XVII-49

  _____ «Indignación, protesta y hallazgo en la voz
    esdrújula de Lucas Lamadrid»   XXVII-37
  _____ «La libertad en voces femeninas de la
    literatura cubana a cien años de la instalación
    de la República»   XXXIV-170
  _____ «La isla en tres voces femeninas del siglo XX»   XXXVI-144
  _____ «Sobre la belleza y lo sublime»   XXXVIII-182
  _____ «La otra voz de Orlando Rossardi»   XLI-107
  _____ «Jorge Valls: poeta iluminado»   XLII-107
  _____ «La isla, el mar y la poesía»   XLIII-77
  _____ «Entre la soledad y el silencio»   XLV-62
  _____ «Walt Whitman y José Martí»   XLVI-45

Chen Sham, Jorge
  _____ «Comunicación epistolar y *ekphrasis* en
    «Cartas de amor al rey Tut-ank-amen»   XXXII-201
  _____ «Las pasiones del corazón y la súplica
    imposible en "Amor en el claustro"»   XXXIV-95
  _____ «El autorretrato poético de Mercedes
    Matamoros: *la femme fatale* y lo demoníaco»   XXXVI-135
  _____ «La elegía a Miguel Hernández, doble
    referencia metapoética en Gladys Zaldívar»   XXXIX-117
  _____ «La indagación temporal en *Escorzo de un
    instante* de Humberto López-Cruz: la búsqueda
    de un instante»   XL-106
  _____ «Poesía oracular y las aguas "fluyentes" en
    Ángel Cuadra: a propósito de *Antinomia
    del agua*»   XLI-39

Cid Pérez, José
  _____ Apertura del V Congreso Cultural de Verano   XV-7

Cisneros, Monseñor Octavio
  _____ «Varela: héroe de la fe»   XXXIII-33

Clavijo, Uva A.
  _____«Juan Ramón Jiménez: poesía y entrega»   VII-97
  _____ «Lo cubano en la obra de Alfonso
    Hernández Catá»   XV-25
  _____ «Octavio R. Costa. *Juan Gualberto Gómez,
    una vida sin sombra*»   XVI-159

Cobelo, Armando F.
  _____ «La Editorial Cubana Luis J. Botifoll. Su
    aporte al exilio: presente, pasado y futuro»   XL-13

Coleman, Alexander
_____ «Chaos and Play in Borges» VI-27
Consuegra Ortal, Diosdado
_____ «Luis Papalote» (Cuento) XIV-103
_____ «Sansón» (Cuento) XVIII-249
Corbalán, Rafael
_____ «Anticlericalismo e ideario masónico en
    Electra de Galdós» XXX-201
Corrales, José
_____ «Los acosados, Tabo, Tota, Montes
    Huidobro y Piñera» XXIX-114
Corzo, Pedro
_____ «Memoria: derechos y deberes» XXXVII-36
_____ «Totalitarismo y subversión» XLII-69
Costa, Octavio R.
_____ «La histórica exploración de Levi Marrero
    a través de la sociedad» XXIII-16
_____ «Análisis y exégesis del Manifiesto de
    Montecristi» XXIV-9
_____ «Presencia de los temas eternos en la obra
    de José Martí» XXV-119
_____ «Roberto Agramonte y su concepción
    de José Martí» XXVI-96
_____ «Evocación de José Antonio Saco en
    su bicentenario» XXVII-43
_____ «Trayectoria de Jorge Mañach» XXVIII-122
_____ «Santovenia y su extraordinaria labor
    historiográfica XXIX-192
Covarrubias, José Ignacio
_____ «Omega» (Cuento) XXVI-234
_____ «Un toque de verde» (Cuento) XXVIII-200
Cruzamora, Roberto
_____ «Las coincidencias» (Cuento) XVI-141
Cuadra, Ángel
_____ «José Martí: análisis y conclusiones» XXV-13
_____ «Eugenio Florit: de la sencillez a la
    intemporalidad» XXVII-26
_____ «La creación literaria en el presidio
    político cubano» XXX-141
_____ «Breve esquema de la poesía en la República» XXXII-27

_____ «Ética y poesía en José Martí»	XXXIV-112
_____ «Los poemas menores de Agustín Acosta»	XXXVI-85
_____ «Significación del Instituto de la Memoria Histórica en la Cuba del futuro»	XXXVII-44
_____ «El Ultraísmo: expresión de la vanguardia en España»	XXXVIII-145
_____ «*La diamantista de la Emperatriz*: una novela histórica»	XXXIX-92
_____ «Utilidad de la poesía»	XL-99
_____ «José Corrales en su andar poético»	XLII-100
_____ «Rogelio de la Torre: su incursión en la poesía»	XLIII-14
_____ «Poemas reveladores»	XLVI-37

Cueto Acosta, Ana
_____ «Trilogía de dignidad y patriotismo: Elena Mederos, Ana María Perera y Siomara Sánchez» — XLII-139

Davis, Michele S.
_____ «José Cid y su caracterización del hijo único» — XII-73
_____ «The Characters of José Cid and their Psycological Levels of Development» — XVIII-141

Delgado-Jenkins, Humberto
_____ «Muerte sin velorio» (Cuento) — XXVI-228

Dellepiane, Ángela
_____ «Homenaje a Rosario Rexach en sus casi noventa años de vida» (Testimonio) — XXXI-18

Díaz, Ariel
_____ «El Hacedor y su creación» (Cuento) — XXX-227

Díaz Ayala, Cristóbal
_____ «Relevancia de la música popular en la República» — XXXII-102

Dixon-Romero, Heriberto
_____ «Folklore afro-ecuatoriano reflejado a través de la literatura» — XIII-71

Duarte, Julio M.
_____ «Las cartas de un poeta: Agustín Acosta» — X-77
_____ «Fervor cubano en los versos y cartas de Agustín Acosta» — XVI-17

Echerri, Manuel Vicente.

_____ «La trascendencia, misión comprometida
　　　　del escritor»　　　　　　　　　　　　　　X-117
Escarpanter, José A.
_____ «La burguesía provinciana cubana en el
　　　　teatro de Manuel Reguera Saumell»　　　XV-91
_____ «Historia, romanticismo y tragedia en *Camila*
　　　　de María Luisa Bemberg»　　　　　　　　XXVI-187
Espina, Eduardo
_____ «Francisco Ayala y la narración como
　　　　estructura temporal»　　　　　　　　　　XVIII-217
Espinoza, Emma
_____ «La mesa vacía» (Cuento)　　　　　　　　XXXV-205
Estrada. Hall
_____ «De autor desconocido» (Cuento)　　　　　XX-177
Fabre, Niza
_____ «Literaturas indígenas pre-colombinas:
　　　　permanencia e influjo en las letras
　　　　Hispanoamericanas»　　　　　　　　　　XXIII-153
Febles, Jorge
_____ «Don Luis Mejía a la luz de la teoría
　　　　marañoniana sobre el tipo donjuanesco»　XIII-55
_____ «La oposición campo-ciudad: motivo
　　　　recurrente en la poesía de Agustín Acosta»　XVI-85
_____ «Martí y el béisbol: un caso de animadversión
　　　　metafórica»　　　　　　　　　　　　　　XXV-177
Feito, Francisco E.
_____ «Un diálogo a distancia» (Entrevista con
　　　　Gabriel Casaccia)　　　　　　　　　　　VI-35
Feijoo, Gladys
_____ «La madre en la novela *Cecilia Valdés*
　　　　de Cirilo Villaverde»　　　　　　　　　　XV-79
Fernández de Cárdenas, Gastón J.
_____ «El Primer Magistrado en *El recurso del
　　　　método* de Carpentier y el olvidado
　　　　Primer Ministro»　　　　　　　　　　　　VII-71
_____ «Martí y la esclavitud»　　　　　　　　　　XXXIV-119
Fernández, Jesse

_____ «La búsqueda de la identidad individual
en dos novelas de Juan Carlos Onetti:
Juntacadáveres y *El astillero*»   IX-77
_____ «Hacia la sencillez lírica en la poesía de
Agustín Acosta»   XVI-61
_____ «José Olivio Jiménez: maestro y mentor»   XX-63
_____ «¿Prosificación del verso o versificación
de la prosa? A propósito de la poesía
de Vicente Huidobro»   XXIV-86
_____ «La crítica literaria de José Olivio Jiménez
en torno al Modernismo»   XXXI-146
_____ «Transfiguraciones temporales y espaciales en
la poesía de Eugenio Florit»   XXXII-221
_____ Apertura al XLI Congreso Anual del Círculo de
Cultura Panamericano   XXXIII-9
_____ «José Olivio Jiménez: breve semblanza de su
magisterio integral»   XXXIV-27
_____ «El discurso testimonial en la obra de Gertrudis
Gómez de Avellaneda»   XXXV-88
_____ «De exilios y otras victorias: el legado intelectual
de Rosario Rexach y de Humberto Piñera Llera»   XXXVIII-9
_____ «Discurso conflictivo de identidad cultural y
estética en varios ensayos de Gastón Baquero»   XL-17
_____ «Meditaciones sobre la muerte en *Libro de
buen amor* del Arcipreste de Hita»   XLII-36
_____ «Reforma literaria y crítica social en Cuba:
del Modernismo a la Vanguardia»   XLIV-63
_____ «La ficcionalización de la historia en *Mujer
en traje de batalla*, de Antonio Benítez Rojo»   XLV-125
_____ «Rarezas y extravagancias de *Azul*. Apuntes
sobre Rubén Darío a los 150 años de su
nacimiento»   XLVI-53

Fernández, Magali
_____ «La obra crítica de Zenaida Gutiérrez-Vega,
puente entre dos culturas»   XXIX-68

Fernández, Ofelia M.
_____ «Nostalgia de Oscar: mi primo casi hermano»
(Testimonio)   XXXII-156

Fernández, Ruth
_____ «Extraña circunstancia» (Cuento)   XI-115

Fernández Klohe, Carmen
_____ «Una biografía poética: *El Greco* de Gómez
 de la Serna» XXX-216
_____ «S*onetos de la muerte:* una noche
 obscura del alma» XXXI-37
Fernández Vázquez, Antonio A.
_____ «El presidio político en la novela cubana: 1959» XXIV-109
_____ «Historia y ficción en *Kike* de Hilda Perera» XXVIII-72
_____ «Observaciones sobre *Los Robledal* de
 Hilda Perera» XXIX-155
_____ «La novela documental y *Plantado* de
 Hilda Perera» XXXIII-174
Fernández de la Vega, Oscar
_____«El prosaísmo en la lírica actual: ¿deficiencia
 o volición?» V-97
_____«Martí y White» VIII-61
Ferrer, Carlos
_____ «A una gran educadora» (Testimonio-
 Gutiérrez-Vega) XXIX-65
Figueroa, Esperanza
_____ «Manzano, Heredia y un fraude histórico» XIX-23
Florit, Eugenio
_____ «Recuerdos de Nueva York» XII-13
_____ «Palabras en el acto de homenaje que le
 ofreció el CCP» XII-111
_____ Apertura del VI Congreso Cultural de
 Verano del CCP XVI-7
_____ «Recordando a Mariano Brull» XXII-45
Fonseca Pichardo, Juan E.
_____ «Evocaciones filiales de un gran humanista
 y maestro: Juan Fonseca» XXIII-103
Fox, Arturo A.
_____ «Relectura de *Francisco*, novela
 abolicionista cubana» XXXIII-206
_____ «La temática metafísica del cuento *La puerta
 del cielo* de Julio Cortázar» XXXVII-177
Fox, Ofelia S.
_____ «Venancio» (Cuento) XXI-177
Fundora de Rodríguez Aragón, Raquel

_____ «El último encuentro» (Cuento)	VIII-151
_____ «Milagro en el mar» (Cuento)	XIII-117
_____ Palabras de cierre de la sesión de Apertura del V Congreso Cultural de Verano	XV-23
_____ «María Gómez Carbonell, una noble vida al servicio de la cultura, de la educación y de la República»	XVIII-165
_____ «Tres momentos en la expresión poética de José María Heredia y Heredia»	XIX-31
_____ «Palabras de apertura del X Congreso Cultural de Verano»	XX-41

Galván, Roberto A.

_____ «El retorno al barrio» (Cuento)	XI-109
_____ «*Realización* un soneto inédito con comentario del poeta»	XVI-133

Garcerán de Vall, Julio

_____ Clausura del VI Congreso Cultural de Verano del CCP	XVI-45
_____ «Palabras de cierre de la sesión de apertura» (VII Congreso de Verano)	XVII-39

García, Enildo

_____ «Romanticismo antillano: Domingo del Monte y "The Harvard Connnection"»	XXII-68
_____ «José Martí y los escritores norteamericanos»	XXIV-140
_____ «José Martí y Walt Whitman: 'literatura', 'libertad' y 'democracia'»	XXV-75

García, Martha

_____ «Perfil psicológico de los personajes celestinescos»	XXXI-163
_____ «El *Quijote* y lo pastoril en una lectura iseriana»	XXXVIII-174
_____ «La Segunda Parte del Quijote (1615-2015): textualidad, narrativa y teatralidad áulica en la temprana Edad Moderna»	XLIV-14
_____ «El texto cervantino: un enfoque (in)formativo tridimensional»	XLVI-94

García, S. Ofelia

_____ «La problemática del idioma en el ensayo puertorriqueño: proyecciones de la sociolingüística»	XII-79

García, Sixto J.

_____ «Félix Varela: teólogo de la *Memorabilia Dei*» XVIII-35
García Iglesias, Raoúl
_____ «María Camión o Mary Truck o Meritroc»
(Cuento) XX-163
_____ «Libros por libras» (Cuento) XXII-155
García Osuna, Alfonso J.
_____ «*La canción de Rachel* y el desentrañamiento
de la realidad» XVII-115
_____ «*El chino* y la crisis del lenguaje en el teatro
de Carlos Felipe» XXII-119
_____ «El problema de Indalecio» (Cuento) XXIV-204
García Taboada, José A.
_____ «La tienda de campaña» (Cuento) XXI-171
García Tudurí Mercedes
_____ «La hispanidad» VI-55
_____ «Circulo de Cultura Panamericano. Dos décadas
de afanes culturales» XIII-25
_____ «El Círculo de Cultura Panamericano celebra
el centenario de Agustín Acosta» XVI-9
_____ «El Dr. Humberto Piñera y el renacimiento
de la filosofía en Cuba» XVII-13
_____ «Vigencia del pensamiento del Padre
Félix Varela» XVIII-27
_____ «Homenaje a José María Heredia y Heredia» XIX-19
_____ «La obra literaria de la poetisa Raquel Fundora
de Rodríguez Aragón» XX-129
_____ «Cierre de la sesión de apertura del XXV
Congreso Cultural de Verano del CCP» XXV-25
García Tudurí, Rosaura
_____«La herencia en nuestra literatura y *3 Goldarás
en la poesía del siglo XX*» XI-37
Gariano, Carmelo
_____ «La narrativa espectral de Montes Huidobro» XXXIII-190
Garrido, Aleida
_____ «Una mirada a la narrativa infantil de
Concha Alzola» XXXI-53
Garza, Efraín E.
_____ «La sinestesia en *Rimas y leyendas* de
Bécquer y su acercamiento al simbolismo
francés» XXXV-160

_____ «*En la ardiente oscuridad:* confrontación
de ideologías y negación de la realidad»   XXIX-98
Gayol Mecías, Manuel
_____ «El otro sueño de Sísifo» (Cuento)   XXXIV-222
Geada, Rita
_____ «El espacio mítico en la poesía de
Julián del Casal»   XXVIII-163
_____ «Metáfora de la nostalgia de Cuba en
Julieta Campos»   XLI-187
Gil, Lourdes
_____ «El desenfado y la burla en los epitafios de
Severo Sarduy»   XXIII-108
Gioseffi, Daniela y García, Enildo. Traductores.
_____ «*The Escaped – Fugados»* (Cuento de José
Lezama Lima)   XIX-173
Gleen, Kathleen M.
_____ «Creation and Re-creation in Azorin's
Don Juan»   XV-127
Godoy, Gustavo J.
_____ «José Martí en Jacksonville»   VII-55
_____ «Agustín Acosta o la fidelidad ontológica»   XI-89
_____ «Veinte años después: recordando a
Armando Godoy»   XIV-91
_____ «Agustín Acosta, traductor del francés»   XIX-93
_____ «El último malabarismo de Eugenio Florit:
su novísima traducción de Paul Valery»   XXI-125
Gómez, Luis Marcelino
_____ «Poética de la nostalgia en *Sugar Cane Blues*
de Nilda Cepero»   XXXI-155
Gómez Carbonell, María
_____ «Clausura del V Congreso Cultural de Verano»   XV-31
Gómez Domínguez, Luis A.
_____ «Las ideas constitucionales del Padre Varela»   XVIII-57
_____ «Levi Marrero: el hombre y la obra»   XXIII-22
_____ «El legado jurídico de la República»   XXXII-128
Gómez-Reinoso, Manuel
_____ «Jorge Mañach, biógrafo de Martí»   XIV-13
_____ «Palabras de homenaje a Dolores Martí de Cid»
(Testimonio)   XXIII-70

_____ «Oscar Fernández de la Vega: In Memoriam» XXXII-160
_____ «Jorge Mañach y el quijotismo, una meditación
del hispanismo» XXXVII-28
_____ «Justo de Lara: ingenio y arte de la crítica» XL-36
_____ «La poética de Gastón Baquero o el festín de
la imaginación» XLIV-140
_____ «José Martí y la naturaleza: estrato fundamental
de su pensamiento» XLVI-10

Gómez-Vidal, Oscar
_____ «La poesía como experiencia vital» VII-111

González, Fidel
_____ «Alberto Gutiérrez de la Solana, Abogado»
(Testimonio) XXVII-65

González, Pedro Blas
_____ «Florinda Álzaga: Filosofía, personalismo
y trascendencia» XXXIII-78
_____ «La filosofía como creación ecléctica vital» XXXIV-213
_____ «Julián Marías: La antropología metafísica
y el significado de la vocación filosófica» XXXVI-168
_____ «Borges: filósofo de la imaginación y el tiempo» XI-63
_____ «La inmortalidad del alma en el cuento
"El fantasma" de Enrique Anderson Imbert» XLI-204
_____ «Baltasar Gracián: la literatura y la máxima
como expresión existencial» XLII-45
_____ «La filosofía y la inmortalidad en *Del sentimiento
trágico* de la vida, de Unamuno» XLIII-152
_____ «Nicolás Gómez-Dávila: la sabiduría contra
el modernismo» XLIV-159
_____ «Conciencia y virtud en *Las Ratas* de
Miguel Delibes» XLVI-128

González-Cruz, Luis F.
_____ «Martín Fierro: escritura y significado» XX-137
_____ «Lo cubano y lo universal en el teatro de
Julio Matas» XXVI-87
_____ «Cervantes, entre la novela y el teatro» XXXV-35
_____ «Lo afrocubano en tres obras dramáticas:
La navaja de Olofé, El hijo de Tadeo Rey y
Rapsodia en rojo y blanco» XXXVII-9
_____ «Alegorías cósmicas en la novela *Allá donde
los ángeles vuelan* de J.A. Albertini» XL-186

  _____ «Virgilio Piñera en el ojo de la tempestad»   XLII-85
González Núñez, Gabriel
  _____ «El puñal» (Cuento)   XXXVIII-199
González Pérez, Armando
  _____ «Realidad y mito en la poesía afrocubana de
  Pura del Prado»   XXVI-166
Granados, Rigofredo
  _____ «El universo del discurso místico»   XXXIII-233
Guerrero, María Luisa
  _____ «Dignidad y deber: dos constantes en la vida
  de Elena Mederos»   XXX-20
Guigou, Alberto
  _____ «La piruja» (Cuento)   XXX-223
Gurtwitz, Víctor
  _____ «Fidelísimo amor paternal» (Cuento)   XXXVI-168
Gutiérrez, Mariela A.
  _____ «Lydia Cabrera: *Iyaloricha* centenaria del
  universo afrocubano»   XXX-9
  _____ «Elementos lingüísticos afronegroides que
  han hecho tradición en el habla de Cuba»   XXXI-108
  _____ «Lydia Cabrera: cuentos libertarios para
  el centenario»   XXXII-175
  _____ «Josefina Leyva: la equívoca minusvalía
  de Lily del Campo»   XXXIV-161
  _____ «José Martí: amor devoto a la patria
  y a su América»   XXXV-62
  _____ «Ncharriri, monstruo enamorado del bestiario
  cabreriano»   XXXVI-54
  _____ «La mulata del Nuevo Mundo: Estereotipo
  paradigmático»   XXXVII-17
  _____ «La metafísica de la moral en *Isolda en el
  espejo* de Rosario Ferré»   XXXVIII-136
  _____ «La poética de Ángel Cuadra: senderos de
  pasión patria»   XXXIX-141
  _____ «Concepción Alzola: Leyendas de su Cuba,
  La más fermosa»   XL-80
  _____ «Marisol Mayor Marsán: Aproximación a
  los *leimotivs* de su cuentística»   XLI-133
  _____ «Luis de la Paz: Rituales y desgarros de *Un
  verano incesante*»   XLII-154

«Semblanza de la Avellaneda: voz del
romanticismo hispano y precursora del
feminismo literario moderno»   XLIII-29
«Fragmentación e histeria en *La canción
de la Dra. Fanny* de Josefina Leyva»   XLIV-108
«La labor del Dr. Elio Alba Buffill como exégeta
del pensamiento cubano e hispanoamericano»   XLV-25

Gutiérrez Kann, Asela
«Toni Wolff y su definitiva clasificación de la
psiquis femenina»   XVIII-231
«Formación, carácter y legado de un gran
maestro: Juan Fonseca»   XXIII-98

Gutiérrez Laboy, Roberto
«Los poemas de amor de Pablo Le Reverend»   XXI-99

Gutiérrez de la Solana, Alberto
«Vigencia del pensamiento martiano»   V-49
«Literatura y criminalidad: Yago y Celestina»   VII-81
«Novelística cubana: dédalo de soledad y terror»   XII-17
«In Memoriam de Lino Novas Calvo (Apertura
del XXI Congreso Nacional del CCP)»   XIII-7
«Literatura y psicología. *El bebedor de
lágrimas* de Alfonso Hernández Catá»   XV-41
«In Memoriam de Humberto Piñera Llera»   XVI-131
«Literatura y destierro: una carta inédita de
José Antonio Saco»   XVII-97
«Rubén Darío: tiempo y palabra»   XVIII-95
«*Romancero de la invasión*: epopeya de la
guerra cubana de independencia»   XIX-109
«Lino Novas Calvo: literatura de congoja
y opresión»   XX-95
«Rubén Darío: la voz presente y ausente en el
quingentésimo aniversario del descubrimiento
de América»   XXI-141
«1834: Consideraciones del Coronel Flinter
sobre España y sus colonias»   XXII-79
«Héroes y antihéroes en la literatura y la
historia hispanoamericanas»   XXIII-144
«Reflexiones en torno a La Habana en 1900
según Albert J. Norton»   XXIV-168

_____ «La inmarcesible palabra de José Martí en la prensa continental»	XXV-159
_____ «El soñar despierto de Levi Marrero»	XXVI-19

Gutiérrez-Vega, Zenaida.

_____ «Ideario de José María Chacón y Calvo»	X-19
_____ «Trayectoria del polígrafo cubano Fernando Ortiz»	XI-47
_____ «La experiencia poética de la guerra en Carmen Conde»	XV-135
_____ «Clausura del XXVI Congreso Anual del Círculo de Cultura Panamericano»	XVIII-19
_____ «Palabras de presentación del homenaje a Dolores Martí de Cid»	XXIII-66
_____ «Palabras en Memoria de Oscar Fernández de la Vega» (Testimonio)	XXXII-164
_____ «Adiós a José Olivio Jiménez»	XXXIV-21
_____ «Apertura del XXV Congreso Cultural de Verano del Círculo de Cultura Panamericano»	XXXV-32
_____ «Palabras en la Sesión de Apertura en reconocimiento a la obra de Carlos Ripoll»	XXXVI-27

Hahn, Hannelore

_____ «*Metamorfosis* ((Die Verwandiung) de Franz Kafka y *El túnel* de Ernesto Sábato»	XIV-80

Hart, Mercedes

_____ «Un gran valor humano» (Testimonio – Gutiérrez-Vega)	XXIX-63

Henríquez, Enrique C.

_____ «Un recuerdo personal de César Vallejo»	VIII-71

Hernández Chiroldes, J. Alberto

_____«La poesía de Martí y su vida matrimonial: influencias y relaciones»	XI-61

Hernández-Miyares, Julio

_____ «Carlos M. Raggi y Ageo»	V-15
_____ «Apuntes sobre *La vieja Rosa*: una noveleta de Reinaldo Arenas»	XI-7
_____ «El Círculo de Cultura Panamericano en su vigésimo quinto aniversario»	XVII-59
_____ «Lydia Cabrera: presencia y significación en las letras cubanas»	XVIII-129

_____ «Julián del Casal y sus *Hojas al viento*: cien
    años después»   XX-115
_____ «*Adiós a mamá*: un libro inédito de
    Reinaldo Arenas»   XXI-77
_____ «Martí y la poesía de Julián del Casal: visión
    a distancia»   XXV-66
_____ «Acercamiento a la cuentística republicana
    (1902-1958)»   XXXII-39
_____ «Walter Rela: amigo del exilio» (Testimonio) XXXIII-55
_____ «Oscar J. Fernández de la Vega: Adiós al
    amigo y al maestro»   XXXIII-146
_____ «Carlos Ripoll y sus bromas literarias»   XXXVI-40
_____ «Armando Álvarez Bravo y su poemario
    A ras de mundo»   XXXVII-144
_____ «Carlos Ripoll: significación de su obra en la
    cultura cubana del exilio»   XLII-7
_____ «Juan Manuel Salvat: su intenso amor a la
    patria y a la cultura cubana»   XLIII-19

Hernández Morelli, Rolando
_____ «Noticias, lugar y texto de *Un niño en la
    Habana*, espécimen narrativo inédito de 1837» XV-79

Herrera Rodríguez, Roberto
_____ «La poesía de la guerra en Cuba»   VI-113
_____ «La poesía mulata de Emilio Ballagas»   X-93
_____ «La revolución cubana vista a través de un
    cuento de Lino Novas Calvo»   XIX-131
_____ «Innovación, técnica y originalidad de estilo
    en un cuento de Enrique Labrador Ruiz»   XXIII-132

Herrera, Rosa
_____ «Juan Rulfo: realidad y fantasía en su
    Pedro Páramo»   XI-71

Hiriart, Rosario
_____ «La experiencia viva en la ficción: Lydia
    Cabrera e Hilda Perera»   VIII-125
_____ «Imagen de Eugenio Florit desde su poesía» XII-97
_____ «Lydia Cabrera: perfil literario»   XVIII-133
_____ «José Olivio Jiménez: una aventura hacia el
    conocimiento»   XX-67
_____ «Aurelio de la Vega: poesía y color en
    pentagrama»   XXIV-56

   «Mito vs. la escritura y el hombre: José Martí»   XXV-51
   «Los entremundos de Hilda Perera»   XXVI-102
   «Ángel Gaztelu y la meditación de la
   noche cubana»   XXVII-11

Hoeg, Jerry
   «Sociología y psicoanálisis en *El Tajo* de
   Francisco Ayala»   XXXI-168
   «Evolución y narrativa»   XXXVIII-39

Hoeg, Jerry y Sáenz Rozalén, Vincent.
   «La Ciudad de las Artes y de las Ciencias.
   La ciudad dentro de la ciudad»   XXXVII-153

Ibaceta, Herminia D.
   «Luis Mario, poeta del amor»   XXX-38
   «Josefina Leyva y *Operación Pedro Pan*»   XXXIII-183
   «*La voz inevitable* de Ángel Cuadra: un
   testimonio histórico»   XXXIV-153
   «Onilda A. Jiménez y *La mujer en Martí*   XXXV-72
   «Acentos elegíacos en la poesía de Sara
   Martínez Castro»   XXXVI-152
   «El sentimiento motor en los versos de *Las
   joyas del caminante* de Rogelio A. de la Torre»   XL-161
   «*Nueve años – cinco días*: un testimonio
   histórico de Máximo Marrero»   XLIII-126

Inclán, Josefina
   «Una polifacética y transformista historia
   de Lydia Cabrera»   XXII-38

Jiménez, José Olivio
   «Hacia una interpretación de la expresividad
   literaria general: *La Teoría de la expresión poética*
   de Carlos Bousoño en su versión definitiva»   VI-7
   «Introducción a la poesía de Eugenio Florit»   VIII-7
   «José Martí y las 'Fiestas de la Estatua
   de la Libertad'»   XVI-73
   «Martí, Darío y la intuición modernista de la
   armonía universal»   XVIII-105
   «La universalidad de José Martí»   XXV-126
   «Elegía y sátira en la poesía de José
   Asunción Silva»   XXVI-117
   «La labor de investigación y docencia de
   María Soledad Carrasco Urgoiti»   XXIX-74

_____ «Esbozo de un retrato integral de Rosario
	Rexach» (Testimonio)	XXXI-25
Jiménez, Luis A.
_____ «La teoría novelística de José María Heredia»	XXII-61
_____ «El retrato verbal de Juana Borrero en *Bustos*
	de Julián del Casal»	XXIII-79
_____ «El autorretrato de Martí a través del arte
	de la epistolografía»	XXV-36
_____ «Dibujando el cuerpo ajeno en 'Siluetas
	femeninas' de Juana Borrero»	XXVI-73
_____ «Adelaida del Mármol, rescatando a la poeta
	creadora del jardín cubano en el siglo XIX»	XXVIII-155
_____ «Espacio geográfico en la poesía de
	Dulce María Loynaz»	XXXII-192
_____ «*Ut architectura poesis* en la obra de
	Julián del Casal»	XXXIV-86
_____ «Sujeto, nación, posmodernidad: *Los balseros*
	de la libertad de Josefina Leyva»	XXXV-122
_____ «Narrando el viaje en *Un paseo por Europa*
	de Aurelia Castillo»	XXXVI-126
_____ «Ilustrando la metropoética en *Entre los*
	rostros de Tailandia de Josefina Leyva»	XXXVII-119
_____ «Duelo, melancolía y luto poético en la obra
	de Luisa Pérez de Zambrana»	XXXVIII-60
_____ «La cultura del niño en *La baranda de oro* de
	Gladys Zaldívar»	XXXIX-125
_____ «Una lectura metapoética y metalingüística de
	Nunca de mí te vas de Matías Montes Huidobro»	XL-115
_____ «Entre la cárcel y el exilio en la poesía
	de Ángel Cuadra»	XLI-28
_____ «Dos retratos poéticos en *Rumores de suburbio*
	de Maricel Mayor Marsán»	XLII-130
Jiménez, Onilda A.
_____«Un nuevo fenómeno de la literatura cubana:
	la novela policial»	IX-93
_____ «Texto y contexto de *Los perros jíbaros*
	de Jorge Valls»	XV-99
_____ «La piedra de los veinticuatro ángulos» (Cuento)	XVIII-245
_____ «Cuba: elemento recurrente en la narrativa
	de Reinaldo Arenas»	XXI-89

_____ «Mis recuerdos de Alberto Gutiérrez de
la Solana» (Testimonio)   XVII-70
_____ «El protagonista de *Días ácratas* de
Alberto Guigou: un intento de análisis
psicológico»   XVII-163
_____ «Literatura y Exilio»   XXIX-147
_____ «Humberto Piñera y su ensayo sobre Fray
Luis de León»   XXX-113
_____ «José Corrales: abajo el telón»   XXXII-172
_____ «Alberto Guigou: 'La última página'»   XXXIII-104
_____ «La ambigüedad y lo demás en una obra
de José Corrales»   XXXIV-46

Johnson, Harvey L.
_____«Dedicación de Cid Pérez al teatro»   XII-67
_____ «Elementos tradicionales y modernos en el
concepto martiano de la mujer»   XXV-241

Jorge, Guillermo J.
_____ «Elogio al Profesor Adalberto Alvarado»
(Testimonio)   XXVIII-84

Josia, M. Vincenzo
_____ «Pablo Le Riverend y la poesía del destierro»   XII-89

Krasilousky, Roberto
_____ «La rueda» (Cuento)   XXVII-203

Labrador Ruiz, Enrique
_____ «Medio mundo en busca del otro»   X-7
_____ «Discurso de Clausura del XX Congreso
Anual del CCP»   XII-15
_____ «En homenaje a Rafael Esténger» (Clausura
del XXI Congreso Nacional del CCP   XIII-19
_____ «Palabras de Apertura del III Congreso
Cultural de Verano del CCP»   XIII-21
_____ «Balbucir el absurdo»   XV-143
_____ «Recordación. Apertura de la exposición de
la Memorabilia de Humberto Piñera Llera»   XVII-41

Lamadrid, Lucas
_____ «La encrucijada» (Cuento)   XI-119

Landa, Marco Antonio
_____ «Fábula de la barba absurda» (Cuento)   XXIII-182
_____ «Una nueva luz en el misterio del discutido
romance de Martí en Guatemala»   XXIV-154

  «Ensayos de afrocubanía. Acotaciones a *El*
  Monte y las Aguas de Mariela A. Gutiérrez»   XXXV-140
_____ «El tema de la emigración en la poesía de
  Rosalía de Castro»   XXXVIII-156

Lara, Rev. Dionisio de
_____ «Memorabilia filosófica de Humberto Piñera»   XVII-43
_____ «En torno al pensamiento filosófico de
  Varela del Dr. José I. Lasaga»   XVIII-91
_____ «Valor de la fe en el mundo actual»   XX-157
_____ «El pensamiento de Máximo Castro»   XXIV-133
_____ «Mercedes García Tudurí: filósofa»
  (Testimonio)   XXVI-38

Larcada, Luis Ignacio
_____ «Las relaciones internacionales del PEN
  Club de Escritores Cubanos en el Exilio»   XXXVIII-36

Lasaga, José I.
_____ «¿Aculturación o integración cultural?»   XIV-49
_____ «El análisis cuantitativo como un instrumento
  al servicio de la historia de la literatura. La vida
  y la obra de Rubén Darío»   XIX-137
_____ «1492: inicio de la etapa 'ecuménica' de la
  historia humana»   XXII-21
_____ «Leopoldo Barroso. *Ensayos sencillos. En torno
  a la poesía de José Martí*»   XXIII-191

Laucirica, Alberto
_____ «Homicidio o suicidio» (Cuento)   XXXI-194

Laucirica, Amparo
_____ «La cortina» (Cuento)   XXXIV-232

Lay Capestany, Amado
_____ «Una aproximación a *La ciudad y los perros*»   XIV-69

Le Riverend, Pablo
_____«El desalmado» (Cuento)   VI-125
_____ «El manco» (Cuento)   XI-117

Leeder, Ellen Lismore
_____ «Acercamiento a los cuentos de Uva Clavijo»   XXII-142
_____ «Los espacios interiores en *Jardín* de
  Dulce María Loynaz»   XXXII-185
_____«Ideal patrio y realismo histórico
  en *El pez volador*»   XXXVIII-101

      _____ «Rastros existenciales en la poesía de
Gladys Zaldívar»　　　　　　　　　　　　XXXIX-135
_____ «Versatilidad y presencia de patria en la obra
de Concepción Teresa Alzola»　　　　　　XL-75
_____ «Universalidad y estilo en el teatro de
Maricel Mayor Marsán»　　　　　　　　　XLI-145
_____ «Vigencia de Patria en *Tiempo vencido* de
Luis de la Paz»　　　　　　　　　　　　　XLII-168
_____ «Arte y versatilidad en la poesía de Gertrudis
Gómez de Avellaneda»　　　　　　　　　　XLIII-41
_____ «Afán de libertad en la obra literaria de
Josefina Leyva»　　　　　　　　　　　　　XLIV-134
_____ «Esther Sánchez-Grey Alba y su trayectoria
literaria»　　　　　　　　　　　　　　　　XLV-105

León, Julio A.
_____«El mester de juglaría africano»　　　　　　VII-123

León, René
_____«Breve historia del Guaguancó»　　　　　　VI-121
_____ «Hechos desconocidos sobre los estudiantes de
medicina fusilados el 27 de noviembre de 1871»　XIV-162
_____ «La captura del barco *Virginius* en 1873,
por los españoles»　　　　　　　　　　　　XXVII-178
_____ «Cuba: de la colonia a la República»　　　　XXVIII-38
_____ «Francisco Vicente Aguilera, el patricio olvidado»　XXIX-198

Levy, Fortuny
_____ «Colores» (Cuento)　　　　　　　　　　　XXVI-219
_____ «Carambola» (Cuento)　　　　　　　　　　XXVII-209

Leyva, Josefina
_____ «Martí en dos dimensiones de su epistolario:
las cartas a María Mantilla y a Manuel
Mercado»　　　　　　　　　　　　　　　　XXV-27
_____ «Reflexiones sobre varios sonetos de
Rubén Darío»　　　　　　　　　　　　　　XLI-67
_____ «Marcos Aguinis entre el infierno y el edén
en su novela *Asalto al paraíso*»　　　　　　XLII-182
_____ «El destino de Tula»　　　　　　　　　　　XLIII-66
_____ «Cervantes ¿defensor o enemigo de
la mujer en *Don Quijote?*»　　　　　　　　XLIV-25

«El deseo y la tentación en *La novela del Curioso Impertinente* de Cervantes»	XLV-149
«Marcos Aguinis ante el atroz encanto de ser argentino»	XLVI-112

Lichtblau, Myron L. (Traductor)

«A Bum» (A story by Lino Novas Calvo)	IX-113

Lolo, Eduardo

«Otra vez el día»	XXI-133
«F.R.Krautzwald, E. de Laboulaye y José Martí: venturas y aventuras de una traducción»	XXV-235
«Rosario Rexach: pedagogía y literatura rumbo al tiempo cierto»	XXXI-9
«Martí en inglés»	XXXIII-12
«Platero, tú, yo y ellos»	XXXIV-204
«*Cuentos de la selva* de Horacio Quiroga: la "otra" dicotomía Civilización vs. Barbarie»	XXXV-151
«José Martí en la obra de Carlos Ripoll»	XXXVI-28
«Los pintores en José Martí y José Martí en los pintores»	XXXVII-47
«Cuba en la obra de Carlos Ripoll»	XXXVIII-18
«Personas y personajes infantiles en la obra de José Martí»	XXXIX-7
«Mariel: Los poetas de la pesadilla»	XL-143
«La obra póstuma y el legado de Carlos Ripoll (1922-2011)»	XLII-12
«Lo universal de la Universal»	XLIII-23
«La palabra frente al espejo: incidencias, infidencias y coincidencias en la adaptación del texto literario»	XLIV-75
«*La Edad de Oro* de José Martí: Crónica de una edición crítica presentida»	XLV-92

López Cruz, Humberto

«Reinaldo Arenas y el discurso del silencio en *Celestino antes del alba*»	XXVI-158
«*Francisco*, de Suárez Romero: deseo y poder dentro de una novela antiesclavista cubana»	XXVIII-147
«Gertrudis Gómez de Avellaneda y su exaltación a la libertad»	XXIX-211
«La ensayística crítica de Gladys Zaldívar»	XXX-123

_____ «La contemporaneidad político-social en
un cuento de Amelia del Castillo»　　　　　　XXXIII-200
López Isa, José
_____ «Apertura del XXVI Congreso del CCP»　　XVIII-11
_____ «Alberto Gutiérrez de la Solana en mi
recuerdo» (Testimonio)　　　　　　　　　　　XVII-79
_____ «La educadora en Rosario Rexach»
(Testimonio)　　　　　　　　　　　　　　　　XXXI-21
_____ «Palabras de Clausura del X Congreso Anual»　XXXII-168
_____ «El educador en Walter Rela» Testimonio)　XXXIII-54
López Lahera. Javier
_____ «El ojo de buey» (Cuento)　　　　　　　　XXXIII-245
Loza Aguerrebere, Rubén
_____ «Borges en Uruguay: "Considéreme un sueño"»　XXXVI-103
Lozano-Renieblas, Isabel
_____ «La aventura literaria de María Soledad Carrasco
Urgoiti a través de sus ensayos y artículos»　XXIX-82
Lugo Nazario, Félix
_____ «La estructura ausente en *Celestino antes
del alba*»　　　　　　　　　　　　　　　　　　XXI-53
_____ «Sentido y función del mito de Jasón en
El arpa y la sombra»　　　　　　　　　　　　XXIV-99
Madrigal, José Antonio
_____ «El discurso primitivista en las obras de
colonización de Lope de Vega»　　　　　　　XX-147
_____ «Metaphore as an Art Form: a reflection»　XXI-163
_____ «El choteo: José A. Ramos ante Jorge Mañach»　XXIV-201
_____ «A New Historicism: Observation»　　　　XXVI-242
Madrigal, José A. y Marco Antonio Ramos.
_____ «Tres cuestiones sobre la isla de Cuba: (1869)
de José García de Arboleya: una revalorización
ciento treinta años más tarde»　　　　　　　　XXX-86
Madurka, Zenaida
_____ «La música del marginado: lenguaje de resistencia
en dos cuentos de Lino Novas Calvo»　　　　XXXIV-143
Maduro, Grisel
_____ «El espacio utópico y el porvenir en dos novelas
de Edgardo Rodríguez Juliá»　　　　　　　　XLV-111
Marbán, Jorge A,

"El *Morsamor* de Valera: sublimación del
desengaño"   X-69
"Técnicas narrativas y perspectivas temporales
en *La isla de Robinson* de Uslar Prieto"   XV-109
"*En mi jardín pastan los héroes*: imágenes
oníricas de la marginación de una
intelectualidad disidente"   XX-103
"Tres facetas en la obra poética de José Rubinos"   XXVII-128
"Narciso López en la poesía cubana patriótica
del ochocientos"   XXXII-232
"Bringuier y Vázquez Montalbán, dos
acercamientos novelísticos al magnicidio
de Kennedy"   XXXIII-215
"Cervantes y Shakespeare: convergencias y
diferencias en dos genios literarios"   XXXV-43
"Jorge Mañach: calas psicológicas y literarias
en dos ensayos de identidad nacional"   XXXVII-87
"Los Loynaz, vida, carácter y orientación poética
en una familia original"   XXXVIII-84
"Martí, Camba y Uslar Pietri: tres originales
enfoques ensayísticos a la ciudad de
Nueva York"   XXXIX-60
"Historia, intertextualidad y mitología
afro-sino-cubana en *Como un mensaje tuyo'*
de Mayra Montero"   XL-190

Mario, Luis
"Cuba: Modernismo pleno con Agustín Acosta"   XVI-37
"A los cien años de *Azul...*"   XVIII-123
"En las redes de los versos de Mercedes
García Tudurí" (Testimonio)   XXVI-33
"Un hombre martiano" (Testimonio –
Adalberto Alvarado)   XXVIII-86
"Arístides Sosa de Quesada: el poeta cordial"   XXXI-95
"El florecer de versos en la prosa de Martí"   XXXVI-79
"Martí en Darío y Nicaragua en Martí"   XL-28
"Semblanzas martianas"   XLI-19

Marqués, Sarah
"Luisa Pérez de Zambrana: elegíaca cubana"   X-105

Márquez Sterling, Carlos
"La Junta Revolucionaria de Nueva York (1869)"   XVII-81

353

Márquez Sterling, Manuel
_____ «Carlos Márquez Sterling: una voz en el
desierto (1952-1958)»   XXVIII-16
Martí, Jorge Luis
_____ «Mocedad de Jorge Mañach»   VII-33
Martí de Cid, Dolores
_____ «Comparación estilística de *Fidelia* y *La vuelta
al bosque* (De Juan Clemente Zenea y Luisa
Pérez de Zambrana)»   X-57
_____ «Trascendencia de Hispanoamérica»   XIII-11
_____ «El mundo fragmentado, gaseiforme y
solidificado de Labrador Ruiz»   XIV-41
_____ «El teatro hispanoamericano: prehistoria,
historia y vislumbre de futuro»   XVII-71
_____ «Semblanza de Roberto D. Agramonte»   XIX-35
_____ «Reconocimiento a las bibliotecarias de la
Colección de Libros Cubanos de la
Universidad de Miami»   XX-45
_____ «El teatro hispanoamericano: raíz india y
tronco polifacético»   XXI-151
Martín, Ivonne
_____ «Retroceso» (Cuento)   XXIX-231
Martínez, Guillermo
_____ «Presencia de la mitología cubana Mayor en la
cuentística de Ramón Guirao:el güije y el jigüe» XXXVIII-108
Martínez, Luis
_____ «Las dos alas de la poesía herediana» XIX-9
_____ «Los *Versos sencillos*, autobiografía espiritual
de José Martí»   XXVI-142
Martínez Castro, Sara
_____ «Mercedes García Tudurí, la maestra»
(Testimonio)   XXVI-31
_____ «Adalberto Alvarado y su pasión por Cuba»
(Testimonio)   XXVIII-82
_____ «La poesía patriótica de Luis Mario»   XXX-45
Martínez Espinosa, Hernando
_____ «En busca del libro de arena» (Cuento) XXVIII-189
Martínez Paula, Emilio
_____ «Martí y la letra de molde»   XXV-150

_____ «Alberto Gutiérrez de la Solana, el ámigo sincero,
que nos da su mano franca» (Testimonio)   XXVII-67
_____ «Comentarios de un Académico recién estrenado» XXVIII-186

Marval de McNair, Nora de
_____ «El sainete porteño y el teatro menor de
Florencio Sánchez»   VI-67
_____ «Adolescencia y hechizo en el mundo literario
de Beatriz Guido: Tres variaciones en torno
a un mismo tema»   X-29
_____ «'El Evangelio según Marcos', según Borges»   XXIV-63

Matas, Julio
_____ «Teatro cubano del exilio»   XX-73
_____ «Poesía y contingencia: Luis F. González-Cruz»   XXII-132
_____ «Reconocimiento de la poesía de Eugenio Florit»   XXIII-31
_____ «Los poemas cubanos de Alberto Baeza Flores»   XXVIII-101
_____ «Sobre la gestación de *Tres tristes tigres* de
Guillermo Cabrera Infante»   XXXVI-7

Mayor Marsán, Maricel
_____ «La importancia del libro *Folklore del niño
cubano*, de Concepción T. Alzola»   XL-92
_____ «*Chiquita:* testimonio, realidad y ficción en la
novela histórica de Antonio Orlando Rodríguez»   XLII-175
_____ «Represión, manipulación y doble discurso en
algunos de los personajes de la novela *Los
amores y desamores de Camila Candelaria*
de Gerardo Piña Rosales»   XLIII-166
_____ «El drama del exilio como epicentro en la
historia del siglo XX en la novela *Otra vez
adiós* de Carlos Alberto Montaner»   XLIV-102

Medina, Myra M.
_____ «La trascendencia de Maricel Mayor Marsán
como editora de la *Revista Literaria Baquiana*»   XLI-161
_____ «*Antes de ser libres:* voces de la memoria colectiva
dominicana en la novela de Julia Álvarez»   XLII-203

Méndez, Jesús
_____ «La Institución Hispanocubana de Cultura»   XVII-107

Merino, Eloy G.
_____ «La puerta» (Cuento)   XXIV-214
_____ «Explorando lo *camp* en Julián del Casal»   XXXIV-76
_____ «Musidisíacos» (Cuento)   XXXVII-194

Milan, William G.
_____ «Alberto Guigou's *Bruno*: portrait of a
Transition»   XIV-79
Miranda, Raúl
_____ «La bisagra entre el aquí y el allá: Octavio Paz
y la libertad del arte»   XXXIV-192
Monge Rafuls, Pedro R.
_____ «José Corrales: un buen ejemplo de la
dramaturgia cubana en el exilio»   XXVII-89
_____ «El teatro cubano en el exilio a través
de tres siglos»   XXXIV-55
Montes Huidobro, Matías
_____ «Círculo y fuga en la poesía de Ángel
Cuadra Landrove»   VI-89
_____ «Itinerario del Ebó»   VIII-105
_____ «Riqueza verbal de *Abril es el mes más cruel*» XIII-97
_____ «El cubismo expresionista de una alucinación
lírica: el caso de *El laberinto de sí mismo* de
Enrique Labrador Ruiz»   XXXII-210
Muller, Francisco Javier
_____ «La filosofía en la República de Cuba»   XXXII-86
Muñoz, Raúl
_____ «Trasmutación de la moral picaresca en
Hijo de ladrón»   XVI-109
Natella, Arthur A.
_____ «Consideraciones sobre la estilística de Pedro
Prado en *Alsino*»   XIII-73
Núñez, Ana Rosa
_____ «Eugenio Florit: retrato de un poeta»   XX-7
Obrador, Gina
_____ «Aquí siempre es veintiséis» (Cuento)   XII-115
_____ «Algo sobre el programa bilingüe»   XXII-149
Oria, Tomás G.
_____ «El ideal krausista de la vida como razón que
separa la obra de Martí del modernismo»   XXV-95
Origlieri, Anthony
_____ «Daniel Serra Badué» (Testimonio)   XXVII-107
Ortiz, Oscar F.
_____ «La culpa fue de Hammett» (Cuento)   XXXVI-180

Ortuzar-Young, Ada
_____ «La evolución del protagonista en la novelística
de Carlos Loveira» XII-83
Ossers, Manuel A.
_____ «El dictador Trujillo y las mujeres en la
cuentística de Nayla Chehade» XLIII-118
_____ «Dos épocas, dos perspectivas y una religión:
proyección religiosa en la literatura española» XLV-135
Paz, Luis de la
_____ «*Luces y sombras de Cuba:* clara visión sobre
la Isla y su destino» XXXVII-149
_____ «El teatro de Raúl de Cárdenas en cuatro
obras escogidas» XLI-92
Pau-Llosa, Ricardo
_____ «Aurelio de la Vega y la Imaginación cubana» XLVI-7
Peinado, Fermín
_____ «Presentación de la obra póstuma de Humberto
Piñera Llera, *Sartre y su idea de la libertad*» XIX-71
Pentón, Evelio
_____ «Recordando a Aguayo» VI-65
Peñalver, Rafael
_____ «El Instituto San Carlos: historia y restauración
de un símbolo de Cuba» XLI-8
Perdigó, Luisa María
_____ «La reciente poesía pura en la obra de
Eugenio Florit» XVI-101
Perera, Ana María
_____ «Simón Bolívar, el estadista» XXIX-135
Perera, Hilda
_____ «'La Habana intacta de Lydia Cabrera» XIII-33
Pérez, Jorge Antonio
_____ «Adelina, bella y transparente» (Cuento) XXXI-194
_____ «En el fugaz límite del silencio» (Cuento) XXXV-197
_____ «De Gladys Zaldívar, *La baranda de oro* en
su dominio estético» XXXVII-137
_____ «Soledad renovadora, conciencia y desafío en la
poesía de Sara Martínez Castro» XXXIX-107
_____ «Estilo, concepto y creatividad en la poética de
Maricel Mayor Marsán» XLI-153

Pérez, María E.
_____ «Lizardi y su obra» VI-47
Pérez Rivera, Marcia
_____ «Los retos del pánico en Virgilio Piñera» XXXVII-102
_____ «Guillermo Cabrera Infante: coordenadas
insulares» XXXIX-170
_____ «Jorge Edwards entre la biografía y la ficción
en *La casa de Dostoiesvki*» XLI-210
Perricone, Catherine E.
_____ «The Poetic Character of Claudia Lars» IX-47
Perry, Leonard T.
_____ «The Positive Criticism in the *Artículos
Costumbristas*» IX-17
_____ «Larra's View of the Middle Class as Perceived
Through His *Artículos costumbristas*» XI-93
_____ «El neoclasicismo, una evaluación por Larra en
su *Don Timoteo o el literato*» XVI-113
Perry Upton, Elizabeth
_____ «'Vestíbulo', 'Salomé' y 'La aparición' de Julián
del Casal» XX-123
Piña Rosales, Gerardo
_____ «*Escurriduras de la soledad* y *El libro de las
interferencias,* últimos poemarios de
Rafael Bordao» XXVII-135
_____ «El 98 y el descubrimiento del paisaje español» XXVIII-25
_____ «La poesía existencial y visionaria de
José Corrales» XXIX-97
_____ «*Los sonetos de la muerte* (trascendida), de
Odón Betanzos Palacios» XXXI-45
Piñera, Estela
_____ «Nota de agradecimiento» XVII-37
_____ «Testimonio de reconocimiento» XIX-81
_____ «En torno a la vida y la obra dramática de mi
padre, Ramón Sánchez Varona» XXIII-114
Piñera, Humberto
_____ «Filosofía e independencia» VIII-27
_____ «En torno a Jacques Maritain» XI-25
_____ «Ortega y Gasset: 'rigor' y 'decir'» XIII-39
_____ «Enrique Labrador Ruiz: patriarca de las
letras cubanas» XIV-57

    _____ «Hernández Catá y la 'mitología' de Martí»   XV-9
    _____ «Algunos comentarios sobre la poesía»
    (Fragmento de un prólogo a un poemario
    inédito de Ulises Prieto)   XVII-21

Pollin, Alice M.
    _____ «México y Cuba en los escritos polémicos de
    Adolfo Llanos y Alcaraz»   VI-81

Pollin, Burton R.
    _____ «Illustrations for Poe's Works in Spanish
    Translation»   VIII-91

Porto, Heriberto del
    _____ «La decadencia de la aristocracia española y
    su reflejo en la literatura»   XII-43

Portuondo, Aleida T.
    _____ «Vigencia política y literaria de Martín
    Morúa Delgado»   IX-101

Prats Sariol, José
    _____ «Diana en las dianas»   XLI-126

Puello, Andrés D.
    _____ «Recordando a Rubén Darío Rumbaut»
    (Testimonio)   XXXIII-116

Puente Díaz, Cirilo
    _____ «Güije» (Cuento)   XXI-165
    _____ «El momento esperado» (Cuento)   XXIV-219

Pujalá, Grisel
    _____ «Pensamiento y estructura de *El prisma de la
    razón* de Armando Álvarez Bravo»   XXII-127

Punal Monert, Lourdes
    _____ «Las cartas que nunca llegaron» (Cuento)   XXXVIII-190

Quintana, Nicolás
    _____ «La arquitectura y el urbanismo en la
    república cubana»   XXXII-135

Quintanar, Carla
    _____ «El que no se muere, se mete a rumbear
    para siempre» (Cuento)   XXXIII-256

Raggi, Ana H.
    _____ «Ficha Bio-bibliográfica del Dr. Carlos M.
    Raggi y Ageo»   V-123
    _____ «José Martí y las mujeres que lo amaron»   VI-97

_____ «Varias vidas» (Cuento)   IX 123
_____ «Plácido. Poeta plástico»   XXII -90
Raggi, Carlos
_____ «Tendencias en la poesía de hoy: 1960-1975»   V-113
Ramírez, Álister
_____ «Mi maestra de literatura» (Testimonio – Gutiérrez-Vega)   XXIX-61
_____ «Andrés Bello (1781-1865): el crítico»   XXXIV-182
_____ «Perspectivas de la nueva novela histórica latinoamericana. *Ema, la cautiva* (1981) de César Aira»   XXXVII-161
_____ «Prosa mistraliana: artículos de Gabriela Mistral en *Gabriela anda por el mundo*»   XL-68
Ramos, Marcos Antonio
_____ «Leopoldo Marechal como novelista cristiano»   VIII-143
_____ «Dionisio de Lara y su contribución al pensamiento en Cuba»   XXIX-17
_____ «Los estudios históricos en la República»   XXXII-124
_____ «Rosario Rexach, una cubana extraordinaria»   XXXIII-95
_____ «Luis J. Botifoll: pasión por la cultura cubana»   XL-7
Rasco, José Ignacio
_____ «Humberto Piñera Llera: pensamiento y cubanía»   XIV-35
_____ «¿Fue Martí político?»   XXV-112
_____ «José Ignacio Lasaga: un personaje singular»   XXIX-22
_____ «Luis Botifoll: retrato de un caballero cubano»   XXXIV-70
_____ «Imagen y trayectoria de Octavio R. Costa en la cultura cubana»   XXXVI-23
Rela, Walter
_____ «Horacio Quiroga: ejemplo de profesión literaria»   XI-31
_____ «Palabra viva de dos poetas ejemplares (Jorge Luis Borges y Octavio Paz)»   XII-7
_____ «Herrera y Reissig: de la sencillez bucólica a la alucinación hermética»   XVI-51
_____ «Semblanza de Juan Carlos Gómez por Martí»   XX-51
_____ «Martí plenipotenciario del Uruguay ante la Conferencia Monetaria Internacional (Washington, D.C. marzo de 1891)»   XXV-190
_____ Mensaje del Dr. Walter Rela por el homenaje a su obra (Carta)   XXXIII-69

_____ «Dos grandes de América: Rodó y
Henríquez Ureña» XL-58
Remos, Ariel
_____ «Juan J. Remos: perspectiva filial» XX-33
_____ «Mercedes García-Tudurí» (Testimonio) XXVI-36
Rexach, Rosario
_____ «La estructura de los ensayos de Jorge Mañach» VII-9
_____ «Nostalgia, vocación y obra en el Padre Varela» XVIII-75
_____ «La obra crítica de Enrique Piñeyro» XX-85
_____ «Las raíces y su integración en la obra de
Jorge Mañach» XXI-33
_____ «La hazaña de Colón y su sentido para el mundo
hispánico» XXII-9
_____ «El Círculo de Cultura Panamericano y sus
treinta años de servicio a la cultura hispánica» XXIII-9
_____ «Roberto Agramonte: maestro y ejemplo» XXIV-27
_____ «El periodista que fue José Martí: cómo se gestó» XXV-169
_____ «Heredia como crítico literario» XXVI-149
_____ «Homenaje a José A. Saco. Comentario a su
Historia de la esclavitud» XXVII-57
_____ «La descripción en la prosa de Jorge Mañach» XXVIII-129
_____ «Jorge Luis Martí y su obra *El periodismo
literario de Jorge Mañach*» XXIX-185
_____ «Jesús Castellanos un heterodoxo-ortodoxo» XXX-105
Ripoll, Carlos
_____ «Martí: romanticismo e idioma» IX-7
Rivera, Frank
_____ «La mujer de arriba» (Cuento) XXVII-195
Robb, Anthony J.
_____ «Soy tu Juana: La idolatría hiperbólica de Juana
Borrero en sus cartas a Carlos Pío Uhrbach» XXXVI-116
Rodríguez, Alberto
_____ «Sobre la imaginativa en los diálogos
del *Quijote*» XXX-184
_____ «Algunos aspectos didácticos en *De los nombres
de Cristo* de Fray Luis de León» XXXIII-224
Rodríguez, Mayra
_____ «La Giraldilla» (Cuento) XXXIV-238
Rodríguez Florido, Jorge J.

_____ «El negro y el problema racial en la obra
de Ciro Alegría»　　　　　　　　　　　XIX-159
Roig Fresquet, Matilde
_____ «Apuntes sobre *Cecilia Valdés* y *Quiéreme
mucho*»　　　　　　　　　　　　　　XXXIII-137
_____ «Un siglo de "Quiéreme mucho" de
Gonzalo Roig»　　　　　　　　　　　　XLI-99
Román, Monseñor Agustín
_____ «El Padre Félix Varela, siervo de Dios»　　XVIII-25
_____ «La personalidad de Amalia V. de la Torre»　XXXIX-38
Romeu, Raquel
_____ «Otra vez Juana: mujer y poeta»　　　　　XXVI-65
_____ «La novela cubana en la República»　　　XXXII-48
_____ «'Desde el manglar': culminación de cuatro
siglos de violencia en el Caribe»　　　　XLI-180
Romero, Alberto
_____ «Mi papá» (Cuento)　　　　　　　　　　XXX-233
Romero, Héctor R.
_____ «Desconstrucción constructiva del lenguaje de
los signos en *Escuadra hacia la muerte* de
Alfonso Sastre»　　　　　　　　　　　XXIV-187
_____ «*El reino de este mundo* frente a la crítica
literaria: comentarios»　　　　　　　　XXXV-105
_____ «El hombre, el niño y el mar» (Cuento)　　XXXVIII-186
_____ «El hambre, como móvil narrativo en *El hombre,
la hembra y el hambre* de Daína Chaviano»　XXXIX-162
Rosa, William
_____ «El narrador-niño en *Había una vez y dos
son tres* de Juan A. Ramos»　　　　　　XVII-123
Rovirosa, Dolores
_____ «María Gómez Carbonell y una familia
excepcional»　　　　　　　　　　　　XVIII-171
_____ «Rosario Rexach: una mujer cubana de su
tiempo y mucho más»　　　　　　　　XXXIII-91
Rozencvaig, Perla
_____ «*El portero* de Reinaldo Arenas: tribulaciones
de un oficio equivocado»　　　　　　　XXI-61
Rumbaut, Carucha

_____ «Mi hermano, mi personaje inolvidable»
(Testimonio) XXXIII-111
Ruso-Aragonez, Marisa
_____ «Lo real y lo fantástico en *La caída* (1956)
de Beatriz Guido» XXXVI-108
Saa, Orlando E.
_____ «Un aspecto de la poesía de Pablo Le Riverend,
De un doble» XIII-105
_____ «Pablo Le Riverend: su hemisferio poético» XXI-107
_____ «José Martí: decencia, dignidad y decoro» XXV-258
_____ «Eugenio Florit: poeta de la ecuanimidad» XXIX-126
Salazar-Quintero, Martha
_____ «*Cuando queda el sueño:* poemas de Antonio
A. Acosta» XL-169
_____ «El mundo poético de Sergio Galán Pino: *En
las fronteras de la luz*» XLI-196
Salvat, Juan Manuel
_____ «José Ignacio Rasco, un apóstol de las letras» XL-10
Sánchez, Oneida M.
_____ «La evolución temática-estilística en la poesía
de Eugenio Florit» XXXI-28
_____ «Imágenes sensoriales, base del lenguaje poético
de Gabriela Mistral» XXXIX-19
_____ «El vacío emocional en la poesía de
Altagracia Saviñón» XL-43
_____ «Cuba, su intrahistoria en la poesía de
Josefina Leyva» XLI-60
_____ «La incertidumbre vital en Hilario Barrero
y Rosario Hiriart» XLIII-87
Sánchez, Reinaldo
_____ «Algunas consideraciones sobre las estructuras
temporales y simbólicas en *Los cruzados
de la aurora*» IX-87
_____ «Jesús Castellanos y la narrativa cubana del
novecientos» XIII-87
_____ «Ramón Ferreira: *Los malos olores de
este mundo*» XXVII-154
_____ «El discurso narrativo de Concha Alzola» XXXI-72
Sánchez, Siomara

　　　　「«Trayectoria y proyección de un sueño de
　　　　dimensión histórica»　　　　　　　　　　XLII-151
Sánchez Boudy, José
　　　　«La novela cubana del exilio: análisis a
　　　　vuelo de pájaro»　　　　　　　　　　　　VII-63
Sánchez-Grey Alba, Esther
　　　　«Clasicismo e historicidad de *La recurva* de
　　　　José Antonio Ramos»　　　　　　　　　　IX-63
　　　　«Un acercamiento a *Celestino antes del alba* de
　　　　Reinaldo Arenas»　　　　　　　　　　　　XI-16
　　　　«*Los siete locos* de Roberto Arlt»　　　　　XII-31
　　　　«El sentido poético de *La luna en el pantano* y
　　　　La luna en el río de Luis A. Baralt»　　　　XIV-61
　　　　«Función de títeres y espíritus en el teatro de
　　　　ideas de José Cid Pérez»　　　　　　　　　XV-85
　　　　«El teatro cubano del exilio»　　　　　　　XVI-121
　　　　«El teatro de José Cid Pérez: convergencia de
　　　　corrientes literarias»　　　　　　　　　　　XVII-63
　　　　«Las farsas pirotécnicas de Alfonsina Storni»　XVIII-205
　　　　«*Tiempo muerto* de Jorge Mañach: una cala en
　　　　la agonía cubana»　　　　　　　　　　　　XIX-83
　　　　«La 'realidad' en el teatro de Julio Matas»　　XX-77
　　　　«El teatro documento de Reinaldo Arenas»　XXI-67
　　　　«Importancia cultural de la revista teatral
　　　　Prometeo»　　　　　　　　　　　　　　　XXII-111
　　　　«Luis A. Baralt y la búsqueda del 'arte nuevo'»　XXIII-44
　　　　«El tema del desarraigo en el teatro de
　　　　Iván Acosta»　　　　　　　　　　　　　　XXIV-118
　　　　«Raíces introspectivas en el teatro de José Martí»　XXV-249
　　　　«José Cid Pérez. Trazos y rasgos de su
　　　　personalidad literaria»　　　　　　　　　　XXVI-133
　　　　«Universalidad y cubanía en el teatro de
　　　　Leopoldo Hernández»　　　　　　　　　　XXVII-115
　　　　«La obra de Virgilio Piñera, un hito en la
　　　　dramaturgia cubana»　　　　　　　　　　　XXVIII-50
　　　　«La voz del silencio en el teatro de José
　　　　Corrales»　　　　　　　　　　　　　　　　XXIX-105
　　　　«Variaciones del personaje idealista en el
　　　　teatro de José Antonio Ramos»　　　　　　XXX-95
　　　　«El teatro de títeres de Concepción Alzola»　XXXI-62
　　　　«El teatro en la Cuba republicana»　　　　　XXXII-57

   「El teatro de la revolución castrista ¿novedad
o imitación servil?»   XXXIII-162
_____ «Permanencia del mensaje del *Baltasar*
de la Avellaneda»   XXXIV-36
_____ «Raúl de Cárdenas y su monólogo martiano» XXXV-80
_____ «Sustrato ideológico del drama *Adúltera* de
José Martí»   XXXVI-71
_____ «*La Peregrina* de Raúl de Cárdenas, un
enfrentamiento ante la historia» XXXVII-110
_____ «Aporte del exilio cubano al teatro en los
Estados Unidos»   XXXVIII-74
_____ «*Éxodo sin Moisés* de Alberto Baeza Flores,
denuncia de la tragedia cubana en un
contexto universal»   XXXIX-83
_____ «La enhiesta voz literaria del presidio político
cubano en medio siglo de tiranía» XL-134
_____ «El teatro en Cuba, desde la República al
socialismo presente»   XLI-81
_____ «El eco del 'otro yo' en el teatro de José
Corrales»   XLII-93
_____ «Dolores Martí de Cid, dimensión americanista
de su ensayística»   XLIII-95
_____ «José Martí en su ámbito familiar» XLIV-53
_____ «La poesía de Ángel Cuadra: reflejo de una vida» XLV-72
_____ «Aspectos míticos en el teatro de Julio Matas» XLVI-79

Sánchez Torrentó, Eugenio
_____ «*Las Meninas* como protesta social» VII-105

Santamaría, Gloria
_____ «La modelo perfecta» (Cuento) VII-127
_____ «Juan Electrónico» (Cuento) X-123

Santiago, Héctor
_____ «¡Dios mío, que no me persigan las tataguas....!»
(Cuento)   XX-169
_____ «La loca de Hialeah» (Cuento) XXXVII-185

Saumell, Rafael E.
_____ «*El ángel agotado* y los demonios de la ira» XXX-153

Serra-Badue, Daniel
_____ «Martí y la luz»   XIV-7
_____ «A manera de explicación» XVIII-13

Siemens, William L.

365

_____ «La regeneración de Cuba en *Caminante sin luna* de Julio Hernández-Miyares»   XL-150

Simón, José G.
_____ «Desarrollo del arte dramático en España hasta la creación del teatro nacional»   IX-71
_____ «Teresa de la Parra, pionera del movimiento feminista»   XIV-85
_____ «María Luisa Dolz y la liberación de la mujer por la educación»   XVIII-199

Sims, Edna M.
_____ «Juan Ruiz y el arquetipo negativo de la mujer»   X-85
_____ «The Contemporary Theme of Women's Rights as a Motivating Tool for Teaching Spanish Language»   XXVI-194
_____ «Towards a More Complete Portrayal of Womankind»   XIX-165

Sosa de Quesada, Arístides
_____ «Gisela» (Cuento)   IX-127
_____ «Agustín Acosta y yo»   XVI-31
_____ «Al Dr. Adalberto Alvarado» (Poema)   XXVIII-88

Soto-Fernández, Liliana
_____ «La religión en *La nada cotidiana* de Zoé Valdés»   XXXV-132
_____ «Los personajes de dos cenas eucarísticas en la obra de Josefina Leyva»   XXXVIII-93
_____ «La vicisitud de la mujer cubana en el período especial»   XXXIX-154
_____ «El tema de la libertad en la narrativa de Josefina Leyva»   XLI-51

Soto Puig, Miguel
_____ «Fue un encuentro santo»   XII-93

Suarée, Octavio de la
_____ «La obsesión de la muerte, el uso de la máscara y la idea del suicidio: algunas observaciones sobre la prosa modernista de Julián del Casal»   VII-45
_____ «La cosmología de Giordano Bruno como posible fuente de la poesía de Cervantes en la primera parte de *El Quijote* (1605)»   XIII-161
_____ «José Martí y la 'acción afirmativa'»   XXV-184

_____ «Compensación artística en la poesía de
José Corrales» XXVII-96
_____ «Transformación y continuidad en la creación
lingüística de Alina Galliano» XXVIII-176
_____ «Cuarenta años de poesía cubana en Nueva York:
una revaluación» XXX-162
_____ «Miguel de Cervantes y William Shakespeare
a través del personaje 'Cardenio'» XXXV-52
_____ «De cárceles y agonías en la poesía de
Ángel Cuadra» XL-125
_____ «Saúl y Tula: dos héroes trágicos en el
drama cubano» XLIII-56
_____ «Notas sobre el budismo en *Entre los rostros
de Tailandia* de Josefina Leyva» XLIV-12
_____ «La crítica de Elio Alba Buffill sobre
Enrique José Varona: algunas observaciones» XLV-37

Suarez, José Ignacio
_____ «Cuba y *El mandarín* de Eca de Queiroz» XII-51
_____ «La sátira de la nobleza española durante
el siglo XVI» XXX-194

Suarez, José I. y Cuesta, Benedicto
_____ «Para una interpretación estructuralista de las
comedias del Siglo de Oro» XV-117

Utrera, Celia
_____ «Mi amigo Daniel» (Testimonio) XXVII-108

Tápanes Estrella. Raúl
_____ «La muchacha de la pamela» (Cuento) XVIII-239

Tauler, Arnoldo
_____ «El artista y Margarita» (Cuento) XXX-241

Torre, Amalia V. de la
_____ «La prosa ensayística del Padre Varela» XVIII-67
_____ «Apertura del XVI Congreso Cultural de
Verano del CCP» XXVI-28
_____ «La visión cubana en los ensayos mayores
de Mañach» XXVIII-115
_____ «El Padre Varela y la libertad» XXXIII-46
_____ «Lino Novas Calvo y el origen del realismo
mágico» XXXIV-134

Torre, Rogelio de la
_____ «Martí y la generación del 98» XV-59

  _____ «El Padre Varela: un humanista moderno»   XVIII-49
  _____ «La patria de Martí: el sueño de un poeta»   XXV-107
  _____ «La poesía metafísica de Mercedes García
     Tudurí»   XXVI-41
  _____ «Apertura del XVIII Congreso Cultural del
     Círculo de Cultura Panamericano»   XXVIII-79
  _____ «Fernando Arsenio Roa: una vida dedicada
     al Derecho»   XXIX-9
  _____ «La educación en Cuba durante la República»   XXXII-68
  _____ «La obra literaria de Octavio Costa»   XXXIII-124
  _____ «Adalberto Alvarado, un cubano ejemplar»   XXXIV-62

Torres, Sixto
  _____ «Martín Recuerda's *Carteles rotos*. A Postista
     Vision of Recent Spain»   XVIII-223
  _____ «Martín Recuerda's drama of reconciliation   XXIV-194

Valdés-Cruz, Rosa
     "El negrigenismo en la literatura ecuatoriana»   VIII-115

Valdiviezo-Arista, Luis Martín
  _____ «El mapa de San Felipe» (Cuento)   XXXVII-200

Valladares, Carmen
  _____ «Las coincidencias» (Cuento)   XVI-137

Valle-Killeen, Suzanne Dolores
  _____ «La ideología del Conceptismo: orígenes   XIII-49

Varela, Beatriz
  _____ «El anglicismo en el español de hoy»   XXXI-124
  _____ «El léxico popular del Perú y de Cuba»   XXXVI-66
  _____ «*Nombres de Cuba,* por Concha Teresa Alzola»   XL-96

Varona, Esperanza B. de
  _____ «Perfil de Beatriz Varela: vida y obra»   XXXI-118
  _____ «Florinda Álzaga y Loret de Mola: veinte
     años de amistad sincera» (Testimonio)   XXXIII-75

Vega, Aurelio de la
  _____ «La insólita soledad del compositor cubano de
     música culta»   XXIV-43
  _____ «Visita musical a otra Cuba»   XXXII-94
  _____ «Martí y la música»   XXXIII-21

Vigliani de la Rosa, María Elena

Bibliografía critica de *Círculo: Revista de Cultura*

    _____ «La Argentina visible y la invisible en los
personajes de la novela *Todo verdor perecerá*
de Eduardo Mallea»   XLII-191

Vilasuso Rivero, José
    _____ «Por ahí viene el muerto» (Cuento)   XXII-167

Villalobos, Dorothy
    _____ «Arminda Valdés Ginebra, su infinito y profundo
palpitar poético»   XXXIII-154

Villalón, Célida P.
    _____ «Historia concisa del ballet en Cuba»   XXXII-113

Villaverde, Luis G.
    _____ «Panorámica del teatro hispanoamericano
contemporáneo»   V-77
    _____ «La creación poética según Martí»   XXII -103
    _____ «Amistad honrosa» (Testimonio – Gutiérrez
de la Solana)   XXVII-73

Wallis, Alan
    _____ «La modernidad de Azorín ejemplificada en la
adaptación de un texto de Baudelaire»   XXXV-69
    _____ «Variación y género en "El romance del
Conde Dirlos"»   XXXVI-160

Weelington, Marie A.
    _____ «Three Women, One Circunstance and a Trio
of Plays by José Cid Pérez»   XVIII-147
    _____ «Dolores Martí de Cid, A woman for
All Seasons»   XXIII-74

Withmarsh, Rosa L.
    _____ «Florinda Álzaga: la paz en acción» (Testimonio)   XXXIII-70
    _____ «Importancia de la revista *Herencia* en el
patrimonio cubano»   XXXIX-33
    _____ «El Instituto San Carlos como factor unificador
del pueblo cubano»   XLI-14
    _____ «Enrique Emilio Ros y Pérez: pasión por
Cuba y por su historia»   XLII-61
    _____ «José Martí: libertad, autonomía y conducta»   XLIV-44

Yannuzzi, G. Alberto
    _____ «Los perros» (Cuento)   XII-119
    _____ «El sentido nacional en la obra de José
Antonio Ramos»   XV-35

_____ «Carlos Márquez Sterling. Parlamentarismo y
constitucionalismo» XXI-47
_____ «Las *Guías de forasteros* cubanas» XXIII-137
_____ «El Coronel Cemí: presencia paterna en
Paradiso de José Lezama Lima» XXIV-92
_____ «La ruta de Martí de Playitas a Dos Ríos
según Rafael Lubián y Arias» XXV-198
_____ «Fulgor y tragedia. La etapa final de la
invasión de Occidente» XXVI-127
_____ «José Antonio Saco: su lucha contra la anexión» XXVII-51
_____ «Carlos Márquez Sterling: mentor y amigo» XXVIII-9
_____ «Presencia hispana en la historia estadounidense
según Frank de Varona y otros autores» XXX-91
_____ «Antecedentes económicos y sociales de las
guerras independentistas cubanas del siglo XIX» XXXI-175
_____ «El periodismo republicano en Cuba
(1902-1958)» XXXII-78
_____ «Alberto Guigou, hombre público, escritor
y amigo» XXXIII-98
_____ «Cuba 1935 – La Huelga de Marzo» XXXIV-176
_____ «Los negros curros del manglar según
Fernando Ortiz» XXXVII-94
_____ «Cuba 1906. La Guerrita de Agosto» XXXVIII-118
_____ «Cuba 1925-1930. Empréstitos, obras públicas
y crisis económica» XL-209
_____ «La joven república cubana. Tercer conflicto
armado» XLII-78
_____ «Democracia y totalitarismo» XLIII-134
_____ «Cuba y la Primera Guerra Mundial. A un siglo
del conflicto» XLIV-165
_____ «Crisis política del Socialismo en Latinoamérica» XLV-160
_____ «La joven república cubana. Tercer conflicto
armado» XLVI-156

Zaldívar, Gladys
_____ «De la lírica a la poesía en tres sonetos de
Julián del Casal» XXIII-85
_____ «Polisemia simbólica y fuente de la camelia en
Lucía Jerez» XXV-59
_____ «Juana Borrero: paradigma de la vertiente
femenina del modernismo» XXVI-80

_____ «Universalidad de *Gatico-Gatico* de
Severo Sarduy»   XXVII-171
_____ «La poética de la abstención en un poema de
Eugenio Florit»   XXX-57
_____ «Los orígenes de la poesía cubana: una hipótesis» XXXI-140
_____ «Ética y prefiguración en *Bestiario* de Dulce
María Loynaz»   XXXV-95
_____ «La poesía de Nieves Xenes: el prosaísmo, lo
panfletario y el homoerotismo»   XXXVIII-70

Zuleta Álvarez, Enrique
_____ «Martí desde la Argentina»   XXV-132

RESEÑADORES
Acosta, Antonio XIV-117 XVI-161 XVII-168 XVIII-268 XIX-202 XXI-202 XXII-193 XXIV-248 XXXIII-293 XXXVIII-222; **Acuña de Marmolejo, Leonora** XXIX-250 XLIV-181; **Agosin, Marjorie** XII-132 XIII-134; **Aguayo, Luis A.** XI-130; **Aguilar León, Luis** XXVIII-211; **Alba, Álvaro** XXXVI-197; **Alba-Buffill, Elio** VII-137 XII-123; **Albert Robatto Matilde** VIII-169; **Albertini, J.A.** XXXIV-264 XXXVII-215 XLII-219 XLIV-170; **Alvarado, Adalberto** XIX-181; **Álvarez, Nicolás Emilio** XXXII-262; **Andino López, Mario** XXXII-253; **Angueira D'Zagal, Wlfredo e Iván Acosta** XXII-178; **Aparicio Paneque, Manuel J.** XXIX-255; **Arango, Guillermo** XLVI-167; **Ardavín, Carlos X.** XXXIII-280; **Armas, Armando de** XXXVI-193; **Armas, José R. de** XXXI-215; **Benítez Rojo, Antonio** XXIII-194 XXIV-234; **Bilbao Richter, Bertha** XLI-237 XLII-227 XLIII-182 XLV-175; **Bloch, Peter** XV-147 XXIX-246; **Bosch, Rowland** XXIV-244 XXVI-249 XXIX-261 XXX-263; **Boudet, Ernesto A.** XXVII-233 XXX-257; **Bucci, Graciela** XLII-223 XLIV-176; **Cabarrouy, Gustavo** XXI-201; **Cabrera, Rosa M.** VI-139 XXIX-248 XXXIII-271; **Cabrera Leyva, Guillermo** XXXIII-278; **Campa, Antonio R. de la** XX-189; **Castellanos, Isabel** XXIV-232; **Castronovo, Brian** XXXII-256; **Cid Pérez, José** XIV-129; **Clavijo, Uva A.** XVI-159; **Clemens, Robert** IX-131; **Cofresí, Lina L.** XVIII-258; **Corrales, José** XVII-165 XXI-186 XXVIII-213 XXX-261 XXXI-233; **Corbalán Torres, Rafael** XXXV-230 XXXVI-191 XXXVII-206 XXXVIII-221; **Costa, Octavio R.** XIII-125; **Cuadra, Ángel Cuadra** XXVI-245; **Cueto-Roig, Juan** XXXV-227 XXXV-227; **Díaz, Manuel C.** XLIII-174; **Duarte, Julio** XXIII-193; **Escarpanter, José A.** XIII-136 XXVII-223; **Espina, Eduardo** XIII-128; **Fabre, Niza** XXIV-239; **Falcón Paradí, Arís-**

371

tides XXVII-225; **Feito, Francisco** XXXIII-262; **Fernández, Gastón J.** XIV-110 XVIII-266 XXII-195; **Fernández, Jesse** VI-145 XIX-188 XXIX-237 XXXVI-188; **Fernández de Cárdenas, Gastón** XXXIII-284 XXXIX-193; **Fernández de la Torriente, Gastón** VIII-165 XIV-134; **Fernández de la Vega, Oscar** VI-127; **Fernández Vázquez, A.A.** XIV-128; **Ferrer Luque, Rafael** XXIII-202; **Florit, Eugenio** IX-133 X-127 XIII-140 XVII-153; **Fores, Aldo** XXIX-243; **Fuentes, Orlirio** XXI-197 XXX-255; **Garcerán de Vall, Julio** XII-138; **García, Clara A.** XXIV-254; **García, Enildo** XXXIII-283; **García, Martha** XXVIII-220 XXIX-259 XXXIII-266 XXXIV-253 XXXV-215; **García Osuna, Alfonso J.** XX-185 XXI-184 XXIII-206; **García Tudurí, Mercedes** XV-156 XXI-183 XXIII-188 XXVI-243; **Godoy, Gustavo J.** XXIV-226; **Goldarás, José Raúl** XIV-109 XVIII-259 XXIV-241; **Gómez Reinoso, Manuel** XVII-161 XXXIII-273; **González-Cruz, Luis F.** XIV-125 XIX-185 XXII-173 XXXII-247; **González Hernández, Miriam M.** XVII-213; **González Montes, Yara** XXI-192; **Gutiérrez, Mariela A.** XXVIII-217; **Gutiérrez de la Solana, Alberto** VI-129 VIII-155 IX-136 X-127 XI-132 XIV-131; **Gutiérrez Kann, Asela** XVII-156 XXI-188 XXII-176; **Gutiérrez Laboy, Roberto** XIV-120 XIX-199 XXIII-203; **Gutiérrez-Vega, Zenaida** VII-140 XIV-107 XXII-179 XXIV-256 XXVII-221; **Hahn, Hannelore** XXVII-230; **Hampton, Warren** XV-149; **Hernández-Miyares, Julio E.** VI-132 XII-129 XXII-197 XXIV-229 XXVI-252 XXVIII-205 XXXI-228 XXXV-219 XXXVIII-212 XXXIX-198 XLIII-176; **Hernández Morales, Roberto** IX-134; **Herrera, Roberto** VII-133 VIII-159; **Hoeg, Jerry** XXIX-257 XXXVIII-224 XXXIX-200; **Ibaceta, Herminia D.** XXXVII-213; **Jiménez, José Olivio** XVII-154; **Jiménez, Onilda A.** XII-125 XIX-197 XXXVI-187; **Jiménez Estrada, Luis A.** XIX-195 XXIV-246 XXX-259 XXXIII-269; **Johnson, Harvey L.** XI-123; **Lamadrid, Lucas** VII-150 X-132 XII-135 XIV-115; **Landa, Marco Antonio** XXX-264; **Lasaga, José Ignacio** XXIII-191; **Lay Capestany, Amado A.** XII-131 XIII-131 XVIII-260 XXII-187; **Leeder, Ellen Lismore** XXXVII-218; **León, Julio A.** VI-143; **León, René** XXX-252 XXXIV-260; **Lichtblau, Myron I.** XVIII-251; **Lolo, Eduardo** XXVI-247 XXVIII-208 XXIX-240; **López Cruz, Humberto** XXVII-219 XXXIX-192; **Lugo Nazario, Félix** XXII-185; **Madrigal, José Antonio** X-136; **Mancha, Silvio** XLV-179; **Marbán, Jorge** XXXIV-251; **Mario, Luis** XXXIV-258; **Martín, Pilar** XVI-157; **Martínez, Elena M.** XXVII-229; **Martínez, Luis** XXII-182 XV-145 XVI-167; **Martínez Castro, Sara** XXIX-252

Bibliografía critica de *Círculo: Revista de Cultura*

XXXVIII-207; **Martínez Dacosta, Silvia** XVIII-254 XX-193; **Martínez Herrera, Alberto** XX-202; **Medina, Mayra M.** XLIV-173; **Merino, Eloy E.** XXXV-213 XXXVII-221; **Minc, Rose S.** VI-137; **Mocega González, Esther** XXVII-215 XXX-249; **Molina, Néstor** XXVIII-215; **Montes Huidobro, Matías** XVI-149 XVII-173 XXI-190 XXXVIII-217; **Moore, Charles B.** XXIII-200; **Morelli, Rolando D. H.** XVI-170; **Mullins, Carlos A.** XXIII-207; **Ngom, Mbare** XXXVIII-215; **Obrador, Gina** XVI-165; **Oliva Olivera, Adela** XXII-190; **Ortúzar-Young, Ada** XI-128 XV-153 XVII-163; **Ossers, Manuel A.** XLI-227; **Paz, Luis de la** XXXV-217 XLVI-164; **Pérez Remond, Omar** XXIV-236; **Perry, Leonard T.** XIV-124; **Portuondo, Alicia** XXVI-256; Kay **Pritchet, Kay** XII-133 XV-154 XVII-170; **Pujals, Enrique J.** XXI-204; **Raggi, Ana H.** VII-148 VIII-162; **Ramírez, Alister** XLI-234 XLIII-179; **Recio Aldaya, Alicia G.** XXVIII-210; **Rexach, Rosario** XVI-145 XIX-191 XXXI-224; **Rodríguez, Alberto** XXXVIII-210; **Rodríguez Morales, Carlos** XXVI-242; **Rodríguez de la Torre, Lionel** XXXVI-196; **Romeu, Raquel** XXIII-199 XXIV-253 XXVII-218 XXXI-222; **Rosa, William** XXIV-251; **Rossardi, Orlando** XXXII-250; **Rozencvaig, Perla** XIV-105; **Ruiz del Vizo, Hortensia** VI-142 VII-141 X-134; **Rumbaut, Rubén D.** XXIV-258; **Ryan, James D.** XVI-147; **Saa, Orlando** XV-148 XVI-155 XVIII-252; **Saavedra, María Elena** XXIII-205; **Sánchez, Oneida M.** XXX-251 XXXIII-276 XXXVII-211 XXXVIII-205; **Sánchez-Boudy, José** IX-142 X-131 XI-126; **Sánchez-Grey Alba, Esther** VI-135 VII-145 VIII-157 X-129 XIII-127; **Santamaría, Gloria** XIV-114; **Sepúlveda-Nolan, Emma** XIV-122; **Serrano, Ángeles** XVII-167; **Simón, José** XIII-138; **Soper, Cherrie I.** XVIII-264; **Soto Fernández, Liliana** XXXIV-267; **Suarée, Octavio de la** IX-138 XVI-171 XXI-194 XXII-189 XXVI-254 XXXI-216 XXXIV-255 XLI-230; **Suárez, José** XXI-199; **Torre, Rogelio de la** XVI-163 XX-191 XXXI-230; XXXVII-208 XLI-241; **Torres, Sixto E.** XV-151; **Valdés Ginebra, Arminda** XX-200; **Valladares, Carmen** XX-196; **Varela, Beatriz** XXXII-258; **Varela de la Torre, Amalia** XXXI-226; **Varona, Alberto J.** XX-186; **Villaverde, Luis G.** XIX-204 XX-198 XXIII-197 XXIV-260 XXVI-259 XXVII-227 XXXI-218; **Whalen, Edna** VIII-168; **Yannuzzi, Alberto** XIII-132 XVI-152 XVII-158 XVIII-256 XIX-183 XX-183 XXIX-235 XXXV-224 XXXIX-204; **Zalacaín, Daniel** XVIII-262 XXXIX-202

ADDENDUM

JOSÉ MARTÍ ANTE LA CRÍTICA ACTUAL
(En el centenario del *Ismaelillo*)

Memoria del II Congreso Cultural de Verano del Círculo de Cultura Panamericano en conmemoración de los cien años de la publicación del *Ismaelillo*,

CONTENIDO

Nota de las editoras 7

Coincidiendo con los veinte años de fundado el Círculo de Cultura Panamericano, se acordó dedicar el II Congreso Cultural de Verano a conmemorar el Primer Centenario de la publicación del *Ismaelillo*, que José Martí dedicó a su hijo. En este libro se recogen las conferencias presentadas a este Congreso, celebrado en el Koubek Memorial Center de la Universidad de Miami, durante los días 6, 7 y 8 de agosto de 1982

Invocación 17
Monseñor Agustín Román

Monseñor Román, Obispo Auxiliar de Miami, hace una invocación a Dios para dar comienzo a las sesiones del Congreso y hace el símil entre el mensaje que el poema conlleva para el hijo a quien Martí le atribuye su sostén y guía de su vida, y el que representa para los hijos de Cuba que, al cabo de un siglo, éstos se encuentren en destierro

Apertura del Congreso 19
Enrique Labrador Ruiz

Bellas palabras de Enrique Labrador Ruiz, como Presidente Nacional del CCP, para abrir el II Congreso de Verano en Miami, Fl. Recuerda a todos que, en Martí, el gran maestro, está la respuesta a nuestro presente. De nuevo, Cuba, cual viuda triste, llora su suerte, pero no está sola porque su estrella solitaria no ha perdido su luz

Martí y el Socialismo (Ponencia de apertura) 21
Carlos Ripoll

Es un análisis de la posición de Martí ante los problemas bajo el siguiente plan: a) cómo lo han visto los marxistas; b) qué se sabía del socialismo en esa época; c) la posición de Martí sobre el tema a través de su vida y d) el prólogo de Martí en un libro muy poco conocido, *Cuentos de hoy y de mañana* de su amigo, el emigrado cubano Rafael de Castro Palomino, en el que el autor discurre, en dos narraciones de su invención, sobre las alternativas sociales que se contemplaban en su época para poder lograr el mejor provecho de la riqueza. La conclusión de la enseñanza martiana es que sólo «el ejercicio natural de la libertad» puede lograr una honda transformación social, lo que él llamó «la dignidad plena del hombre», pero para sacar mejor provecho de la respuesta dada por Martí, hay que mantener como punto de referencia, lo presentado en los dos cuentos

La eterna juventud del *Ismaelillo* en su centenario 33
Roberto Herrera

Se señala la excepcionalidad de este poemario no sólo por haber abierto las arcas del Modernismo, sino por ser reflejo de una situación muy especial: la de un padre que al ser privado por voluntad ajena del diario disfrute de la compañía diaria de su hijo, lo viste de galas soberanas para rendirle su amor incondicional en la distancia

En torno a *Ismaelillo* 43
Hiram García Rodríguez

La espontaneidad de los versos en el *Ismaelillo* le dan un esplendor único porque vienen de un sentimiento quizás nunca antes volcado líricamente, el de la paternidad, no con la responsabilidad inherente a ese sentimiento, sino con la ilusión frustrada que impone la lejanía y que le da espontaneidad a la expresión lírica. En el ensayo se hace reseña de la valoración de este poemario por prominentes figuras de la crítica y la creación del mundo hispánico

Valoraciones sobre el *Ismaelillo* en su centenario 49
Manuel Gómez Reinoso

Un interesante análisis «a profundis» del *Ismaelillo* visto desde distintas perspectivas, desde la semántica en el uso de ciertos vocablos para indicar sentimientos como son «rosa», «luz», «mariposa»; o circunstancias, como «almohada de piedra» vs. «almohada de rosas». Desde esa perspectiva estudia en detalle dos poemas: «Príncipe enano» y «Tábanos fieros»: la virtud luchando contra los enemigos del hombre bueno

José Martí y su fe en Nuestra América 59
Elio Alba Buffill

Aceptado el principio de que el amor patrio de Martí se extendía a todo lo que él llamaba «nuestra América», Alba Buffill establece que en su proceder americanista se descubren tres funciones: una función iluminadora, otra analítica y una tercera redentora, que le faltaba cumplir, y a la que entregó su vida. De ahí pasa entonces a fundamentar cada una de ellas como todo un proceso formativo de conciencia ciudadana que se identificará con las raíces autóctonas que nos caracterizan y que es esencial alcanzar para defendernos de los peligros del expansionismo como es todavía hoy el del comunismo

La unidad como factor de la revolución a través de los discursos políticos de Martí 67
Gastón J. Fernández

Este ensayo sigue, con perspectiva histórica, la labor unificadora de Martí, al terminar en 1878, la Guerra de los Diez Años, con el Pacto del Zanjón. Ha sido un esfuerzo heroico, pero no obtuvo éxito y el desaliento cunde. Martí comprende la situación y se dispone a reafirmar los propósitos en la emigración. El ensayo sigue ese trayecto de unificación a través de la voz orientadora de Martí

Una carta de Ismaelillo 77
Eugenio Florit

Se recoge aquí una pequeña joya literaria escrita por un poeta que, justo por serlo, captó la esencia del mensaje de amor que lleva este poemario de Martí e hizo que el niño le diera respuesta con ingenua arrogancia, al padre amoroso que, al no poder tenerlo cerca, se regocija con el recuerdo de sus travesuras y se estableció así un diálogo de amor más allá del tiempo y la distancia

Visión de la sociedad norteamericana en la prosa de José Martí 81
Edilberto Marbán Escobar

Este ensayo se ocupa de estudiar la impresión que captó Martí de Nueva York en el tiempo que vivió allí de 1880 a 1891. Es en esa época que escribe sus famosas *Escenas Norteamericanas* y sus *Semblanzas*. Es en éstas en donde se enfoca este ensayo. La mayoría son de hombres de letras como Emerson, Longfellow, Whitman y otros, pero también se ocupó del educador Peter Cooper, del predicador Henry Ward Beecher y los Generales Lee y Grant

Martí: su concepción krausista del arte 89
Tomás G. Oria

Basado en el racionalismo armónico de Krause y los idealismos que le precedieron, el ensayo trata de identificar esa concepción krausista con las ideas expresadas por Martí en diferentes momentos, sobre la concepción de la poesía como expresión de un íntimo sentimiento que la anima, y que se llama inspiración

Martí: predestinación, prefiguración y trascendencia 99
Alberto Gutiérrez de la Solana

El ensayo busca en las simientes de la historia, las mentes preclaras que forjaron el alma cubana de Martí, que se hizo luz y guía de su pueblo para alcanzar la ansiada libertad bajo los altos principios de la dignidad y el decoro. Asi, recorre los senderos trazados por José Agustín Caballero, Félix Varela, José Antonio Saco, José de la Luz y Caballero, hasta llegar a Rafael María de Mendive, quien supo fundir «en rutilante haz el imperio y todas las excelencias de la palabra y de la pluma de aquellos maestros»

La prosa narrativa de José Martí 109
Reinaldo Sánchez

Es un estudio acucioso de la única novela que escribió Martí, no por iniciativa propia, sino que fue un normal gesto de amistad. No es una evaluación de su contenido temático lo que se busca, sino que se señalan los recursos estilísticos a través de ciertas palabras; de la caracterización de Juan Jerez; de los valores morales que entran en juego y en especial, de los rasgos del Modernismo que ya se aventuran en la misma

José Martí, ¿escritor para niños? 115
Bibí Arenas

Es un enfrentamiento a esa obra tan especial de José Martí que escribió pensando únicamente en los niños, pero de la que pueden aprender mucho los adultos. La autora subraya el propósito de la obra con las mismas palabras de quien la escribió: «que por mucha doctrina que lleven en sí, no parezca que la llevan, ni alarmen al lector de pocos años», y le sale al encuentro, de manera contundente, a los que critiquen este libro con pretenciosas razones pedagógicas

La libertad en Martí 125
Francisco Izquierdo Quintana

Buscando precisar el concepto de qué es la libertad, se recoge como principio básico las palabras del pensador argentino Juan B. Alberdi de que «la idea de toda soberanía ilimitada es impía, insolente, infernal» puesto que el poder absolutista es justamente lo opuesto a lo que la libertad implica: justicia del derecho y de la moral, que es el fundamento de la democracia puesto que «no pueden subsistir la libertad y el derecho sin el ingrediente moral». Desde este concepto básico se desarrolla el pensamiento martiano que han estudiado muy bien figuras de la intelectualidad cubana y que hay que seguir difundiendo, especialmente, en las tierras de Nuestra América

La edición cubana de *Ariel*, dedicada por su autor «a la memoria de Martí» 133
Walter Rela

El autor documenta fundadamente, a través de correspondencia de Rodó con otras figuras de Hispanoamérica, la admiración y alta estima que éste le profesaba a José Martí, cuyo nombre incluía reiteradamente cuando en discursos, ensayos o cartas, se refería a aquellos escritores que, por la altura de su pensamiento, él consideraba «ciudadanos de la intelectualidad americana». Rodó dejó constancia de su proyecto de escribir un ensayo sobre Martí, que en definitiva no llegó a hacer, pero en carta a Max Henríquez Ureña, le propuso que dedicara la edición cubana de *Ariel*, que se proponía hacer, a la memoria de José Martí

Revisión de *Ismaelillo* 141
Rafael Esténger

Se cuestiona en este ensayo la cuestión plateada en el ámbito de la crítica literaria, si el *Ismaelillo* fue el que dio inicio al Modernismo o si fue el *Azul* de Darío y da muy bien atinadas observaciones sobre la cuestión. La primera, muy válida, es que en 1882 —dice— «Martí comenzó a inundar los periódicos argentinos y venezolanos con una prosa artística que muy pronto influiría en numerosos escritores, y específicamente en Rubén Darío» y en cuanto a la poesía, indica que «Es obvio que Martí no se interesó mucho por las innovaciones métricas». Lo cierto es que *Ismaelillo* nació a pesar del autor, puesto que hay confesión suya de que se avergonzaba de haberlo escrito y que lo que hizo fue reproducir sus visiones. Lo cierto es que es un libro excepcional, no sólo por las innovaciones métricas, sino por otras razones que se señalan en este trabajo

Notas sobre *Ismaelillo* 149
Alberto Baeza Flores

El poeta Alberto Baeza Flores, chileno por nacimiento y cubano por identificación martiana, introduce bellament unas notas que rescató a la inminencia de salir al exilio y que aquí dejó desarrolladas quizás no con la amplitud que originalmente pensó, pero que deja su impresión de este poema que encierra «secretos interiores» con «nuevas resonancias internas», de un padre que se consuela de la ausencia de un hijo con juegos imaginados entre ellos y, sin embargo, no deja de aportar innovaciones de musicalidad, color y luz, nunca antes vistas ni tan hondamente sentidas

***Ismaelillo*: de lo mínimo a lo trascendente** 157
Dolores Martí de Cid

Hace un análisis estilístico de los versos de Ismaelillo reparando en el uso de los tiempos verbales según que expresen temporalidad cercana o lejana, mandato o movimiento; los nombres y adjetivos para crear imágenes; y fuera del aspecto gramatical, lo trascendente, el sentimiento paternal que unas veces se vuelve protector y otras se entrega por entero cuando dice: «¡Hijo soy de mi hijo! ¡Él me rehace!»

Martí y la patria (Ponencia de clausura) 165
Humberto Piñera Llera

Va depurando lo que es el concepto de Patria para Martí: identificación plena con el ser, hasta tal punto de hacerla «*ara*» para venerarla; *dolor* para sentir sus agravios como propios y, para los que saben sentirla muy en lo hondo, *deber*, para defenderla. Luego pasa a analizar semánticamente lo que significa *Patria*: «la tierra de nuestros padres, de nuestros progenitores, allí donde fuimos engendrados y concebidos;» por eso es infinito el dolor del «desterrado» porque cualquier otro suelo que no sea el nuestro, por acogedor que sea, nos es ajeno. Este sentimiento es la llama inspiradora de su verbo y así pasa Piñera a evidenciarlo con elocuentes ejemplos

PALESTRA POÉTICA

En la ciudad grande (con Martí) 179
   Eugenio Florit
Salve Martí 181
   Raquel Fundora de Rodríguez Aragón
Retrato de Martí 181
   Mercedes García Tudurí
Dos ríos 182
   Adela Jaume
Martí: Dios – Hombre 182
   Pablo Le Riverend
Rosa blanca 183
   Tula Martí
Atlas poético 183
   Ana Rosa Núñez
Martí 190
   Ulises Prieto

ADHESIONES ALCONGRESO

Se recogen al final del libro las cartas que se recibieron en el Círculo de Cultura Panamericano, de distintas personalidades que por justificadas razones no pudieron estar presentes en este congreso dedicado al centenario del *Ismaelillo*. Se relacionan al pie, los nombres de los firmantes:

Octavio R. Costa
La Opinión, Los Angeles, CA

Miguel Soto
Kingsborough C. College, CUNY

Rosario Hiriart
Iona College, NY

Reinaldo Arenas
Novelista y poeta
Ex-prisionero político

Roberto D. Agramonte
Universidad de Puerto Rico

Rosario Rexach
ANLE. Miembro Numerario

José Olivio Jiménez
Hunter College, CUNY

Tomás Regalado Molina
Ex-prisionero político

CPSIA information can be obtained
at www.ICGtesting.com
Printed in the USA
JSHW031724270920
8264JS00001B/2